Das tolino-Buch

Die verständliche Anleitung

von

Christine Peyton

Vierfarben

Liebe Leserin, lieber Leser,

ich muss Ihnen etwas gestehen: Ich war eigentlich nie ein großer Freund von E-Books. Für mich war und ist es ein ganz besonderer Moment, ein neues Buch aufzuschlagen und mich zwischen den Seiten zu verlieren. Aber spätestens wenn es in den Urlaub geht, stehe ich vor einem Problem: Welches Buch passt denn noch in die Tasche, und ist die Auswahl auch wirklich die richtige? Mit dem tolino wird Ihnen das nicht passieren! Denn warum sollten Sie sich sorgen, ob das richtige Buch dabei ist, wenn doch auf dem tolino Ihr gesamtes Buchregal Platz findet? Trotz aller anfänglichen Skepsis hat mich der tolino wirklich überzeugt, und ich kann Ihnen sagen, dass Sie mit ihm ein ganz hervorragendes Lesegerät erworben haben.

Ich will Sie aber hier gar nicht so sehr vom tolino überzeugen, sondern wir wollen mit diesem Buch etwas ganz anderes erreichen, nämlich Ihnen zeigen, was Sie damit machen können. Wie Sie Bücher einkaufen, auf Ihren tolino übertragen, wie Sie lesen und wie Sie die Möglichkeiten des Gerätes so nutzen können, dass Sie wirklich etwas davon haben. Das tut unsere Autorin Christine Peyton in dieser Anleitung ausführlich, Schritt für Schritt, in vielen Bildern und in einer Sprache, die man auch verstehen kann.

An dieser Stelle möchte ich mich außerdem herzlich bei Herrn Dr. Simon Peter und dem gesamten Team der Deutschen Telekom AG Products & Innovation, Darmstadt für die technische Unterstützung bedanken.

Dieses Buch wurde mit größter Sorgfalt geschrieben und hergestellt. Sollten Sie dennoch einmal einen Fehler finden oder inhaltliche Anregungen haben, freue ich mich, wenn Sie mit mir in Kontakt treten. Für Kritik bin ich dabei ebenso offen wie für lobende Worte. Doch nun wünsche ich Ihnen viele vergnügliche Stunden mit Ihrem tolino und dieser Anleitung!

Ihr Lars Wolf
Lektorat Vierfarben

lars.wolf@vierfarben.de
www.facebook.com/vierfarben

Auf einen Blick

Sie haben Fragen, Wünsche oder Anregungen zum Buch?
Gerne sind wir für Sie da:

Anmerkungen zum Inhalt des Buches: lars.wolf@vierfarben.de
Bestellungen und Reklamationen: service@vierfarben.de
Rezensions- und Schulungsexemplare: sophie.herzberg@vierfarben.de

An diesem Buch haben viele mitgewirkt, insbesondere:

Lektorat Lars Wolf
Korrektorat Marita Böhm, München
Herstellung Norbert Englert
Einbandgestaltung Daniel Kratzke
Typografie und Layout Vera Brauner
Satz Norbert Englert
Druck Media-Print Informationstechnologie, Paderborn
Coverfotos und Fotos im Buch Alle Fotos des tolino shine 2 HD und tolino vision 3 HD: Copyright © 2015 Deutsche Telekom AG Products & Innovation, reprinted with permission.

Gesetzt wurde dieses Buch aus der ITC Charter (10,5 pt/15 pt) in Adobe InDesign CC 2015.
Und gedruckt wurde es auf mattgestrichenem Bilderdruckpapier (115 g/m²).
Hergestellt in Deutschland.

Bibliografische Information der Deutschen Nationalbibliothek
Die Deutsche Nationalbibliothek verzeichnet diese Publikation in der Deutschen Nationalbibliografie; detaillierte bibliografische Daten sind im Internet über http://dnb.d-nb.de abrufbar.

ISBN 978-3-8421-0181-4

2. Auflage 2016
Vierfarben ist eine Marke der Rheinwerk Verlag GmbH
Rheinwerkallee 4, 53227 Bonn
www.vierfarben.de

Der Verlagsname Vierfarben spielt an auf den Vierfarbdruck, eine Technik zur Erstellung farbiger Bücher. Der Name steht für die Kunst, die Dinge einfach zu machen, um aus dem Einfachen das Ganze lebendig zur Anschauung zu bringen.

Inhalt

Kapitel 1
Start mit dem tolino

Willkommen in der Welt des digitalen Lesens! Mit Ihrem tolino können Sie zukünftig Ihre Bücher überall genießen – wann und wo immer Sie möchten. Der tolino ist einfach zu bedienen – gleich nach dem Auspacken können Sie schon die ersten Seiten auf Ihrem neuen Begleiter lesen. Aber nicht alle seine Funktionen erschließen sich unmittelbar. Und vielleicht möchten Sie Ihren E-Book-Reader auch von Grund auf kennenlernen, um ihn sicher bedienen zu können. Ich werde Sie auf diesem Weg begleiten und Ihnen in den folgenden Kapiteln Ihren tolino Schritt für Schritt vorstellen und Ihnen alle Funktionen und Möglichkeiten zeigen, die Ihnen das Gerät bietet. Ich wünsche Ihnen viel Freude auf dieser Entdeckungsreise!

Der tolino shine 2 HD (links) und der tolino vision 3 HD (rechts)

In diesem Kapitel stelle ich Ihnen zunächst die grundlegenden Funktionen des E-Book-Readers vor: Ich zeige Ihnen alle Tasten und Anschlüsse, und Sie werden lernen, wie Sie Ihren tolino aufladen, einschalten und einrichten. Zu guter Letzt gehen wir gemeinsam die ersten Schritte mit Ihrem tolino, damit Ihnen der Start mit dem E-Book-Reader auch mit Sicherheit glückt.

Welchen tolino haben Sie?

tolino vision 3 HD oder tolino shine 2 HD, das ist hier die Frage. Aber es ist keine große, schicksalsentscheidende Frage, da sich die beiden E-Book-Reader in den meisten Funktionen ohnehin sehr ähnlich sind. Vor allem können Sie mit beiden Geräten Ihre E-Books überall da lesen, wo Sie möchten, und beispielsweise ohne Weiteres die Darstellung des Buchtextes jederzeit an Ihre Bedürfnisse anpassen. Der tolino shine 2 HD ist das Einsteigermodell der tolino-Produktreihe. Der tolino vision 3 HD gilt als das neue Flaggschiff der tolino-Allianz. Beide verbindet eine hervorragende Bildqualität mit einer Auflösung von 300 dpi.

Wenn Sie sich bislang noch keines der beiden tolino-Modelle gekauft haben, sollten Sie sich zunächst Gedanken machen, wie Sie Ihren tolino zukünftig verwenden möchten. Sind Sie beispielsweise häufig unterwegs und möchten dabei nur ungern auf Ihren E-Book-Reader verzichten, wird Sie sicherlich interessieren, dass der tolino vision 3 HD über ein sogenanntes *Nanocoating* verfügt, also eine wasserabweisende Oberfläche. Wenn Sie also gerne am Meer Urlaub machen und am Strand nicht mehr auf Ihren E-Book-Reader verzichten möchten, ist der tolino vision 3 HD Ihr klarer Favorit unter den E-Book-Readern. Auch erscheint der tolino vision 3 HD insgesamt etwas hochwertiger und eleganter. Aufgrund der glatten Vorderseite lässt er sich jedoch etwas schlechter greifen als der tolino shine. Dieser liegt sehr gut in der Hand und wird Ihnen sicherlich nicht so schnell entgleiten.

Beide Reader bieten aber vor allem Nachteulen eine tolle Funktion: Dank einer eingebauten Beleuchtung können Sie eine Hintergrundbeleuchtung zuschalten und damit dann z. B. im Auto gemütlich weiterlesen, wenn Ihr

Partner oder Ihre Partnerin am nächsten Morgen unbedingt in Frankreich frühstücken möchte und deswegen durch die Nacht braust. Aber kein Licht ohne Schatten: Der Bildschirm des tolino vision 3 HD ist jedoch nicht im Gehäuse des Geräts versenkt wie beim tolino shine 2 HD, und daher kommt der Daumen gelegentlich in den Lesebereich, sodass man manchmal versehentlich weiterblättert.

INFO

Dieses Buch ist eine Anleitung für alle tolino-E-Reader

Es gibt zwischen dem tolino shine 2 HD und dem tolino vision 3 HD ein paar äußerliche Unterschiede, das Innenleben ist jedoch dasselbe, da auf beiden Geräten dieselbe Software läuft. Die Bedienung der beiden Geräte unterscheidet sich nur ganz geringfügig voneinander. In diesem Fall erläutere ich Ihnen die Unterschiede natürlich. Sofern es keine Unterschiede zwischen den Geräten gibt, spreche ich in diesem Buch einfach vom »tolino«. Es ist also egal, welchen E-Reader Sie haben, in diesem Buch finden Sie die passenden Anleitungen für Ihr Gerät.

Letztlich sollten Sie sich vor dem Kauf überlegen, wie Sie Ihren E-Book-Reader einsetzen möchten oder welche Merkmale Ihnen besonders wichtig sind. Legen Sie vor allem Wert auf ein schönes Design, ein kompakteres und leichteres Gerät mit einer sehr kontrastreichen Bildschirmdarstellung, dann empfehle ich Ihnen den tolino vision 3 HD. Sie müssen sich auch keine Sorgen mehr machen, sollten Sie mit ihm einmal in einen starken Regenguss kommen oder dass er Ihnen aus der Hand rutscht, während Sie gerade in der Badewanne lesen. Durch seine spezielle Oberfläche machen ihm solche Begegnungen mit Wasser nichts aus. Trocknen Sie ihn einfach ab, und lesen Sie in Ruhe weiter. Er ist also auch robuster als der tolino shine 2 HD. Ist Ihnen vor allem wichtig, den E-Book-Reader sicher in den Händen zu halten, empfehle ich Ihnen, den tolino shine 2 HD bei einem Buchhändler zu testen. Zu guter Letzt möchte ich nicht verschweigen, dass der tolino shine 2 HD günstiger als der tolino vision 3 HD ist. Suchen Sie ein solides Einstiegsgerät, wird Sie der tolino shine 2 HD nicht enttäuschen.

	tolino vision 3 HD	tolino shine 2 HD
Display	E-Ink-Carta-Display mit 300-ppi-Auflösung und integrierter Beleuchtung (Frontlight, zuschaltbar und stufenlos regelbar)	
Maße	163 × 114 × 8,1 mm (174 g)	164 × 113,5 × 9,3 mm (183 g)
Akkulaufzeit	bis zu 7 Wochen	
Speicher	2 GB Speicher (über 2.000 E-Books)	
Speicherplatz in der tolino Cloud	25 GB, maximale Größe einer Einzeldatei: 500 MB	
Anschlüsse	Micro-USB	
Garantie	24 Monate Herstellergarantie	
Lieferumfang	USB-2.0-Lade-/Verbindungskabel (USB Typ A auf Micro B) und Kurzanleitung	
Inhalte	E-Book-Shop der tolino-Buchhändler, Onleihe und weitere E-Book-Shops	
Extras	Wörterbuchfunktion, Übersetzungsfunktion, Schnellblättern, Bildschirmsperre, Bibliotheksverknüpfung, wassergeschützt, tap2flip (Umblättern per Tipp auf die Geräterückseite)	Wörterbuchfunktion, Übersetzungsfunktion, Schnellblättern, Bildschirmsperre, Bibliotheksverknüpfung

Die technischen Daten der beiden tolino-Reader im Vergleich

Egal für welches Modell Sie sich letztlich entscheiden: Auf beiden tolino-Readern können Sie jede Menge Bücher lokal speichern, bis zu 2.000 Buchtitel finden auf dem internen Speicher Platz. Das sollte doch für die nächsten Monate reichen, oder? Und außerdem schwebt über allem die tolino Cloud. Das ist ein kostenloser Speicherplatz im Internet, der von der Deutschen Telekom angeboten wird. Dort können Sie unter anderem auch Ihre eigenen E-Books oder Dokumente ablegen. Zur tolino Cloud lesen Sie mehr im Abschnitt »Inhalte vom tolino in die tolino Cloud laden« ab Seite 151.

Alle Schalter und Anschlüsse erklärt

Schauen wir uns nun einmal das Äußere der beiden Geräte genauer an. Beide tolino-Reader haben nur wenige Tasten, sodass Sie nur ein paar Handgriffe kennen müssen, um Ihren tolino zu bedienen.

> **INFO**
>
> **Begriffserklärung**
>
> Sollten Sie im weiteren Verlauf des Buches auf Begriffe stoßen, die Ihnen unbekannt sind, schauen Sie in den Begriffserläuterungen im Glossar am Ende des Buches nach. Sie finden es ab Seite 211.

Auf der Unterseite des tolino befindet sich ein USB-Anschluss ❶ zum Aufladen des Akkus Ihres tolino; über diesen USB-Anschluss verbinden Sie das Gerät auch mit Ihrem PC. Oben am Rand auf der linken Seite des tolino ist ein kleiner versenkter Druckknopf ❷, mit dem Sie den tolino ein- und ausschalten oder ihn aus dem Ruhemodus wecken.

Wenn Sie den tolino ausschalten möchten, halten Sie den Druckknopf eine Sekunde gedrückt; anschließend wird Ihnen auf dem Bildschirm ein Fenster mit vier Optionen angezeigt: **Ausschalten**, **Neu starten** und **Abbrechen**. Zusätzlich gibt es die Option **Bildschirmfoto**. Der Befehl **Neu starten** fährt den Reader herunter und startet ihn automatisch neu (mehr dazu lesen Sie im Abschnitt »Erste Schritte mit dem tolino« ab Seite 21).

Um die Lesebeleuchtung ein- oder auszuschalten, drücken Sie auf der rechten Seite des oberen Randes auf den Schalter ❸. Unterhalb des Bildschirms auf der Vorderseite des Geräts befindet sich der Home-Button ❹.

Beim tolino shine 2 HD handelt es sich dabei um eine kleine Taste, der tolino vision 3 HD ist mit einer Sensortaste ausgestattet, also mit einer Taste, die Sie nur ganz leicht mit dem Finger berühren. Wenn Sie diese Taste drücken beziehungsweise berühren, gelangen Sie immer zur Startseite zurück, egal was Sie gerade mit dem Reader machen und in welchem Bereich Sie sich befinden.

Schauen Sie sich als Nächstes die Rückseite des tolino an. Sie entdecken hier eine kaum lesbare Beschriftung am unteren Rand des Gehäuses. Direkt unter der Beschriftung **Reset** ❶ gibt es eine winzige Vertiefung, in der sich der Reset-Schalter befindet. Dieser Schalter kommt ins Spiel, wenn Ihr Reader einmal komplett seinen Dienst versagt haben sollte und Sie einen Neustart erzwingen müssen. Sie können ihn nicht direkt drücken, sondern benötigen dazu einen spitzen Gegenstand, z. B. eine umgebogene Büroklammer. Diese wenigen Tasten reichen aus, um den tolino zu bedienen. Praktisch, oder?

Den tolino in Betrieb nehmen

Haben Sie Ihren tolino gerade ausgepackt und halten ihn in der Hand? Dann sollten Sie ihn jetzt zum Leben erwecken, d. h. ihn aufladen. Am besten laden Sie ihn einmal vollständig auf. Das gilt aber nur für das erste Mal. Sie nehmen dabei das USB-Kabel zu Hilfe, das zusammen mit dem tolino geliefert wurde.

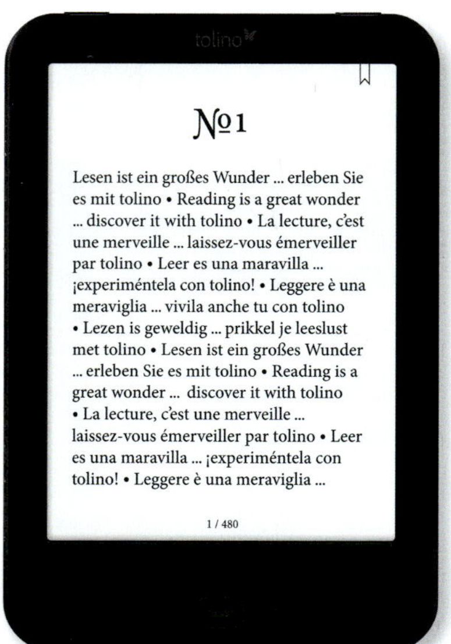

Wie Sie das tun, zeige ich Ihnen nun Schritt für Schritt. Alles, was Sie dazu noch benötigen, ist ein Computer oder ein Notebook. Wenn Sie kein Notebook und keinen Computer zur Verfügung haben, können Sie Ihren tolino auch über ein USB-Netzteil oder einen aktiven USB-Hub mit Strom versorgen. Lesen Sie dazu den folgenden Abschnitt »Den tolino aufladen« ab Seite 18. Ansonsten folgen Sie einfach den Schritten:

1. Nehmen Sie das mitgelieferte USB-Kabel aus der Packung, und stecken Sie die eine Seite des Kabels, die mit dem klitzekleinen trapezförmigen Stecker, in die Micro-USB-Buchse ❷ am unteren Rand Ihres tolino.

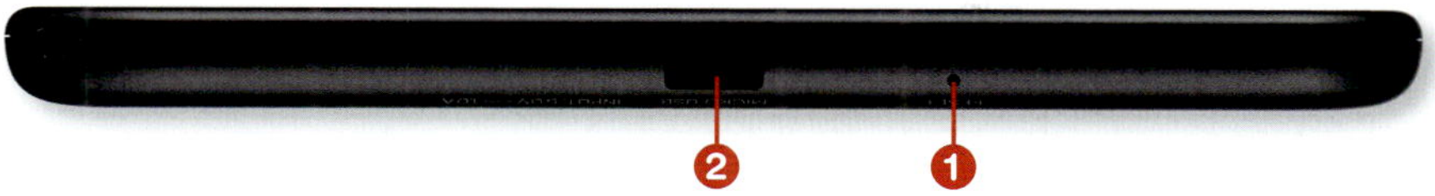

2. Dann stecken Sie den USB-Stecker in den USB-Steckplatz Ihres Computers oder Notebooks. Laden Sie nun den Reader ruhig einige Stunden auf, damit er vor der ersten Inbetriebnahme vollständig geladen ist. Der Computer oder das Notebook sollte dabei angeschaltet sein. Wenn der tolino richtig verbunden ist, meldet Ihr Computer das in aller Regel, und Sie können z. B. im Explorer von Windows erkennen, dass der tolino angeschlossen ist ❸. Falls nicht, ist das aber nicht schlimm, fahren Sie einfach mit Schritt 4 fort.

3. Um die Einrichtung durchzuführen, müssen Sie Ihrem tolino sagen, dass Sie nicht über den PC mit ihm arbeiten möchten. Dazu müssen Sie den tolino »auswerfen«. Das klingt ein bisschen gemein, ist aber ganz harmlos. Klicken Sie den Eintrag **tolino** mit der rechten Maustaste an, und wählen Sie im Kontextmenü, das sich dann öffnet, den Befehl **Auswerfen** ❹.

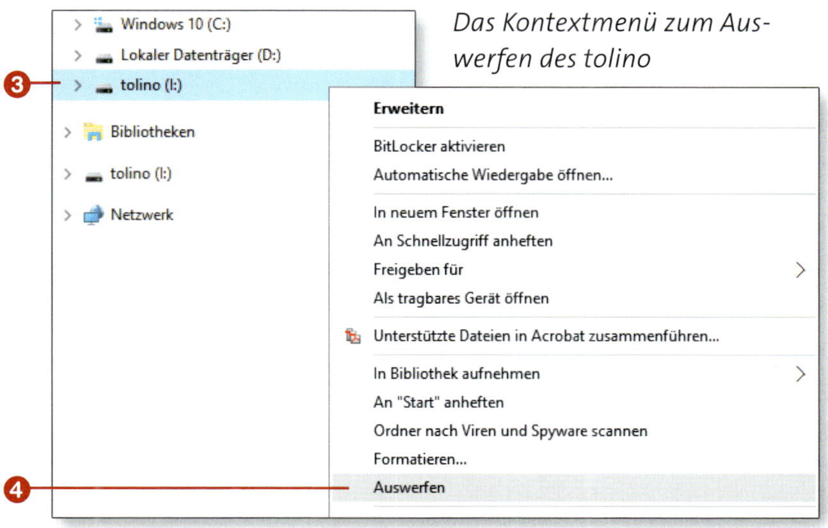

Das Kontextmenü zum Auswerfen des tolino

4. Kurze Zeit nach dem dem Auswerfen (beziehungsweise dem ersten Einschalten) begrüßt Sie auf dem tolino freundlich die Startseite. Wählen Sie hier durch Antippen die gewünschte Sprache aus.

5. Sie sollen den tolino nun zunächst einrichten, indem Sie eine WLAN-Verbindung konfigurieren. Da die Einrichtung des WLAN im Abschnitt »An einem WLAN anmelden« ab Seite 63 erklärt wird, überspringen Sie diesen Schritt, indem Sie auf **Kein WLAN? eReader später einrichten.** tippen.

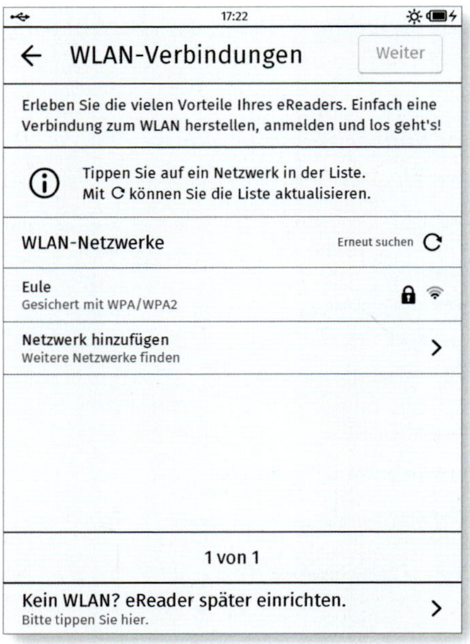

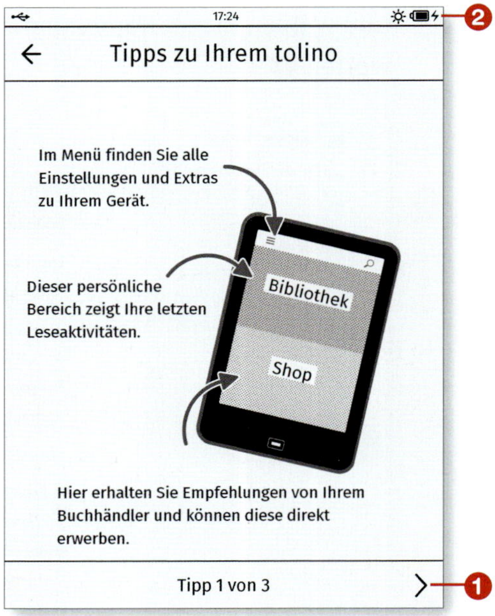

6. Es folgen daraufhin Erklärungen zum Aufbau der Startseite. Lesen Sie sich die Beschreibungen durch, und tippen Sie dann auf die kleine Pfeilschaltfläche ❶ am unteren Rand des Bildschirms. Mit diesem Pfeil blättern Sie weiter, indem Sie ihn antippen.

7. Dann werden Ihnen ein paar weitere Seiten mit kurzen Erklärungen und Hinweisen zur Benutzung Ihres tolino angezeigt. Tippen Sie jeweils auf die Pfeilschaltfläche am rechten unteren Rand, um zur nächsten Seite zu wechseln.

8. Haben Sie die letzte Seite erreicht, tippen Sie auf den Home-Button, um auf die Startseite zu gelangen. Die Startseite Ihres tolino ist eine Art Schaltzentrale und das Herzstück Ihres E-Book-Readers.

Am oberen Rand der Startseite sehen Sie die Statusleiste ❷. In dieser Leiste werden Ihnen einige Informationen angezeigt, deren Funktion Sie im weiteren Verlauf noch kennenlernen werden. An dieser Stelle gebe ich Ihnen aber bereits eine kurze Übersicht über die verschiedenen Symbole:

Symbol	Beschreibung
	Sobald Ihr tolino über ein USB-Kabel mit Ihrem Computer verbunden ist, sehen Sie oben links in der Statusleiste dieses Symbol.
15:51	Zeigt Ihnen die aktuelle Uhrzeit an, die automatisch eingestellt wird (jedenfalls in der Standardeinstellung).
	Die WLAN-Anzeige. Je mehr Balken ausgefüllt sind, desto stärker ist das WLAN-Signal, das empfangen wird.
	Das Batteriesymbol, das Auskunft darüber gibt, wie weit die Batterie noch geladen ist. Neben diesem Symbol erscheint ein kleiner Blitz, sobald Sie Ihren tolino aufladen.
	Zeigt an, dass die Beleuchtung eingeschaltet ist.
	Zeigt an, ob der tolino sich erfolgreich synchronisiert hat. Ist ein Kreuz zu sehen, prüfen Sie Ihre Internetverbindung.

Von diesen Symbolen werden Ihnen nur die Uhrzeit und der Batteriestand dauerhaft in der Statusleiste angezeigt, die anderen Symbole werden nur bei Bedarf eingeblendet.

So sieht die Startseite Ihres tolino nach dem ersten Einschalten und vor der Einrichtung aus.

Da die Einrichtung in Schritt 5 abgebrochen wurde, sehen Sie im unteren Bereich der Startseite die Schaltfläche **Einrichten**, mit der Sie die Einrichtung jederzeit wieder aufnehmen können (Abschnitt »Den tolino mit oder ohne Anmeldung nutzen« Seite 28).

Den tolino aufladen

Wenn der Akku Ihres tolino erschöpft ist, erscheint eine Meldung. Spätestens dann müssen Sie Ihren tolino aufladen. Wenn Sie keinen Computer zur Verfügung haben, können Sie zum Aufladen Ihres Readers auch ein USB-Netzteil verwenden (also ein Netzteil mit USB-Buchse, in das Sie das USB-Kabel stecken können). Dieses können Sie beispielsweise als Zubehör zu Ihrem tolino kaufen. Alternativ können Sie auch vorhandene USB-Netzteile ausprobieren, beispielsweise das Netzteil Ihres Mobiltelefons, sofern dieses über einen USB-Anschluss verfügt.

Verbinden Sie Ihren Reader mithilfe des USB-Kabels mit dem USB-Netzteil, und stecken Sie es in eine ganz normale Steckdose. Schon laden Sie den tolino auf. Sie sollten aber bei der Verwendung eines USB-Netzteils darauf achten, dass Sie das originale USB-Kabel, das mit Ihrem tolino geliefert wurde, verwenden.

INFO

Den tolino mit einem anderen Netzteil oder USB-Kabel laden

Als ich meinen tolino aufladen wollte, griff ich nach dem USB-Kabel meines Mobiltelefons, weil ich davon ausging, dass alle USB-Kabel genormt sind. Leider lud der Akku des tolino sich aber nicht auf. Es lohnt sich also, in der Statusleiste des tolino auf das Batteriesymbol zu schauen, um sich anhand des eingeblendeten Blitzes zu vergewissern, dass der Ladevorgang wirklich funktioniert. Laut Spezifikation stellt jeder USB-Anschluss mindestens 500 mA Strom bei 5 V zur Verfügung. Wenn Sie sich die Rückseite ihres tolino genauer anschauen, entdecken Sie, dass als Eingangswerte 5 V und 1 A angegeben sind. Wenn Sie Ihren tolino also an einem Netzteil laden, das eine größere Leistung zur Verfügung stellt, wird sich die Ladezeit reduzieren (nahezu halbieren). Machen Sie sich keine Sorge, wenn Sie ein noch größeres Netzteil besitzen, das z. B. 2 A bei 5 V liefert; auch damit werden Sie Ihren tolino nicht zerstören, da er maximal nur 1 A zulässt.

Möchten Sie Ihren tolino wie zuvor beschrieben (siehe dazu den Abschnitt »Den tolino in Betrieb nehmen« ab Seite 14) über Ihren Computer laden, sollten Sie noch einige Dinge beachten: Normalerweise werden die USB-Anschlüsse Ihres Computers nur mit Spannung versorgt, sodass Ihr tolino auflädt, wenn der Computer eingeschaltet ist. Bei einigen Geräten werden einige USB-Anschlüsse ausnahmsweise immer mit Spannung versorgt, also auch, wenn der Computer ausgeschaltet ist. Es kommt auch vor, dass der Computer nicht in den Ruhemodus schaltet, wenn ein tolino zum Laden angeschlossen ist, oder umgekehrt, dass der Ladevorgang einfach abgebrochen wird, sobald der Rechner in den Ruhemodus schaltet. Langer Rede kurzer Sinn: Das Verhalten Ihres Rechners beim Laden des tolino ist nicht vorhersehbar. Machen Sie sich aber keine Sorgen, sondern probieren Sie es einfach aus. An dem kleinen Blitz neben der Batterieanzeige in der Statusleiste erfahren Sie ja sehr schnell, ob Ihr tolino gerade geladen wird oder nicht.

Wenn Sie Ihren tolino mit dem USB-Kabel an Ihrem PC aufladen, geht der tolino davon aus, dass Sie über USB auf ihn zugreifen möchten, und verweigert die Lesefunktion, da Sie jetzt mithilfe des Computers auf die Dateistruktur des tolino zugreifen können. Wenn Sie Ihren tolino aber nur aufladen und dabei weiterhin lesen möchten, geht auch das:

1. Schließen Sie Ihren tolino mit dem USB-Kabel an Ihrem Rechner an. Ihnen wird daraufhin ein entsprechender Hinweis auf dem Bildschirm Ihres E-Book-Readers angezeigt, und Sie können ihn zunächst nicht zum Lesen benutzen.
2. Öffnen Sie in Windows auf Ihrem Computer den Explorer. In der linken Spalte wird Ihnen Ihr Reader als Laufwerk angezeigt, Sie erkennen ihn am Laufwerksnamen *tolino* ❶.
3. Klicken Sie mit der rechten Maustaste auf diesen Eintrag, und wählen Sie im Kontextmenü mit einem Klick den Befehl **Auswerfen** ❷. Nach einem kurzen Moment sollte Ihr tolino wieder zum Lesen parat stehen.

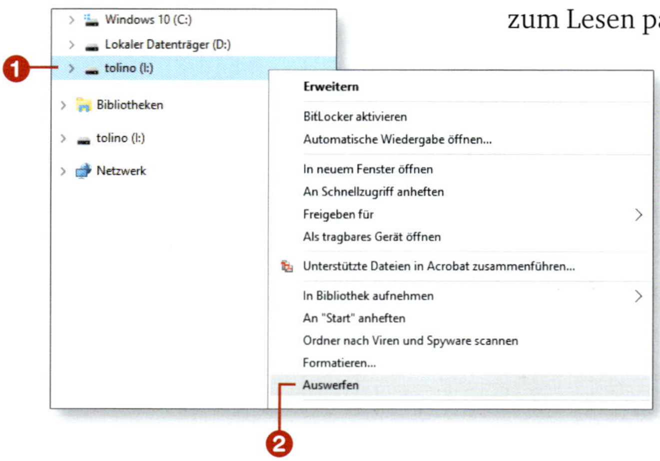

Nachdem Sie Ihren tolino vollständig geladen und ihn bereits auf die beschriebene Weise ausgeworfen haben, können Sie die Verbindung zwischen Ihrem Computer und dem Reader einfach trennen.

TIPP

Über einen USB-Hub laden

Sie können Ihren tolino auch über einen aktiven USB-Hub, also einen USB-Verteiler mit mehreren USB-Anschlüssen, der über ein eigenes Netzteil mit Spannung versorgt wird, aufladen.

Erste Schritte mit dem tolino

Sie können mit Ihrem tolino schnell die ersten Schritte wagen. Sollten Sie das bislang noch nicht getan haben, schalten Sie ihn dazu ein: Drücken Sie auf den Einschaltknopf am oberen Rand des Geräts, und halten Sie den Knopf ca. 2 Sekunden gedrückt. Ihr tolino wird daraufhin gestartet und steht Ihnen zur Verfügung. Hin und wieder kann es vorkommen, dass dieser Vorgang ein paar Sekunden dauert, haben Sie in diesem Fall etwas Geduld mit ihm.

Weder Sie noch der tolino müssen für die ersten Schritte viel lernen, da sich vieles intuitiv aneignen lässt. Das liegt vor allem an dem Touch-Display, also an dem berührungsempfindlichen Bildschirm. Sie können den Bildschirm einfach mit dem Finger berühren, um eine Aktion auszulösen.

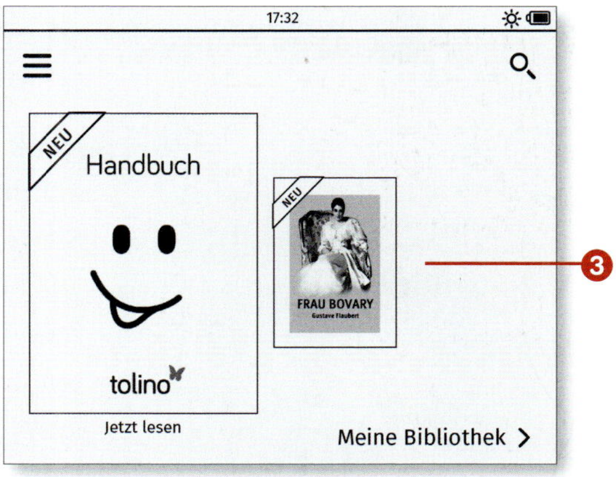

Der obere Teil der Startseite mit der Statusleiste und der Vorschau Ihrer Bibliothek

Sie sehen auf der Startseite Ihres tolino bereits zwei Buchtitel ❸. Diese werden standardmäßig vom Hersteller auf den E-Book-Reader geladen, sodass Sie gleich die Möglichkeit haben, ohne große Umwege mit dem Lesen zu beginnen. Der obere Bereich der Startseite ist die Voransicht Ihrer Bibliothek, die ansonsten noch leer sein dürfte, auch wenn Sie zu Hause in Ihrem Bücherregal womöglich Hunderte von Büchern stehen haben!

Sobald Ihr tolino mit dem Internet verbunden ist, wird im unteren Bereich der Startseite eine Voransicht des Shops Ihres Buchhändlers, bei dem Sie den tolino gekauft haben, angezeigt. Die Top-Empfehlungen, die Ihnen hier angeboten werden, werden ständig aktuell gehalten, sodass Ihnen in unregelmäßigen Abständen immer wieder neue Titel angezeigt werden.

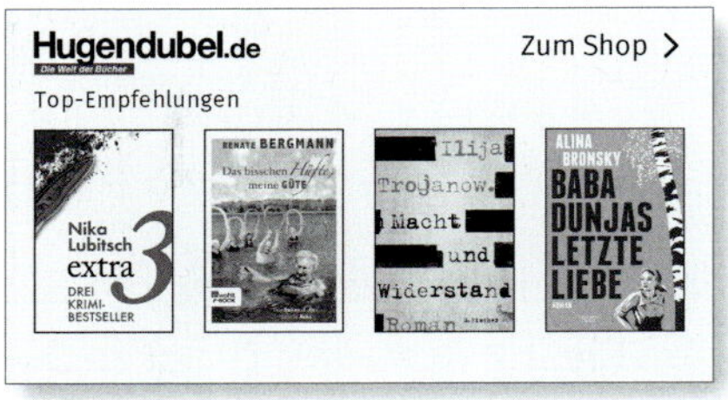

Empfehlungen im unteren Bereich der Startseite

> **INFO**
>
> **Verbindung mit dem Internet**
>
> Wie Sie den tolino mit dem Internet verbinden, beschreibe ich im Abschnitt »An einem WLAN anmelden« ab Seite 63. Aber Sie müssen das jetzt nicht sofort erledigen, denn für die ersten Schritte und zum Kennenlernen des Readers reichen die vorhandenen Titel.

Dank des Touch-Displays tippen Sie einfach kurz auf der Startseite auf das Titelbild des Buches, das Sie lesen möchten, um es aufzuschlagen. Im Nu wird Ihnen die erste Seite des Buches angezeigt. Zum Weiterblättern tippen Sie jeweils in den rechten Bereich des Bildschirms ❶, wobei es keine Rolle spielt, ob Sie oben, in der Mitte oder unten auf den Bildschirmrand tippen. Statt den Bildschirm zum Weiterblättern anzutippen, können Sie auch mit dem Finger über den Bildschirm nach links wischen (falls Ihnen diese Geste durch Ihr Smartphone vertrauter ist). Zurückblättern können Sie, indem Sie nach rechts wischen oder auf den linken Bereich des Bildschirms tippen ❷.

Sollten Sie Besitzer eines tolino vision 3 HD sein, können Sie sogar noch bequemer umblättern. Dank der Funktion *tap2flip* (eigentlich *tap to flip*; auf Deutsch: tippen, um zu blättern) reicht ein kurzes Antippen der Rückseite des tolino, um zur nächsten Seite zu gelangen. Sie können also beispielsweise den E-Book-Reader mit der rechten Hand halten und Ihren rechten Zeigefinger mittig auf die Rückseite des Geräts legen. Möchten Sie nun eine Seite weiterblättern, heben Sie den Finger leicht an und tippen auf die Geräterückseite. Sie sehen unmittelbar danach auf dem Bildschirm die nächste Seite. Durch diese Funktion können Sie mühelos einhändig lesen und müssen sich zukünftig keine Sorgen mehr machen, wie Sie stehend im Zug oder in der Straßenbahn zur nächsten Seite gelangen können, während Sie sich mit der anderen Hand festhalten müssen. Praktisch, oder?

Beim tolino vision 3 HD können Sie auf die Rückseite tippen, um eine Seite weiterzublättern.

Der Home-Button unterhalb des Bildschirms bringt Sie immer zur Startseite zurück. Wenn Ihnen das aktuelle Buch also nicht gefällt, tippen beziehungsweise drücken Sie einfach auf diese Taste und öffnen ein anderes Buch aus Ihrer Bibliothek. Wie Sie die neuesten Schmöker oder den Klassiker, den Sie schon immer einmal lesen wollten, kaufen, erfahren Sie in Kapitel 5, »E-Books kaufen«, ab Seite 103.

Zwischen den Buchtiteln Ihrer Bibliothek und der Statusleiste befindet sich eine weitere wichtige Schaltfläche im linken oberen Bereich der Startseite. Über die Schaltfläche **Menü** ≡ ❸ gelangen Sie zu verschiedenen Einstellungsmöglichkeiten, und Sie können grundlegende Informationen über das Gerät aufrufen. Statt die Punkte jetzt hier im Einzelnen durchzugehen, komme ich auf sie zurück, wenn ich die jeweilige Funktion im Zusammenhang mit der Thematik des Kapitels oder einzelner Abschnitte beschreibe.

Die Schaltfläche »Menü« im oberen Bereich der Startseite

Eine weitere Sache sollten Sie bei der Bedienung Ihres E-Book-Readers im Hinterkopf behalten: den sogenannten *Long Press* (zu Deutsch: langer Druck). Es handelt sich hierbei um eine spezielle Art des Antippens einer Schaltfläche, eines Eintrags oder eines Wortes, wobei der Finger beim Antippen einen Moment auf dem Bildschirm verharrt. Mit einem Long Press rufen Sie meistens Menüs mit weiteren Befehlen auf, beispielsweise in der Leseansicht, um ein Wort nachzuschlagen oder Notizen im Text hinzuzufügen. Ich werde im weiteren Verlauf des Buches nicht den Begriff Long Press verwenden, sondern Formulierungen wie »Tippen Sie länger ...« oder »Drücken Sie für einen Moment auf ...«.

Ihnen wird auffallen, dass Ihr tolino schnell ermüdet und sich schlafen legt, wenn Sie eine Weile – in der Standardeinstellung sind das 5 Minuten – nichts tun. Er zeigt Ihnen in diesem Fall sein lächelndes Gesicht. Und obwohl er mit »Pssst« um Ruhe bittet, müssen Sie ihn aufwecken, wenn Sie weiterlesen oder etwas anderes machen möchten.

Der tolino im Ruhemodus

Um den Ruhemodus des Geräts zu beenden, drücken Sie beim tolino kurz auf den Einschaltknopf. Auf Ihrem tolino wird die Seite angezeigt, die Sie zuletzt gelesen haben, bevor der Reader sich in den Ruhemodus versetzt hat. Sie können den Ruhemodus aber auch jederzeit selbst auslösen und müssen dazu nicht die eingestellte Wartezeit berücksichtigen. Nutzen Sie dazu ebenfalls den Einschaltknopf. Drücken Sie kurz darauf, um den tolino in den Ruhemodus zu versetzen.

Der kleine Einschaltknopf ist ein wahres Multitalent. Sie nutzen ihn nicht nur für den Ruhemodus, sondern auch, um Ihren tolino komplett auszuschalten:

1. Drücken Sie kurz (ca. 2 Sekunden) auf den Einschaltknopf.
2. Dann erscheint das Fenster **Was möchten Sie tun?** mit den Optionen **Ausschalten**, **Neu starten** und **Abbrechen**.

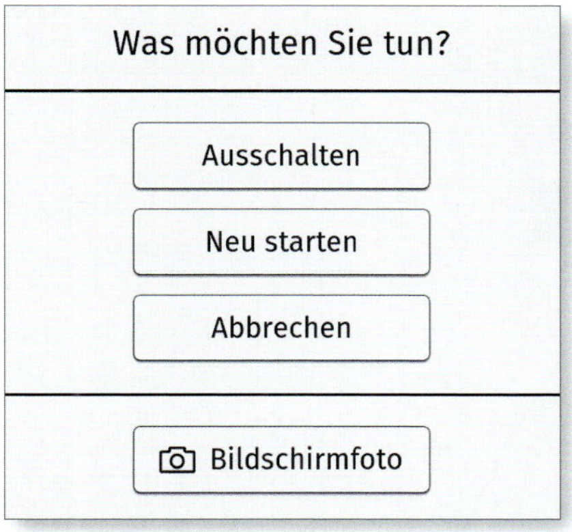

3. Um den Reader auszuschalten, tippen Sie mit dem Finger auf den Befehl **Ausschalten**.

Ihr tolino schaltet sich nun aus. Im Prinzip müssen Sie diese Aktion gar nicht so häufig ausführen, da der Ruhemodus, in den sich der Reader selbstständig versetzt, fast gleichbedeutend damit ist. Auch in diesem Modus verbraucht er so gut wie keine Energie, steht Ihnen jedoch ein wenig schneller zur Verfügung, sobald Sie Ihr Buch gerne weiterlesen möchten.

Text eingeben

Für ein Gerät, das vorrangig zum Lesen gedacht ist, wäre eine Tastatur, wie Sie sie beispielsweise von Ihrem PC her kennen, nur unnützer Ballast. Es ist dennoch mitunter auch mit Ihrem tolino erforderlich, Text einzutippen, sei es, um das WLAN-Passwort festzulegen, im Shop Ihres Buchhändlers nach einem Buchtitel oder Autor zu suchen oder Anmeldeinformationen preiszugeben.

Für diese Fälle blendet Ihr tolino im unteren Bereich des Bildschirms eine Bildschirmtastatur ❶ ein, sobald Sie ein Feld, das zur Texteingabe vorgesehen ist, durch Antippen aktivieren. Sobald das Feld aktiviert ist, wird Ihnen hier auch eine blinkende Einfügemarke ❷ angezeigt.

Die Bildschirmtastatur des tolino verwenden Sie fast wie die normale Tastatur eines Computers oder Smartphones: Tippen Sie einfach den gewünschten Buchstaben, den Sie in das Eingabefeld eintragen möchten, auf dem Bildschirm an.

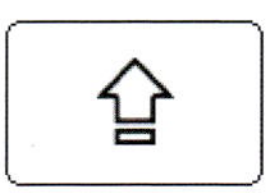

Zwischen großen und kleinen Buchstaben wechseln Sie ähnlich wie auf einer normalen Tastatur mit der Taste ⇧. Der nach oben weisende Pfeil auf der Taste ⇧ ist mal weiß und mal schwarz ausgefüllt, je nachdem, ob Kleinbuchstaben oder Großbuchstaben aktiviert sind. Normalerweise wechselt der tolino automatisch wieder zur Kleinschreibung, nachdem Sie einen großen Buchstaben eingegeben haben. Möchten Sie dauerhaft großschreiben, tippen Sie zweimal kurz hintereinander auf ⇧, die Taste wird daraufhin komplett schwarz ausgefüllt. Mit einem erneuten Tipp auf die Taste kehren Sie zur Kleinschreibung zurück.

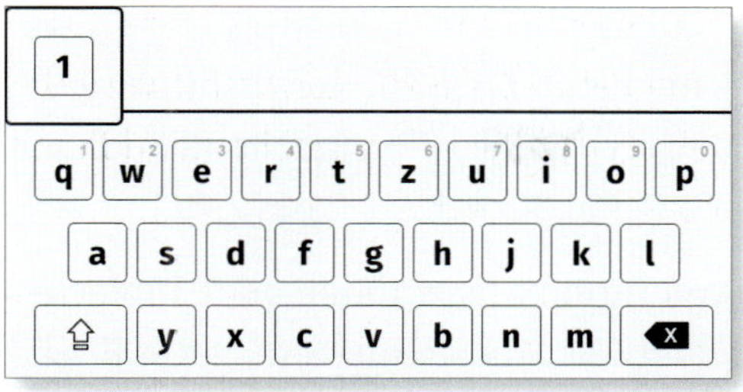

Auch die tolino-Bildschirmtastatur verfügt über alternative Zeichenbelegungen.

Vermissen Sie einige Tasten? Keine Sorge, alle Zeichen sind vorhanden, sie sind nur nicht alle sofort sichtbar. Mit manchen Tasten kann man neben dem darauf abgebildeten Zeichen noch ein oder mehrere weitere Zeichen eingeben. Beispielsweise liegt auf der Taste [q] zusätzlich auch noch die Ziffer [1]. Diese alternative Zeichenbelegung rufen Sie auf, indem Sie das [q] so lange antippen, bis es schwarz hinterlegt wird. Wenn Sie nun den Finger von der Taste nehmen, wird ein kleines Fenster mit der Ziffer, in diesem Fall eine [1], eingeblendet.

Praktisch ist insbesondere der Punkt [.]. Wenn Sie den Punkt etwas länger antippen, öffnet sich ein kleines Fenster mit vielen nützlichen Zeichen wie etwa dem [&]-Zeichen und dem Fragezeichen [?].

Auf diesem Weg können Sie auch die Umlaute [ä], [ö] und [ü] eingeben. Wenn Sie z. B. länger das [u] antippen, erscheint im kleinen Fenster mit den alternativen Zeichenbelegungen u. a. das [ü]. Tippen Sie darauf, um es einzugeben.

Um mit der Bildschirmtastatur direkt Ziffern oder weitere Sonderzeichen einzugeben, können Sie auch die Tastatur wechseln, indem Sie auf die Taste [12#] tippen. Nun erhalten Sie eine Tastatur mit Ziffern und Sonderzeichen. Die Taste [12#] wird in dieser Tastaturdarstellung durch die Taste [ABC] ersetzt. Möchten Sie zu der Buchstabentastatur zurückkehren, tippen Sie diese an.

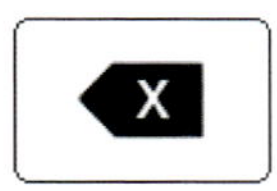

Haben Sie sich einmal bei Ihrer Eingabe vertippt, löschen Sie einzelne Buchstaben oder Zeichen links der Einfügemarke mit der Taste .

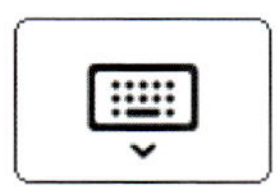

Tippen Sie links unten auf die Taste mit dem Tastatursymbol, blenden Sie die Bildschirmtastatur aus. Falls Sie dabei etwas voreilig waren, blenden Sie die Tastatur wieder ein, indem Sie in das Eingabefeld tippen.

Haben Sie Ihre Texteingabe beendet und möchten beispielsweise Ihre Suchanfrage starten, können Sie auch das mit einer Taste auf der Tastatur einleiten. Tippen Sie dazu rechts unten auf die ⌕-Taste, die manchmal auch mit »Fertig« beschriftet ist (etwa bei der Eingabe des WLAN-Passworts).

Sollten Sie eine Bildschirmtastatur von Ihrem Smartphone oder Tablet gewöhnt sein, werden Sie sich womöglich über die etwas verzögerte Eingabe der tolino-Tastatur wundern. Dies ist letztlich auf die *E-Ink-Technologie* zurückzuführen. In den meisten Fällen werden Sie Ihren tolino ja ohnehin eher zum Lesen als zum Schreiben benutzen.

Den tolino mit oder ohne Anmeldung nutzen

Auf der Startseite Ihres tolino sehen Sie nach dem Einschalten am unteren Bildschirmrand die Schaltfläche **Einrichten**. Mit dieser Aufforderung ist gemeint, dass Sie sich bei Ihrem tolino-Partner (also dem Buchhändler, bei dem Sie Ihren E-Book-Reader gekauft haben) mit einem Kundenkonto anmelden.

Wie Sie die Anmeldung durchführen, erfahren Sie im Abschnitt »Ein neues tolino-Konto einrichten« ab Seite 88. In diesem Abschnitt werde ich Ihnen aber schon einmal die Vorzüge erläutern, die eine Anmeldung Ihres tolino mit sich bringt. Alle beschriebenen Vorgänge und Funktionen finden Sie außerdem noch einmal in den entsprechenden Kapiteln ausführlich beschrieben. Haben Sie also keine Bedenken, wenn Ihnen die Beschreibung an dieser Stelle etwas zu schnell geht. Sie soll Ihnen aber schon einmal einen Ausblick auf die Möglichkeiten geben.

TIPP

Konten bei mehreren tolino-Partnern

Mit der Anmeldung Ihres tolino bei einem Händler der tolino-Allianz sind Sie nicht für immer und ewig mit diesem Buchhändler verbandelt. Sie können weitere Konten bei anderen tolino-Partnern anlegen und diese gemeinsam auf einem Gerät nutzen. Erfahren Sie mehr dazu im Abschnitt »In anderen tolino-Shops kaufen« ab Seite 114.

Sobald Sie sich angemeldet haben, können Sie beispielsweise ganz bequem Ihre E-Books direkt über den tolino kaufen. Stellen Sie sich vor, Sie sind an der Costa del Sol im Urlaub und haben Ihr Arbeitsgerät (Ihren Laptop) zu Hause gelassen. Nun haben Sie sämtliche Bücher, die Sie vor dem Urlaub gekauft haben, bereits zu Ende gelesen und brauchen dringend neues Lesefutter. Haben Sie die Anmeldung zuvor durchgeführt, reichen dazu Ihr tolino und ein WLAN-Zugang vor Ort. Der Einkauf ist schnell erledigt. Sie rufen auf Ihrem tolino Ihren Shop auf, suchen sich ein neues Buch aus und kaufen es einfach mit den bei der Anmeldung hinterlegten Daten. Alles, was Sie bei diesem Vorgang über die Bildschirmtatstatur eingeben müssen, ist Ihr Passwort, das Sie bei der tolino-Anmeldung festgelegt haben. Sekunden später wird der gekaufte Titel bei Ihnen auf dem tolino und auch in der Cloud (zu Deutsch: Wolke, lesen Sie hierzu den Infokasten »Was ist eine Cloud?« auf Seite 30) parat stehen. Mit der Anmeldung müssen Sie sich außerdem kaum Gedanken um geschützte Titel machen; das DRM (*Digital Right Management*) wird bei ca. 95 % der bei tolino-Partnern gekauften Bücher über die tolino-Anmeldung geregelt. Nur bei ca. 5 % der Bücher benötigen Sie eine Adobe-ID. Diesem Thema werde ich mich in dem Abschnitt »DRM und Adobe-ID: Was ist das eigentlich?« ab Seite 96 widmen.

> TIPP
>
> **Die Onlineshops der tolino-Buchhändler**
>
> Die Onlineshops der tolino-Partner sind für die Darstellung auf dem tolino optimiert, was bei den meisten anderen Buchshops im Internet nicht der Fall ist. Wenn Sie also die Partnershops verwenden, müssen Sie sich nicht mit zu großen Seiten rumschlagen und sich über dauerndes Scrollen ärgern. Möchten Sie andere Buchshops dennoch einmal ausprobieren, erfahren Sie mehr dazu im Abschnitt »In anderen Shops E-Books kaufen« ab Seite 123.

Mit der Anmeldung stehen Ihnen etliche Tausend Telekom HotSpots zur Verfügung, bei denen sich Ihr tolino automatisch per WLAN anmeldet. Dadurch haben Sie auch unterwegs mit Ihrem tolino fast überall in Deutschland Internetzugang und können problemlos Bücher einkaufen, mit Ihrem tolino im Internet surfen oder Buchtitel aus Ihrer tolino Cloud laden. Der

Zugang zur tolino Cloud steht Ihnen nach der Anmeldung ebenfalls gratis zur Verfügung. Bücher, die Sie bei Ihrem tolino-Partner gekauft haben, werden dann in der Cloud gesichert.

Wenn Ihnen Ihr tolino abhandenkommen sollte oder Sie versehentlich ein Buch von Ihrem tolino löschen, gibt es in der Cloud immer noch eine Kopie, sodass Ihre Bücher nicht verloren gehen können. Durch die tolino Cloud können Sie Ihre E-Books außerdem bequem zwischen verschiedenen Lesegeräten (tolino shine, tolino shine 2 HD, tolino vision, tolino vision 2, tolino vision 3 HD, tolino tab 7, tolino tab 8.9 und verschiedenen Software- und Browser-Readern) synchronisieren, d. h., Ihre Lesezeichen und Notizen und Ihr Lesefortschritt sind automatisch auf allen Geräten auf dem gleichen Stand.

INFO

Was ist eine Cloud?

Auch wenn die Cloud, die Sie mit Ihrem tolino nutzen, von der Telekom bereitgestellt wird, handelt es sich nicht um eine magentafarbene Wolke, sondern um einen virtuellen Speicherplatz, auf den Sie über das Internet mit Ihrem tolino Zugang haben. Der Zugriff wird über Ihre Anmeldedaten, also über Ihren Benutzernamen und Ihr Passwort, geregelt. Natürlich können Sie sich auch über die Webseite Ihres tolino-Buchhändlers Ihre Buchtitel, die in der Cloud gespeichert sind, anzeigen lassen. Vereinfacht gesagt: Eine Cloud ist eine riesengroße Festplatte mit Zugriffswächtern, die Sie über das Internet erreichen können und auf die Sie mit den richtigen Zugangsdaten Zugriff erhalten.

Natürlich können Sie Ihren tolino auch ohne Anmeldung nutzen, allerdings müssen Sie auf die genannten Vorteile verzichten. Sie können nicht geschützte Bücher via USB-Kabel auf den tolino übertragen und lesen. Für geschützte Titel benötigen Sie dann jedoch immer eine Adobe-ID, um Ihren tolino bei Adobe zu identifizieren. Dieser Vorgang ist auf jeden Fall aufwendiger als das einmalige Anmelden Ihres tolino bei Ihrem tolino-Buchhändler. Letztendlich ist es Ihnen überlassen, ob Sie den tolino anmelden oder nicht.

Kapitel 2
Lesen auf dem tolino

Bestimmt möchten Sie jetzt so schnell wie möglich mit dem Lesen beginnen! In diesem Kapitel werde ich Ihnen zeigen, wie Sie das tun können. Darüber hinaus werden Sie aber auch noch viele weitere Funktionen Ihres E-Book-Readers kennenlernen, die das Lesen mit ihm zum puren Lesevergnügen machen werden. Ich garantiere Ihnen: Ihr kleiner tolino wird Ihr ständiger – und vielleicht sogar Ihr bisher angenehmster – Begleiter werden!

Den tolino vision 3 HD können Sie sogar in der Küche zum Lesen von Kochbüchern nutzen. Er ist wassergeschützt.

Die Leseansicht

Sie haben in Kapitel 1, »Start mit dem tolino«, ab Seite 9 ja schon erfahren, wie Sie Ihren tolino grundsätzlich in Betrieb nehmen. Nachdem Sie den tolino eingeschaltet haben, gelangen Sie automatisch auf die Startseite und von hier aus dann in Ihre Bibliothek mit all Ihren Büchern. Sollten Sie sich gerade in einem anderen Bereich befinden, genügt ein Fingertipp auf den Home-Button, um zur Startseite zurückzugelangen.

Auch wenn Sie noch keine E-Books gekauft und auf Ihrem tolino gespeichert haben, können Sie das Lesen auf dem tolino schon einmal ausprobieren, denn einige Bücher sind schon in Ihrer Bibliothek vorhanden. Wie Sie weitere E-Books kaufen und auf Ihren tolino laden können, erfahren Sie in Kapitel 5, »E-Books kaufen«, ab Seite 103.

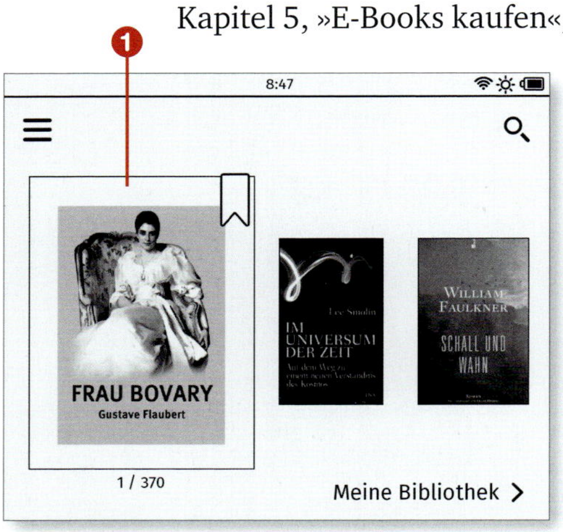

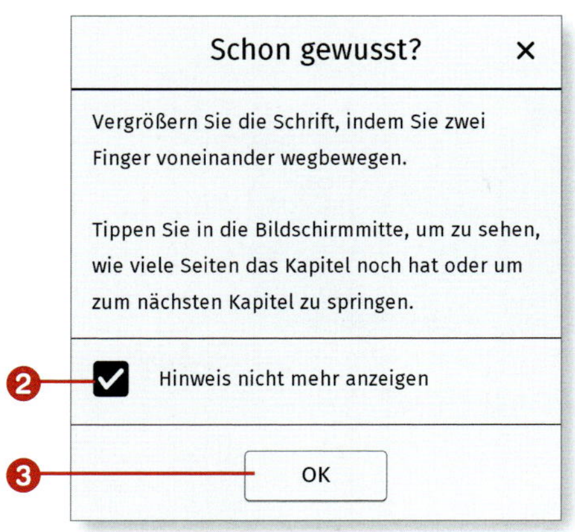

1. Tippen Sie im oberen Bereich der Startseite auf einen Buchtitel ❶ Ihrer Bibliothek, um das Buch zu öffnen.

2. Nach dem Öffnen des Buches wird Ihnen das Fenster **Schon gewusst?** mit ein paar Hinweisen angezeigt. Setzen Sie hier ein Häkchen vor der Option **Hinweis nicht mehr anzeigen** ❷, wenn Sie in Zukunft lieber direkt zu Ihrem Buch gelangen möchten. Tippen Sie auf die Schaltfläche **OK** ❸, um das Fenster zu schließen und zu Ihrem Buch zu gelangen.

3. Nun sehen Sie die erste Seite des Buches, in der Regel das Buchcover, und können mit dem Lesen beginnen. Blättern Sie weiter zum Beginn des Textes, indem Sie einfach kurz auf die rechte Seite des Bildschirms tippen oder mit dem Finger nach links über den Bildschirm wischen.

Beim tolino vision 3 HD können Sie auch die Funktion *tap2flip* zum Umblättern verwenden. Tippen Sie dazu mit einem Finger auf die Rückseite des Geräts, und Ihr tolino zeigt Ihnen die nächste Seite.

4. Um zurückzublättern, streifen Sie nach rechts über den Bildschirm oder tippen kurz auf den linken Bildschirmrand.

Das war's im Prinzip auch schon. Auch ohne weitere Einstellungen und Anpassungen können Sie nun Ihr erstes Buch auf dem tolino lesen. Sobald Sie eine Weile nicht blättern, legt sich der tolino schlafen (lesen Sie zum Beenden des Ruhemodus Seite 24). Aber bevor Sie sich weiter in Madame Bovary vertiefen und ob all der Schicksalsschläge Zeit und Raum vergessen, können Sie auch erst einmal hier weiterlesen – ganz so spannend wird es vielleicht nicht, dafür aber umso hilfreicher!

TIPP

Wischbewegung zum Blättern verwenden

Übrigens können Sie die Wischbewegung zum Umblättern einer Seite an einer beliebigen Stelle des Bildschirms ausführen. Sie müssen diese nicht unbedingt am rechten Bildschirmrand starten. Möchten Sie also weiterblättern, können Sie genauso den tolino mit Ihrer linken Hand halten und mit dem linken Daumen von rechts nach links über den Bildschirm wischen. Das funktioniert natürlich genauso beim Zurückblättern: Wischen Sie dann einfach von links nach rechts über den Bildschirm und Sie gelangen unmittelbar zurück auf die vorangegangene Seite.

Im Buch blättern

Abgesehen vom manuellen Blättern von Seite zu Seite können Sie auch im Schnelldurchlauf durch den Text wandern oder auch eine bestimmte Seite des E-Books aufrufen. Rufen Sie dazu ganz einfach die weiteren Bedienelemente der Leseansicht auf.

1. Berühren Sie den Bildschirm irgendwo im mittleren Bereich ❶ oder am oberen oder unteren Rand mit einem kurzen Fingerdruck. (Denken Sie daran, dass Sie durch Antippen des rechten Bereichs weiterblättern und des linken Bereichs zurückblättern.)

2. Dies blendet im oberen Bereich einige Schaltflächen ein (deren Bedeutung ich Ihnen in den folgenden Abschnitten dieses Kapitels noch genauer vorstellen werde) und im unteren Bereich einen Schieberegler. Tippen Sie auf den kleinen Würfel ❷ am Schiebebalken, halten Sie ihn gedrückt und ziehen Sie ihn nach rechts, um vorzublättern, oder nach links, um zurückzublättern.

   Aber Vorsicht: Mit dieser Methode blättern Sie wirklich sehr schnell vor oder zurück! Um eine bestimmte Seite mit dieser Methode aufzurufen, braucht es ein wenig Geschick und Übung.

3. Möchten Sie nun zu der ursprünglichen Seite zurückkehren, geht auch das ganz bequem mit Ihrem tolino. Tippen Sie dazu auf den Pfeil ❸ auf der linken Seite oberhalb des Schiebereglers. Daneben steht die Seitenzahl der Seite, auf der Sie sich ursprünglich befunden haben und zu der Sie nun zurückspringen.

4. Um zu einer bestimmten Seite zu gehen, tippen Sie auf die Seitenzahlen oberhalb des Schiebereglers. Am unteren Bildschirmrand der Leseansicht wird nun eine Zifferntastatur eingeblendet.

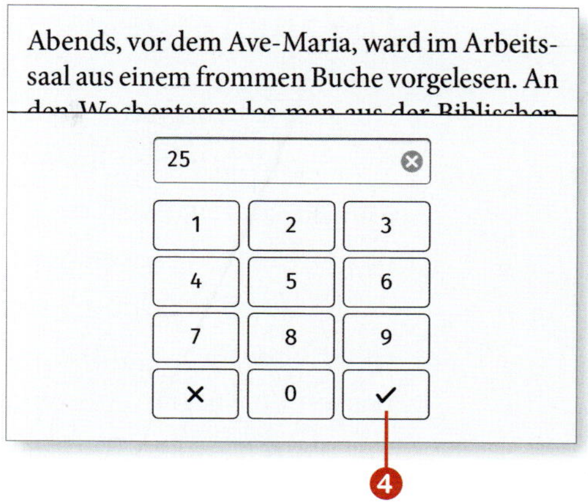

5. Der Rest ist ganz einfach: Tippen Sie auf dem eingeblendeten Tastenfeld die Seitenzahl ein und berühren Sie dann die Taste mit dem Häkchen **4**, um zu der gewünschten Seite zu gelangen.

6. Unterhalb des Schiebereglers befinden sich links und rechts zwei weitere Pfeilschaltflächen, und in der Mitte stehen der Name des Kapitels und die Anzahl der Seiten bis zum Kapitelende. Mit dem Pfeil links **5** springen Sie zum Anfang des Kapitels, mit dem rechten Pfeil **6** zum Ende des Kapitels.

7. Tippen Sie auf den Kapitelname **7**, wird die Inhaltsübersicht Ihres Buches aufgerufen. Auf der Seite **Inhalt** werden alle Kapitel des Buches aufgelistet. Über die Pfeilschaltfläche **8** im unteren Bereich können Sie durch die Auflistung navigieren. Um ein bestimmtes Kapitel zu öffnen, tippen Sie es einfach an. Tippen Sie auf den Pfeil oben links **9**, gelangen Sie wieder zur Ausgangsseite zurück und schließen das Inhaltsverzeichnis.

Um den Navigationsbereich der Leseansicht wieder loszuwerden, tippen Sie irgendwo in die Mitte des Bildschirms.

Die zuletzt gelesene Seite öffnen

Natürlich fiebern Sie dem Fortgang Ihres Krimis entgegen und daher möchten Sie nicht lange herumblättern, sondern so schnell wie möglich direkt auf der Seite weiterlesen, auf der Sie aufgehört hatten. Sie brauchen also das gute alte Lesezeichen. Ihr tolino hat dafür Verständnis und merkt sich die letzte Seite. Wenn Sie einfach aufhören zu lesen, ohne den tolino auszuschalten oder zur Startseite zurückzukehren, versetzt er sich nach einer gewissen Zeit in den Ruhemodus. Sobald Sie ihn mithilfe des Einschaltknopfs am oberen linken Rand des Geräts in Ihrer nächsten Mußestunde erneut aufwecken, wird automatisch die letzte Seite aufgeschlagen.

Schalten Sie Ihren tolino nach dem Lesen hingegen vollständig aus, wird Ihnen beim nächsten Einschalten die Startseite angezeigt und nicht die letzte Seite, die Sie vor dem Ausschalten gelesen haben.

Aber auch in diesem Fall müssen Sie nicht mühselig nach der letzten gelesenen Seite suchen. Auf der Startseite wird Ihnen das Buch, das Sie zuletzt gelesen haben, an erster Stelle in Ihrer Bibliothek angezeigt und mit einem kleinen Lesezeichensymbol ❶ versehen. Unterhalb des Buchtitels werden Ihnen zusätzlich die Gesamtseitenzahl und die Nummer der zuletzt gelesenen Seite ❷ angezeigt.

Diese Seite haben Sie zuletzt gelesen.

Tippen Sie auf den Buchtitel, um an der Stelle weiterzulesen, an der Sie aufgehört haben. In dem Beispiel lese ich durch das Antippen des Titels also auf Seite 40 ❸ weiter.

Mit Ihrem tolino müssen Sie sich also fortan keine Gedanken mehr über vergessene oder herausgefallene Lesezeichen machen. Ihr E-Book-Reader übernimmt diese Rolle vortrefflich.

> **INFO**
>
> **Automatische Lesezeichen bei mehreren Büchern**
>
> Ihr tolino speichert nicht nur bei dem Buch, das Sie zuletzt gelesen haben, die Stelle, an der Sie aufgehört haben zu lesen. Tippen Sie eines der anderen Bücher aus Ihrer Bibliothek an, wird auch dieses an der Stelle geöffnet, an der Sie aufgehört haben zu lesen. So verlieren Sie als Vielleser nie den Überblick über Ihren Lesefortschritt.

Eigene Lesezeichen setzen

In manchen Büchern stehen Dinge, die Sie gern noch einmal lesen oder vielleicht anderen zeigen möchten. Für diesen Zweck können Sie eigene Lesezeichen setzen, und zwar so viele, wie Sie möchten. Diese landen dann im **Notizverzeichnis**, in dem Sie die verschiedenen Lesezeichen einsehen und gleich von dort aus anwählen beziehungsweise aufrufen können.

1. Tippen Sie auf der Seite, auf der Sie ein Lesezeichen setzen möchten, auf das kleine Lesezeichensymbol ❹. Ihnen ist vielleicht schon aufgefallen, dass dieses Symbol auf jeder Seite eines Buches am oberen rechten Rand zu sehen ist, Sie können also prinzipiell auf jeder Seite ein Lesezeichen setzen.

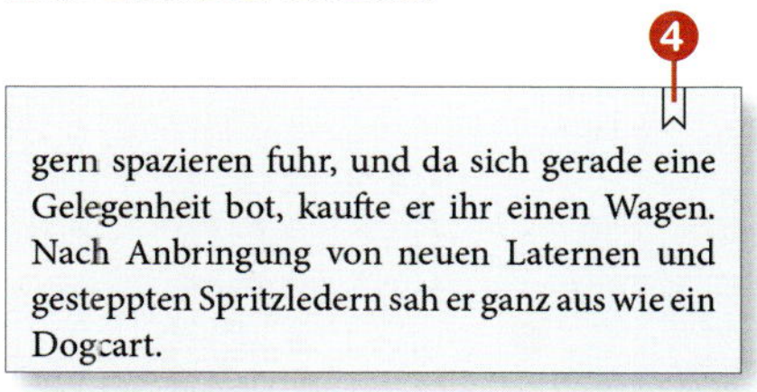

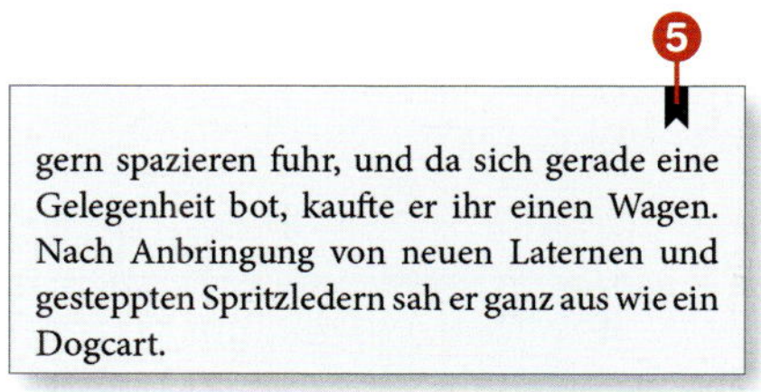

   Durch das Antippen wird das Lesezeichensymbol am oberen Bildschirmrand schwarz ausgefüllt ❺, und Sie haben damit Ihr erstes eigenes Lesezeichen gesetzt. Verfahren Sie mit weiteren Textstellen genauso, wenn Sie sie für später speichern möchten.

2. Um die gesetzten Lesezeichen nutzen zu können, tippen Sie beim Lesen des Buches irgendwo auf die Bildschirmmitte des tolino. Dadurch wer-

den der Navigationsbereich am unteren Bildschirmrand und weitere Bedienelemente am oberen Bildschirmrand eingeblendet. Tippen Sie auf die Schaltfläche **Notizverzeichnis** ❶, um zu Ihren Lesezeichen zu gelangen.

3. Dadurch wird das **Notizverzeichnis** geöffnet. Hier sehen Sie alle Seiten des aktuellen Buches, die Sie mit einem Lesezeichen markiert haben, untereinander aufgelistet. Angezeigt werden maximal die ersten vier Zeilen der markierten Seite.

   Links neben dem Text erscheint das eingefärbte Lesezeichen ❷. Es dient dazu, leichter zwischen Lesezeichen und Notizen unterscheiden zu können. Lesen Sie dazu mehr im Abschnitt »Text markieren« auf der folgenden Seite.

4. Wenn Sie auf eine dieser Textzeilen tippen, landen Sie direkt auf der entsprechenden Buchseite.

5. Um ein gesetztes Lesezeichen wieder zu löschen, tippen Sie im Notizverzeichnis auf die Schaltfläche **Bearbeiten** ❸ in der oberen rechten Ecke.

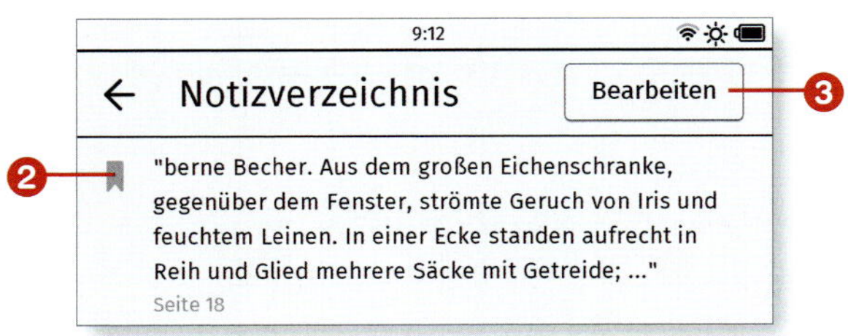

6. Nun erscheinen neben den einzelnen Lesezeicheneinträgen kleine Papierkorbsymbole ❹. Tippen Sie einfach auf ein solches Symbol, um das betreffende Lesezeichen zu löschen.

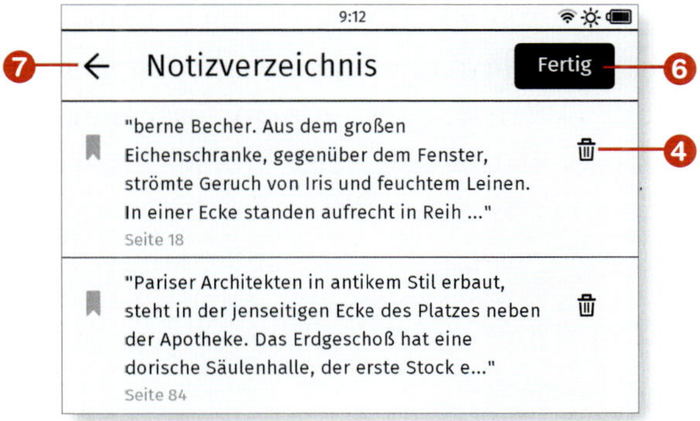

7. Tippen Sie im folgenden Dialogfenster **Eintrag löschen** auf die Schaltfläche **Löschen** 5, um das Lesezeichen zu entfernen.

8. Tippen Sie abschließend auf die Schaltfläche **Fertig** 6, wenn Sie alle gewünschten Lesezeichen entfernt haben.

Um das Notizverzeichnis zu verlassen, tippen Sie auf den nach links zeigenden Pfeil 7 neben der Überschrift **Notizverzeichnis**.

Text markieren

Sie kennen sicher die dicken gelben oder grellgrünen Marker, mit denen Sie wichtige Textpassagen eines Buches hervorheben können. Mit einem solchen Marker sollten Sie natürlich nicht über den Bildschirm Ihres E-Book-Readers streichen, auch wenn diese Textstelle ein Erkenntnisgewinn ersten Ranges ist! Aber der tolino bietet Ihnen eine andere Möglichkeit, Text zu markieren und diese Textstelle dem Notizverzeichnis hinzuzufügen, wo Sie sie jederzeit wieder aufrufen können.

1. Tippen Sie auf den Anfang der Textstelle, die Sie markieren möchten, also auf ein Wort, und halten Sie den Finger für einen kurzen Moment gedrückt. Daraufhin wird das Wort markiert, und es erscheinen am Anfang und Ende zwei Anfasser ❶ (die wie kleine Tropfen aussehen) sowie ein kleines Menüfenster mit Befehlen ❷.

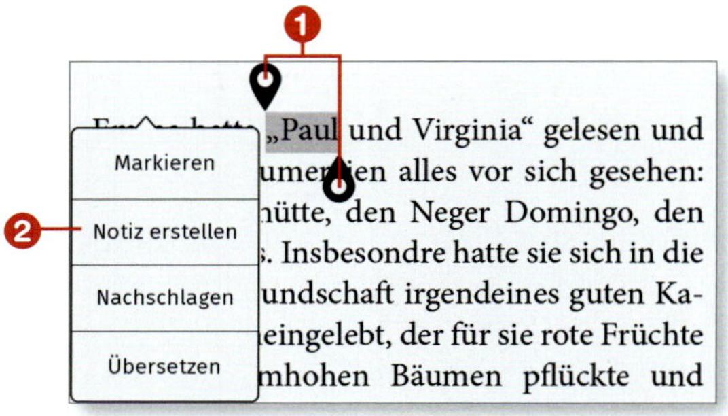

2. Um die Markierung über mehrere Wörter zu erweitern, tippen Sie auf einen der Anfasser, halten ihn gedrückt und ziehen ihn mit gedrücktem Finger über den weiteren Text.

3. Wenn Sie die Stelle erreicht haben, an der Sie die Markierung beenden möchten, tippen Sie im Menüfenster auf **Markieren** ❸. Daraufhin wird das Menü wieder ausgeblendet, und die Textstelle ist markiert.

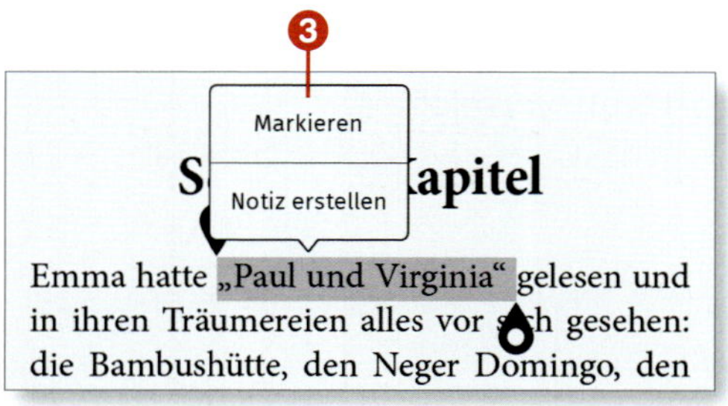

4. Diese Markierung, die durch eine graue Hinterlegung des Textes zu erkennen ist, bleibt erhalten, solange Sie sie nicht bewusst löschen. Zum Löschen tippen Sie ganz kurz auf den markierten Bereich und im Menü, das daraufhin erscheint, auf den Befehl **Markierung löschen**.

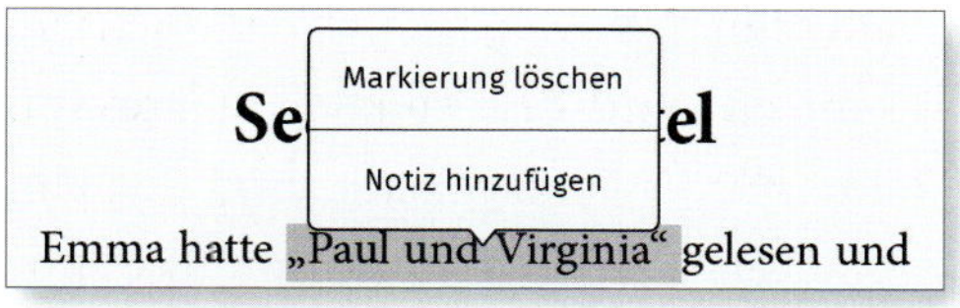

Ihnen ist in dem kleinen Menüfenster oben sicherlich der Befehl **Notiz erstellen** beziehungsweise **Notiz hinzufügen** aufgefallen; im Abschnitt »Eigene Notizen hinzufügen und bearbeiten« ab Seite 42 erfahren Sie, wie Sie dabei vorgehen.

INFO

Mehrere Zeilen markieren

Sie können mithilfe der Anfasser auch Text über mehrere Zeilen oder ganze Absätze markieren. Ziehen Sie dazu den Anfasser mit gedrücktem Finger bis zur letzten Zeile, die Sie markieren möchten. Eine Markierung über das Seitenende hinaus ist jedoch nicht möglich.

Markierte Textstellen im Notizverzeichnis aufrufen

Textstellen, die Sie markiert haben, werden auf Ihrem tolino zusammen mit Ihren Lesezeichen im Notizverzeichnis gespeichert. Dort können Sie sie dann jederzeit einsehen und nachlesen.

1. Rufen Sie zunächst in der Leseansicht die Bedienelemente des Lesemenüs am oberen Bildschirmrand auf, indem Sie irgendwo auf die Bildschirmmitte tippen.

2. Tippen Sie auf die Schaltfläche **Notizverzeichnis** ❹, um Ihre Lesezeichen und markierten Textstellen aufzurufen.

3. Im Notizverzeichnis werden neben den bereits beschriebenen Lesezeichen ❶ (siehe dazu den Abschnitt »Eigene Lesezeichen setzen« ab Seite 37) auch die markierten Textstellen ❷ aufgelistet, und zwar in der Reihenfolge der betreffenden Seitenzahlen. Während die Lesezeichen, die Sie gesetzt haben, auch mit einem vorangestellten Lesezeichensymbol markiert werden, sehen Sie vor markierten Textstellen das Symbol für die »Anfasser«, also einen kleinen Tropfen. Tippen Sie einfach auf den Textstellen-Eintrag, um zur Seite mit dem markierten Text zu gelangen.

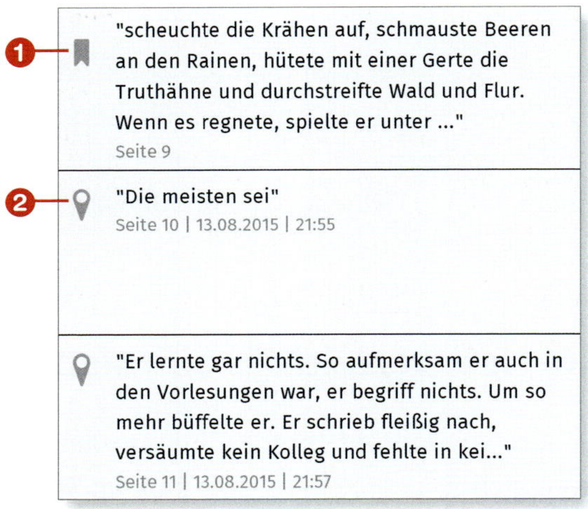

Möchten Sie markierte Textstellen direkt im Notizverzeichnis löschen, gehen Sie genauso vor wie beim Löschen von Lesezeichen (siehe dazu den Abschnitt »Eigene Lesezeichen setzen« ab Seite 37).

Eigene Notizen hinzufügen und bearbeiten

Sie können nicht nur Wörter und Buchzeilen markieren, sondern auch eigene Notizen erstellen und Ihre Gedanken zu einer bestimmten Stelle im Buch festhalten. Der tolino bietet Ihnen also nicht nur Ersatz für den Textmarker, sondern auch für den guten alten Notizzettel.

1. Tippen Sie in der Leseansicht etwas länger auf die Stelle, zu der Sie eine Anmerkung schreiben möchten. Das kann ein einzelnes Wort sein, aber auch eine längere Textstelle (siehe dazu den Abschnitt »Text markieren« ab Seite 39).

2. In dem Menüfenster, das daraufhin eingeblendet wird, tippen Sie auf den Befehl **Notiz erstellen**.

3. Dieser Befehl öffnet das Fenster **Notiz**, und die Bildschirmtastatur wird eingeblendet. Geben Sie mithilfe der Bildschirmtastatur Ihren Text ein. Mit der Taste [↵] auf der Tastatur springen Sie in eine neue Zeile.

4. Zu weiteren Satzzeichen neben Punkt und Komma und zu den Zahlen gelangen Sie, indem Sie auf die Taste [12#] ❸ tippen. Diese Taste heißt dann auf der Sonderzeichentastatur [ABC] und bringt Sie zurück zur alphabetischen Tastatur.

5. Tippen Sie abschließend auf die Schaltfläche **Übernehmen** ❹, um die Notiz dieser Textstelle hinzuzufügen.

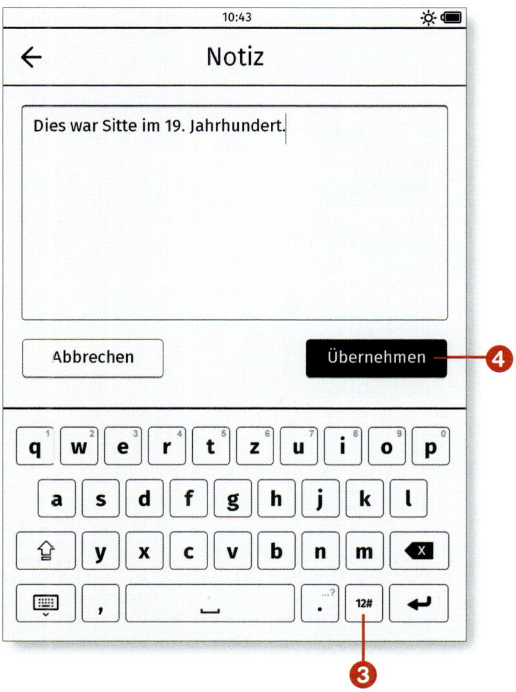

6. Um Ihre Notizen und Anmerkungen durchzusehen, öffnen Sie wieder das Notizverzeichnis (siehe Seite 41). Hier werden auch Ihre eigenen Notizen aufgelistet; sie sind ebenfalls mit einem Tropfensymbol ❶ markiert, und unterhalb des Eintrags sehen Sie, zu welcher Seite die Anmerkung gehört und wann Sie sie eingegeben haben ❷. Wenn Sie den Eintrag beziehungsweise die Notiz kurz berühren, springen Sie erwartungsgemäß zur entsprechenden Buchseite.

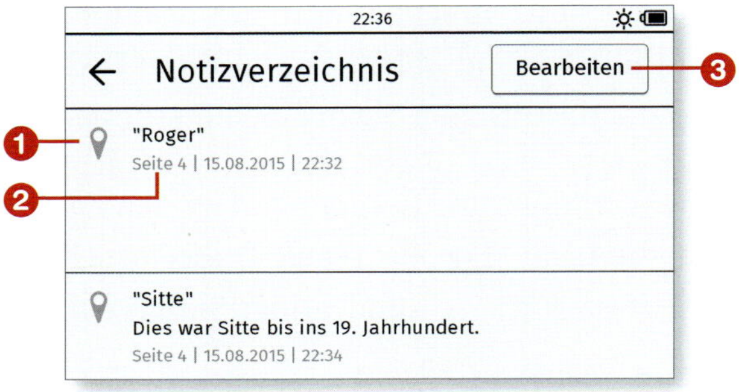

7. Möchten Sie eine Notiz wieder löschen, ist auch das schnell geschehen. Tippen Sie dazu zunächst auf die Schaltfläche **Bearbeiten** ❸.

8. Daraufhin erscheint ein kleines Papierkorbsymbol ❹, tippen Sie darauf, um die Notiz zu entfernen. Zum Bestätigen tippen Sie auf **Fertig**.

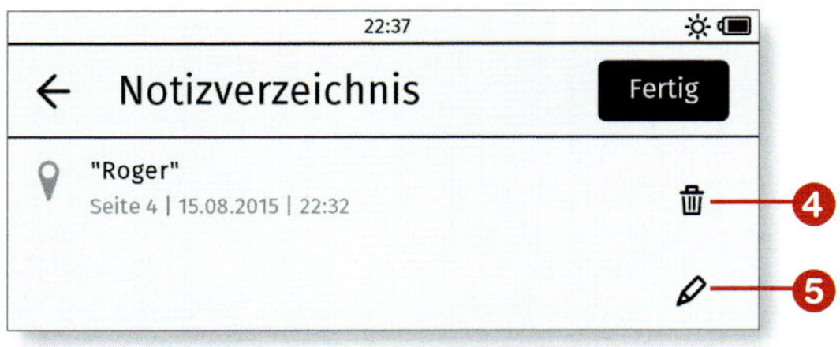

9. Sie können eine vorhandene Notiz auch jederzeit bearbeiten oder ergänzen, indem Sie auf das Bleistiftsymbol ❺ tippen, das sich unterhalb des Papierkorbsymbols befindet. Auf die gleiche Weise können Sie übrigens auch Textmarkierungen kommentieren.

10. Nach dem Antippen des Bleistiftsymbols öffnet sich das Fenster **Notiz**, und die Bildschirmtastatur wird eingeblendet. Geben Sie Ihre Ände-

rung des Notiztextes ein oder fügen Sie eine Notiz zu der markierten Textstelle hinzu. Speichern Sie Ihre Eingabe, indem Sie auf die Schaltfläche **Übernehmen** tippen.

Eine auf diese Weise eingegebene Notiz wird im Notizverzeichnis als neue Notiz zu der markierten Textstelle abgelegt.

Wörter nachschlagen

Vielleicht stolpern Sie beim Lesen Ihrer E-Books über den einen oder anderen Begriff, der Ihnen unklar ist und zu dem Sie sich eine genauere Erklärung wünschen. Statt nun Ihren tolino beiseitezulegen, um ein Wörterbuch aus dem Buchregal zu kramen (beziehungsweise Wikipedia oder ähnlich schlaue Seiten im Internet zu befragen), können Sie das Wort direkt auf Ihrem tolino nachschlagen.

Die Wörterbücher, die für den tolino vorhanden sind, müssen Sie allerdings zunächst auf das Gerät laden. Dies ist eigentlich ein einfacher Vorgang, aber er setzt voraus, dass Sie das Gerät per WLAN mit dem Internet verbinden. Wie Sie Ihren tolino mit dem Internet verbinden, erfahren Sie in Kapitel 3, »Ins Internet mit dem tolino«, ab Seite 63. Danach sind Sie gerüstet, die Wörterbücher herunterzuladen.

1. Befinden Sie sich aktuell nicht auf der Startseite, rufen Sie diese zunächst auf, indem Sie auf den Home-Button tippen beziehungsweise bei Ihrem tolino shine 2 HD drücken.

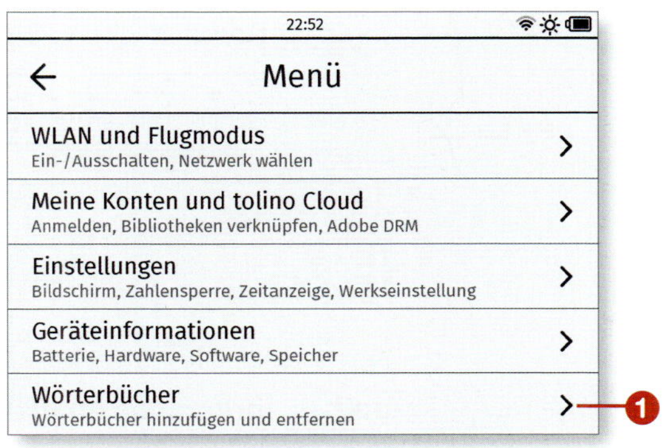

2. Tippen Sie auf der Startseite unterhalb der Statusleiste auf die Schaltfläche **Menü** ≡.

3. Tippen Sie auf der folgenden Seite auf den Eintrag **Wörterbücher** ❶.

4. Daraufhin wird die Seite **Meine Wörterbücher** mit den beiden Registerkarten **Nachschlagen** ❶ und **Übersetzen** ❷ geöffnet. Tippen Sie auf die Registerkarte **Nachschlagen**, sofern diese Karte nicht ohnehin schon geöffnet ist.

5. Die Liste auf der Registerkarte **Nachschlagen** zeigt Ihnen verschiedene Wörterbücher, die Sie auf Ihrem tolino installieren können, um beispielsweise Wortbedeutungen nachzuschlagen. Wenn Sie hauptsächlich deutsche Bücher lesen, tippen Sie auf den Eintrag **Deutsch** ❸, um dieses Wörterbuch zu installieren.

Daraufhin wird Ihnen im Fenster **Wörterbuch wird geladen** der Fortschritt des Herunterladens angezeigt. Sie müssen hier nichts tun, warten Sie daher einfach, bis das Wörterbuch vollständig auf Ihren tolino geladen wurde.

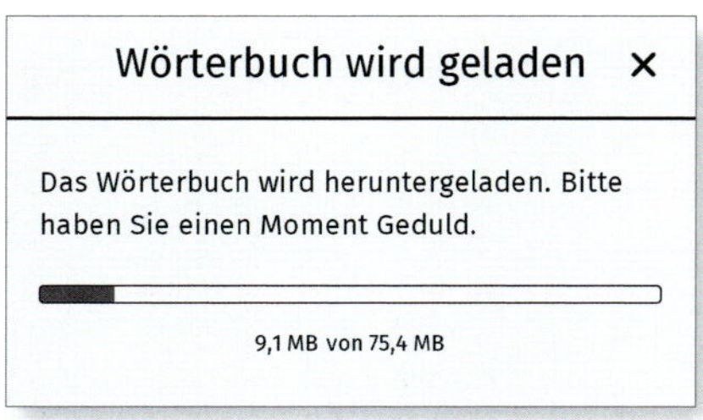

Nach dem Herunterladen werden die Dateien automatisch entpackt und in ihrer ursprünglichen Größe auf Ihrem E-Book-Reader installiert. Dies wird Ihnen im Fenster **Dekomprimierung** angezeigt. Auch hier warten Sie einfach ein paar Sekunden.

Ist dieser Vorgang abgeschlossen, wird Ihnen wieder die Seite **Meine Wörterbücher** angezeigt. Das Wörterbuch **Deutsch** ist nun mit einem Häkchen versehen 4 und wurde somit erfolgreich heruntergeladen und auf Ihrem tolino installiert.

Wollen Sie später noch weitere Wörterbücher für andere Sprachen installieren, gehen Sie genauso vor. Über den Papierkorb 5 können Sie einzelne Wörterbücher wieder löschen (siehe Abschnitt »Speicherplatz freigeben« ab Seite 152).

INFO

Neue Versionen

Auch Wörterbücher werden von Zeit zu Zeit aktualisiert und stehen dann in neueren Versionen zur Verfügung. Wenn dies der Fall ist, sehen Sie neben Ihrem Wörterbuch ein rundes Pfeilsymbol 6 und unterhalb den Hinweis **Neue Version verfügbar**. Tippen Sie einfach auf das Pfeilsymbol, um die neue Version herunterzuladen und automatisch zu installieren.

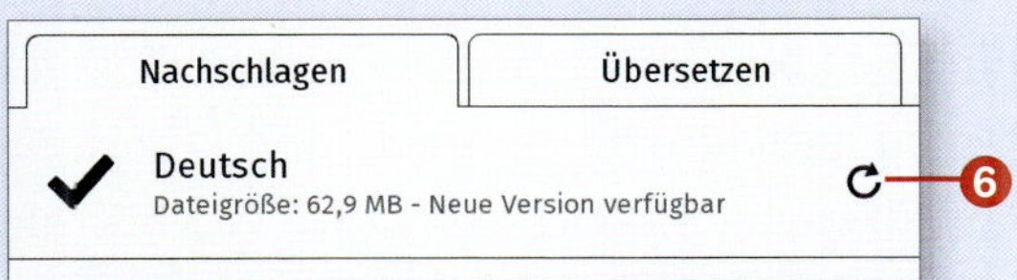

Nachdem Sie das Wörterbuch wie beschrieben erfolgreich auf Ihrem Gerät installiert haben, können Sie jederzeit während des Lesens Wörter beziehungsweise deren Bedeutung nachschlagen.

1. Tippen Sie das Wort, das Sie nachschlagen möchten, für zwei bis drei Sekunden an. Daraufhin wird das Wort markiert, und es erscheint ein kleines Menüfenster, das Ihnen bereits im Abschnitt »Text markieren« auf Seite 39 begegnet ist.

2. Tippen Sie im Menüfenster auf den Befehl **Nachschlagen**, um zum Wörterbucheintrag zu gelangen.

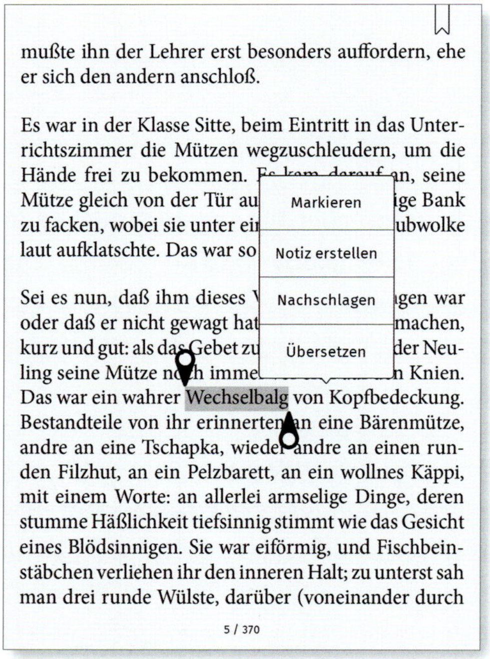

Daraufhin wird Ihnen der Wörterbucheintrag zu dem markierten Wort eingeblendet, der je nach Begriff unterschiedlich lang ausfallen kann: Teils erhalten Sie nur grammatikalische Hinweise und Einordnungen, mitunter aber auch ausführliche Erklärungen des Wortes, sinnverwandte Worte, Beispiele für die Verwendung und so weiter.

3. Am unteren Bildschirmrand wird Ihnen zudem angezeigt, über wie viele Seiten ❶ sich der Wörterbucheintrag erstreckt. Tippen Sie gegebenenfalls auf die Pfeilschaltfläche ❷ unten rechts, um auf die nächste Seite mit weiteren Informationen zu gelangen.

4. Möchten Sie das Wörterbuch schließen und Ihr Buch weiterlesen, tippen Sie oben links auf die Pfeilschaltfläche ❸.

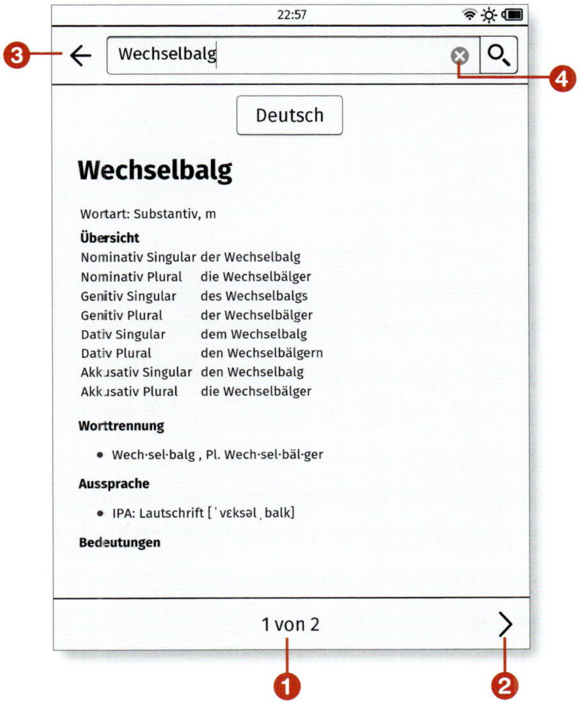

Wenn Sie häufig fremdsprachige E-Books lesen, wird es Sie interessieren, dass Sie auf demselben Weg auch weitere Wörterbücher zum Nachschlagen aus der tolino Cloud herunterladen können. Die verfügbaren Wörterbücher werden Ihnen auf der Registerkarte **Nachschlagen** der Seite **Meine Wörterbücher** angezeigt.

Wenn Sie aktuell ein Wort gesucht haben und im Anschluss ein weiteres suchen möchten, können Sie im Eingabefeld auf die Schaltfläche mit dem Schließkreuz ❹ tippen. Die Bildschirmtastatur wird daraufhin eingeblendet, und Sie können einen beliebigen Begriff eingeben. Tippen Sie auf das Lupensymbol, um die Suche zu starten. Sofern der Begriff im Wörterbuch enthalten ist, erhalten Sie entsprechende Informationen. Wenn der Suchbegriff nicht enthalten ist, blendet der tolino eine Liste mit ähnlichen Begriffen ein, die Sie gegebenenfalls nachschlagen können.

Möchten Sie direkt im Wörterbuch suchen, ohne zuvor ein Wort markiert zu haben, können Sie das auch jederzeit: Rufen Sie dazu von der Startseite aus **Menü** ≡ ▸ **Wörterbücher** ▸ **[Wörterbuchsprache]** auf und geben Sie den Suchbegriff in das Suchfeld ein. Tippen Sie neben dem Suchfeld auf 🔍, um die Suche zu starten.

Einzelne Wörter übersetzen

Bücher im Original zu lesen ist eine tolle Sache, aber es setzt natürlich voraus, dass Sie der Sprache einigermaßen mächtig sind. Aber auch dann werden Sie vermutlich ab und an über Wörter stolpern, deren Bedeutung Ihnen nicht so geläufig ist und bei denen Sie gerne ein Wörterbuch zurate ziehen möchten.

Neben den einsprachigen Wörterbüchern, die ich Ihnen im vorangegangenen Abschnitt vorgestellt habe, bietet Ihnen Ihr E-Book-Reader auch zweisprachige Wörterbücher an. So können Sie jederzeit unbekannte Wörter bequem im Wörterbuch nachschlagen. Sie haben also keine Ausrede mehr, den letzten Roman von John Grisham nicht im Original zu lesen! Ob das gute oder schlechte Nachrichten sind, müssen Sie nun selbst entscheiden.

Die zweisprachigen Wörterbücher, die der tolino für die Übersetzungsfunktion benötigt, müssen Sie zunächst auf Ihr Gerät laden. Im Grunde funktioniert das genauso wie das Herunterladen der Bedeutungswörterbücher, die Sie bereits im vorherigen Abschnitt kennengelernt haben.

1. Klicken Sie zunächst auf der Startseite auf die Schaltfläche **Menü** ≡. Beachten Sie, dass Sie für das Herunterladen der Wörterbücher mit dem Internet verbunden sein müssen, lesen Sie dazu Kapitel 3, »Ins Internet mit dem tolino«, ab Seite 63.

2. Tippen Sie auf der Seite **Menü** auf die Option **Meine Wörterbücher**.

3. Wechseln Sie auf der Seite **Meine Wörterbücher** auf die Registerkarte **Übersetzen** ❶, indem Sie sie antippen.

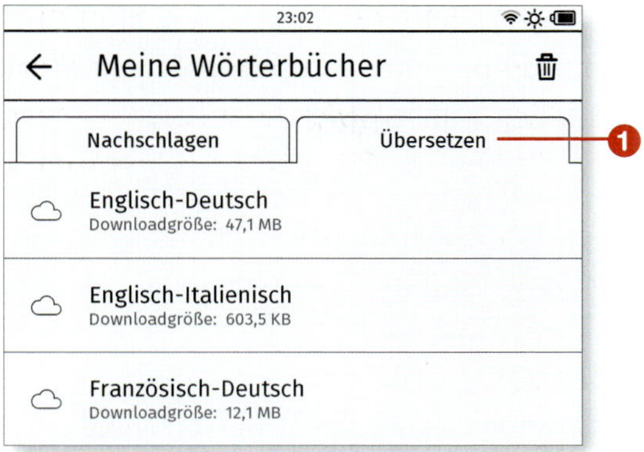

4. Im Angebot sind verschiedene Fremdsprachen, aus denen Sie ins Deutsche übersetzen lassen können. Tippen Sie in dieser Auflistung auf die gewünschte Sprache, um das entsprechende Wörterbuch zu laden und zu installieren.

Das gewählte Wörterbuch wird daraufhin aus der tolino Cloud heruntergeladen und auf Ihrem Gerät installiert. Der Status des Ladevorgangs sowie der Installation wird Ihnen jeweils in einem Hinweisfenster angezeigt. Warten Sie einfach einen Moment, bis das Fenster wieder ausgeblendet wird.

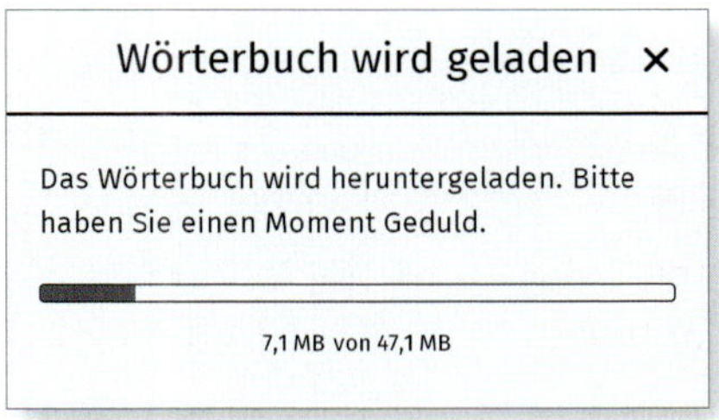

Sobald der Vorgang abgeschlossen ist, kehren Sie automatisch zur Seite **Meine Wörterbücher** zurück. Auf der Registerkarte **Übersetzen** sehen Sie ein Häkchen vor der Sprachkombination, die Sie soeben installiert haben.

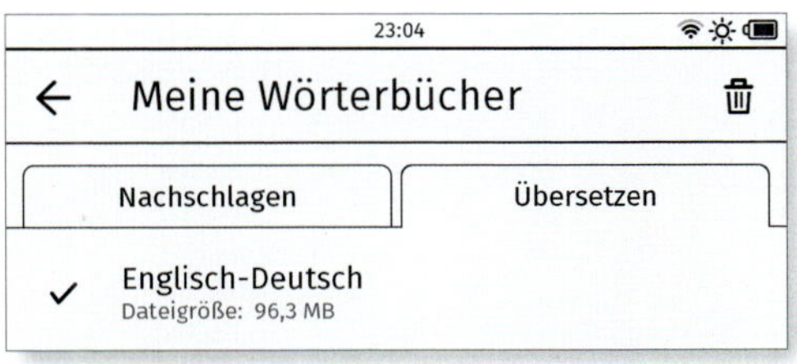

Nachdem Sie das gewünschte Wörterbuch installiert haben, können Sie es jederzeit während des Lesens aufrufen, wenn Ihnen einmal nicht die richtige Übersetzung eines Worts einfallen will.

1. Möchten Sie sich nun einen Begriff eines fremdsprachigen Buches übersetzen lassen, tippen Sie das betreffende Wort für zwei bis drei Sekunden an, bis das Wort markiert und das kleine Menüfenster aufgerufen wird.

2. Tippen Sie in dem Menüfenster auf den Befehl **Übersetzen** ❶.

   Daraufhin wird Ihnen die Wörterbuchseite zu dem gesuchten Wort angezeigt. Sie sehen hier die Übersetzung beziehungsweise unter Umständen mehrere mögliche Übersetzungen des Worts sowie Redewendungen und Ausdrücke, in denen das von Ihnen gesuchte Wort auch verwendet wird.

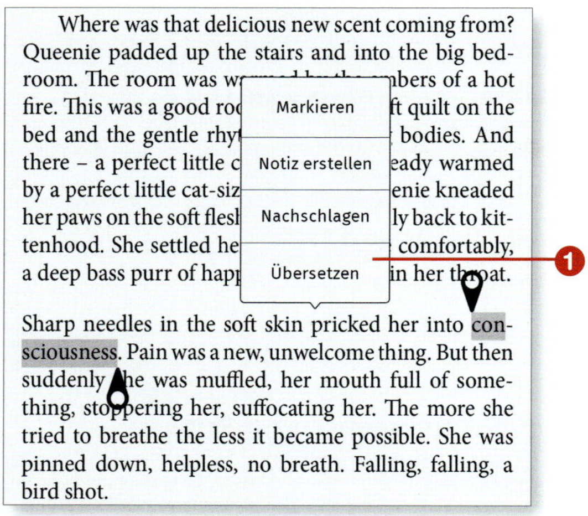

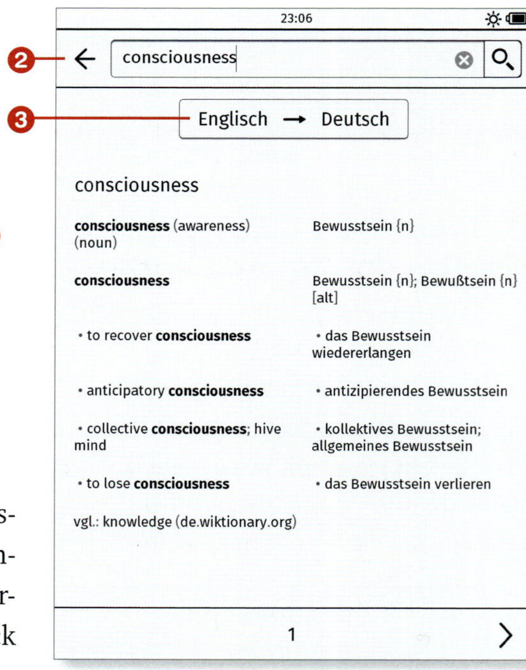

3. Wenn Sie Ihren Wissensdurst gestillt haben, gelangen Sie mit einem Fingertipp auf den Pfeil ❷ zurück zu Ihrem Buch.

Wenn der tolino nicht automatisch erkennt, dass Sie beispielsweise von einem englischen Begriff die deutsche Übersetzung suchen, müssen Sie mitunter die Übersetzungsrichtung manuell festlegen. Tippen Sie dazu auf die Schaltfläche **Englisch → Deutsch** ❸ (wenn Sie ein Wörterbuch in einer anderen Sprache verwenden, wird die Schaltfläche entsprechend angepasst). Daraufhin wird das Dialogfenster **Sprachwahl** eingeblendet. In diesem können Sie die Übersetzungsrichtung ändern, indem Sie auf die Schaltfläche ⇄ ❹ tippen. Sie können in diesem Dialog aber auch ein anderes Wörterbuch aktivieren. Tippen Sie dazu auf die Schaltfläche **Weitere Wörterbücher** ❺.

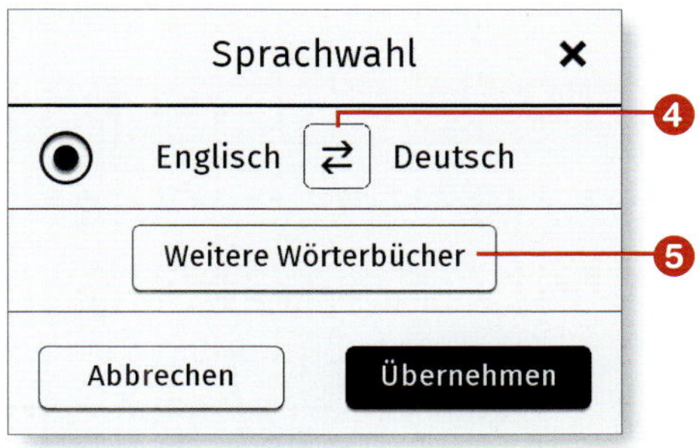

Bestätigen Sie Ihre Änderung mit einem Fingertipp auf die Schaltfläche **Übernehmen**. Das Wort wird Ihnen daraufhin in der geänderten Übersetzungsrichtung oder in dem neu gewählten Wörterbuch angezeigt.

Die Textdarstellung anpassen

Ein echtes Plus beim Lesen mit dem tolino ist die Möglichkeit, den Buchtext mithilfe der Leseeinstellungen an Ihre Bedürfnisse anpassen zu können. Das war vielleicht sogar der Grund für den Kauf Ihres tolino. Damit sind die Zeiten vorbei, dass Ihnen das Schriftbild zu klein oder zu leseunfreundlich ist. Toll ist vor allem, dass Sie die gewünschte Einstellung während des Lesens vornehmen, sodass Sie sofort sehen, ob sich die Darstellung verbessert oder nicht. Bekommen Sie also keinen Schreck, wenn Sie bei Ihrem nächsten Wochenendausflug Ihre Lesebrille zu Hause vergessen haben: Nehmen Sie die entsprechenden Änderungen vor, und schon kann der Lesegenuss weitergehen.

1. Tippen Sie beim Lesen Ihres Buches irgendwo in der Mitte auf den Bildschirm. Daraufhin werden am oberen Bildschirmrand die weiteren Bedienelemente der Leseansicht eingeblendet.

2. Tippen Sie auf die Schaltfläche **Textdarstellung** ❶, um Änderungen an der Textdarstellung vornehmen zu können.

Daraufhin öffnet sich das Fenster **Textdarstellung** über der Leseansicht. Dieses Fenster ist in drei Bereiche aufgeteilt, die sich unterschiedlichen Aspekten der Textdarstellung widmen und die ich Ihnen nun im Einzelnen vorstellen werde.

3. Im ersten Bereich des Fensters passen Sie die Schriftgröße an, indem Sie auf den Kreis mit der gewünschten Buchstabengröße ❷ tippen. Sie müssen den Kreis nicht exakt treffen, sondern können beispielsweise auch auf den Buchstaben oberhalb des Kreises tippen.

4. Im darunterliegenden Abschnitt werden Ihnen verschiedene vorinstallierte Schriftarten angezeigt, die Sie zur Darstellung des Buchtextes auswählen können. Tippen Sie dazu entweder auf den vorangestellten Kreis oder auf den Namen der Schrift ❸. Haben Sie die Schriftart geändert, wird diese Änderung nach einer kurzen Ladezeit übernommen, und Sie können die neue Schriftart bereits in der Leseansicht im Hintergrund erkennen.

5. Möchten Sie zu der ursprünglichen Buchschrift zurückkehren, tippen Sie auf **Verlagsschrift** ❹. Daraufhin wird die vom Verlag festgelegte Schriftart geladen.

6. Wenn Sie die neue Schrift verwenden und zu Ihrem Buch zurückkehren möchten, tippen Sie auf die Schaltfläche **Übernehmen** ❺. Das Fenster **Textdarstellung** wird daraufhin geschlossen.

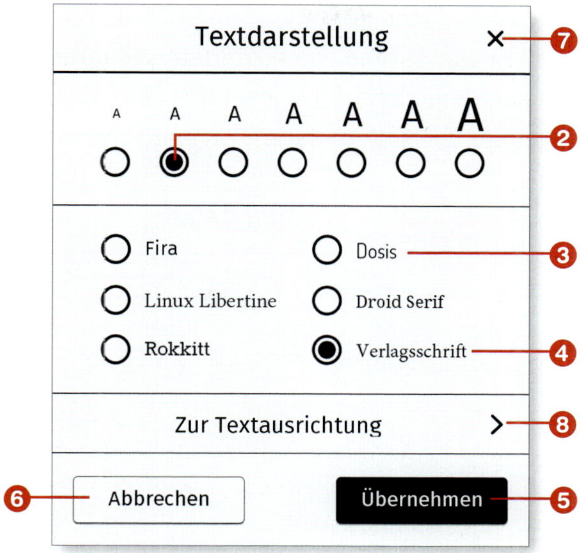

7. Wenn Sie keine Ihrer Änderungen übernehmen und alles beim Alten lassen möchten, tippen Sie auf die Schaltfläche **Abbrechen** 6 oder auf das Schließkreuz 7 oben rechts im Fenster.

8. Sie können aber zuvor auch noch ein paar weitere Änderungen an der Textgestalt des Buches vornehmen, die Ihnen unter Umständen das Lesen erleichtern werden. Tippen Sie dazu auf die Schaltfläche **Zur Textausrichtung** 8, um auf die zweite Seite des Fensters **Textdarstellung** zu gelangen.

TIPP

Textgröße durch Spreizen einstellen

Ganz im Zeichen der Zeit lässt sich die Textgröße auf Ihrem tolino shine 2 HD und tolino vision 3 HD auch per Fingergeste verändern. Spreizen Sie zwei Finger mittig auf dem Bildschirm auseinander, wird das Menü für die Schriftgröße eingeblendet. Solange Sie die Finger auf dem Bildschirm belassen, können Sie die Schriftgröße durch Verändern des Abstandes der beiden Finger manipulieren. Wenn Sie beide Finger vom Bildschirm nehmen, wird das kleine Menü wieder ausgeblendet und der Text entsprechend Ihrer Änderungen dargestellt.

9. Sie können auf dieser Seite weitere Änderungen am Schriftbild vornehmen: Wählen Sie im Bereich **Zeilenabstand** einen kleineren ❶ oder größeren Zeilenabstand ❷ aus, indem Sie auf das jeweilige Seiten- beziehungsweise Kreissymbol tippen. Sie sollten dabei Folgendes beachten: Verkleinern Sie den Abstand deutlich, ist dies nicht besonders lesefreundlich, aber es passt natürlich mehr Text auf eine Seite. Bei einem großen Zeilenabstand wird der Text sehr übersichtlich, Sie müssen jedoch sehr oft »blättern«.

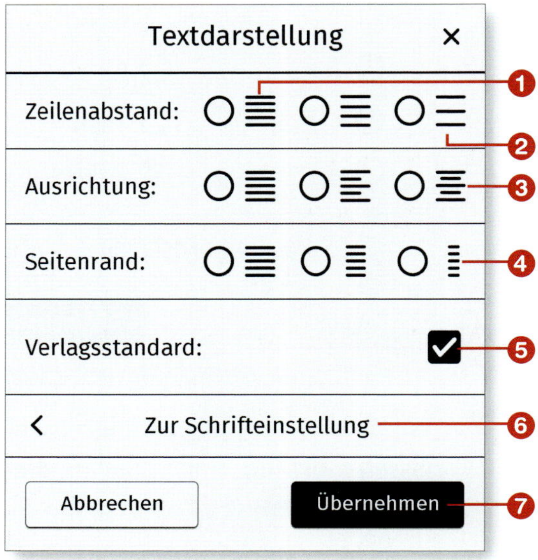

10. Im Bereich **Ausrichtung** ❸ können Sie zwischen Blocksatz, linksbündiger oder zentrierter Textausrichtung wählen.

11. Zu guter Letzt wählen Sie im Bereich **Seitenrand** ❹ die für Sie passende Darstellung aus. Sie können hier zwischen zwei unterschiedlichen Randbreiten wählen beziehungsweise den Standard ohne Rand wiederherstellen.

12. Wenn Sie ein neues E-Book gekauft haben, wird dieses auf Ihrem tolino zunächst mit den Textdarstellungsvorgaben des Verlags angezeigt. Wenn Sie nun Änderungen auf der Seite **Textdarstellung** vorgenommen haben, diese aber zu einem späteren Zeitpunkt wieder zurücksetzen möchten, können Sie das jederzeit auf der zweiten Seite des Fensters **Textdarstellung** tun. Tippen Sie hier in das Kästchen im Bereich **Verlagsstandard** ❺. Dadurch wird die Darstellung auf den Originalzustand zurückgesetzt, und es werden sowohl Ihre Änderungen an der Schriftart und -größe als auch Änderungen an der Textausrichtung gelöscht.

13. Tippen Sie auf die Schaltfläche **Zur Schrifteinstellung** ❻, wenn Sie wieder auf die erste Seite des Fensters **Textdarstellung** gelangen wollen.

14. Denken Sie daran, nach allen Änderungen auf die Schaltfläche **Übernehmen** ❼ unten rechts im Fenster zu tippen. Anderenfalls werden Ihre Anpassungen nicht ausgeführt.

Probieren Sie ruhig diverse Textdarstellungsoptionen aus, um herauszufinden, welche Einstellung für Sie am angenehmsten ist. Es kann nichts schaden, mit diesen Optionen ein wenig zu experimentieren.

Die Ansicht drehen

Sie kennen das vielleicht von Ihrem Smartphone: Je nachdem, wie Sie Ihr Smartpone halten, wird die Anzeige von Hoch- auf Querformat oder umgekehrt umgestellt. Auch Ihr tolino kann die Ansicht drehen. Wenn Sie ein Buch lieber im Querformat lesen möchten, tippen Sie mittig auf den Bildschirm, um am oberen Bildschirmrand die weiteren Bedienelemente der Leseansicht einzublenden. Tippen Sie auf die Schaltfläche **Ansicht drehen** ❽.

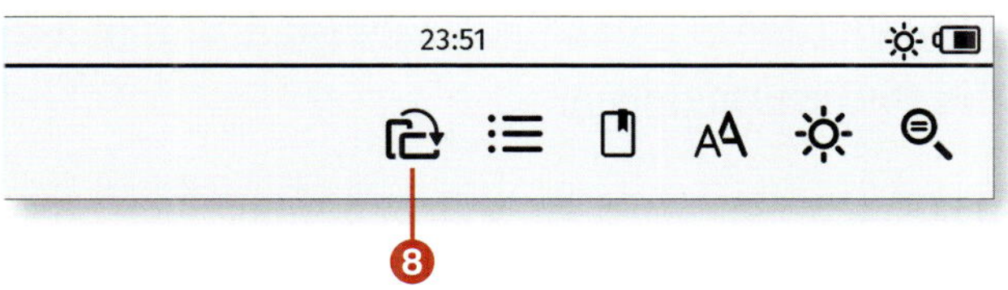

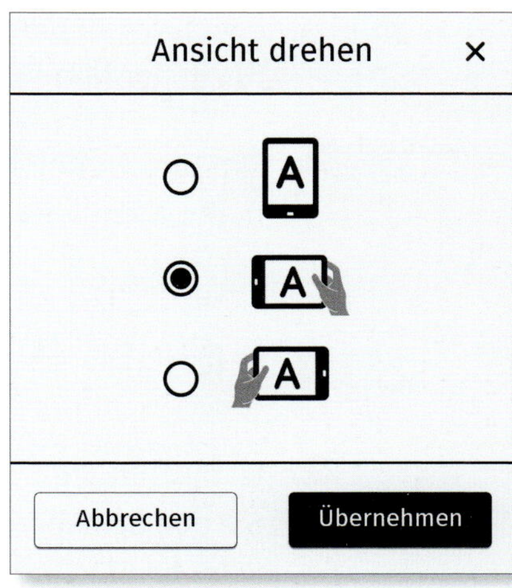

Im Fenster **Ansicht drehen** wählen Sie die gewünschte Ausrichtung. Tippen Sie hier entweder auf das Hochformat oder auf eine der Optionen im Querformat. Um die Ansicht zu ändern, tippen Sie dann auf **Übernehmen**.

Die Einstellung der Bildschirmausrichtung merkt sich Ihr tolino je Buch, das heißt Sie können ein

Buch im Querformat lesen und andere im Hochformat, ohne dass Sie die Einstellung jedes Mal anpassen müssen. Die Startseite und das Menü werden jedoch immer im Hochformat dargestellt.

Die Helligkeit anpassen

Im Abschnitt »Die Textdarstellung anpassen« ab Seite 53 haben Sie bereits erfahren, wie Sie durch die Anpassung der Schriftgröße und der Textdarstellung dafür sorgen, dass der Lesegenuss ungetrübt ist. Aber nicht nur die Textgestalt trägt entscheidend dazu bei, sondern auch das richtige Licht beim Lesen. Sie wissen ja, dass Sie bei Ihrem tolino jederzeit die Hintergrundbeleuchtung mithilfe des Lichtschalters am oberen Geräterand einschalten können. Zusätzlich können Sie aber auch noch die Helligkeit der Beleuchtung anpassen, die sogenannte Bildschirmleuchtkraft. Vermutlich empfinden Sie die Standardeinstellung als angenehm, aber vielleicht brauchen Sie bei besonderen Lichtverhältnissen – wenn Sie beispielsweise Ihre Tage lesend am Strand verbringen oder in einem gemütlichen Café mit spärlicher Beleuchtung dem Ausgang des Buches entgegenfiebern – etwas weniger oder mehr Helligkeit.

1. Rufen Sie in der Leseansicht die weiteren Bedienelemente auf, indem Sie in der Mitte auf den Bildschirm tippen.

2. Um nun zu den Helligkeitseinstellungen zu gelangen, tippen Sie oben in der Menüleiste auf das Sonnensymbol ❶.

3. Daraufhin wird das Fenster **Helligkeit einstellen** eingeblendet. Tippen Sie den Schieberegler ❷ an und halten Sie den Finger darauf gedrückt. Schieben Sie den Regler nun ein wenig nach rechts, wenn Sie die Helligkeit erhöhen möchten, beziehungsweise nach links, wenn Sie sie verringern wollen.

4. Tippen Sie abschließend auf die Schaltfläche **Übernehmen**, um Ihre Änderungen zu speichern.

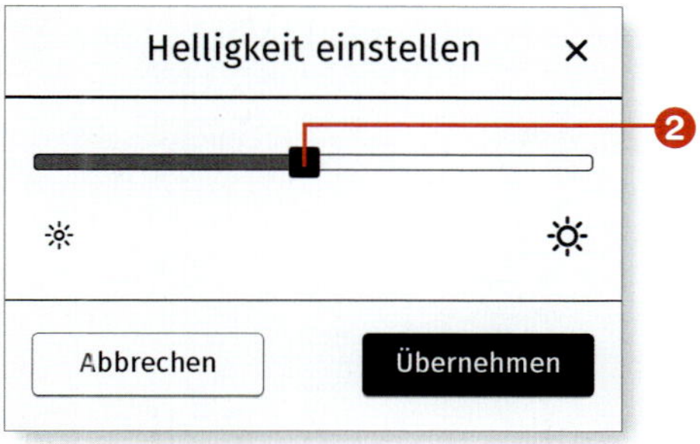

Dem Weiterlesen steht nun nichts mehr entgegen. Sie können zukünftig also wieder abends im Bett lesen, wenn Ihre Partnerin oder Ihr Partner neben Ihnen schon schlafen möchte.

INFO

Helligkeitseinstellungen werden gespeichert

Ihr tolino »merkt« sich auch nach dem Ausschalten Ihre vorgenommenen Einstellungen. Wenn Sie also am Vorabend die optimale Helligkeit zum Lesen im Bett gefunden haben, müssen Sie sich an Ihrem nächsten Leseabend keine Gedanken mehr über die richtigen Einstellungen machen. Schalten Sie einfach die Beleuchtung Ihres tolino über den Lichtschalter am oberen Geräterand ein und genießen Sie Ihr Buch.

Energie sparen

Da der tolino recht wenig Strom verbraucht, müssen Sie ihn nur selten neu aufladen. Wenn Sie möchten, können Sie aber zusätzlich dafür sorgen, dass er besonders wenig Energie verbraucht und der Akku noch länger als üblich hält. Passen Sie die Einstellungen des Ruhemodus, der Helligkeit und der Bildschirmauffrischung an, um noch länger mit einer Akkuladung lesen zu können.

1. Tippen Sie auf der Startseite auf die Schaltfläche **Menü** ≡, um die Geräteeinstellungen aufzurufen.

2. Tippen Sie auf der folgenden Seite auf den Punkt **Einstellungen** ❶.

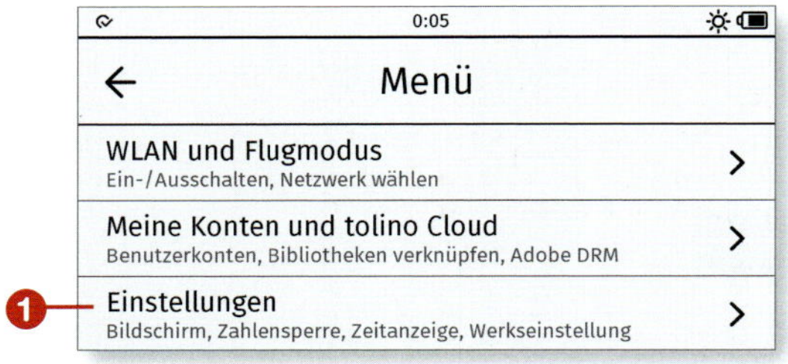

3. In den Einstellungen werden Ihnen auf der ersten Seite bereits alle Optionen zum Energiesparen angeboten. Im Bereich **Helligkeit** können Sie mithilfe des Schiebereglers ❷ die Lichtstärke der Hintergrundbeleuchtung anpassen (lesen Sie dazu auch den Abschnitt »Die Helligkeit anpassen« ab Seite 58). Tippen Sie den Regler an und ziehen Sie ihn nach links, um die Beleuchtung zu verringern und somit weniger Strom zu verbrauchen. Denken Sie auch daran, dass Sie die Beleuchtung mit dem Lichtschalter oben rechts am tolino ganz ausschalten können, wenn Sie kein Licht benötigen; dies spart natürlich am meisten Energie.

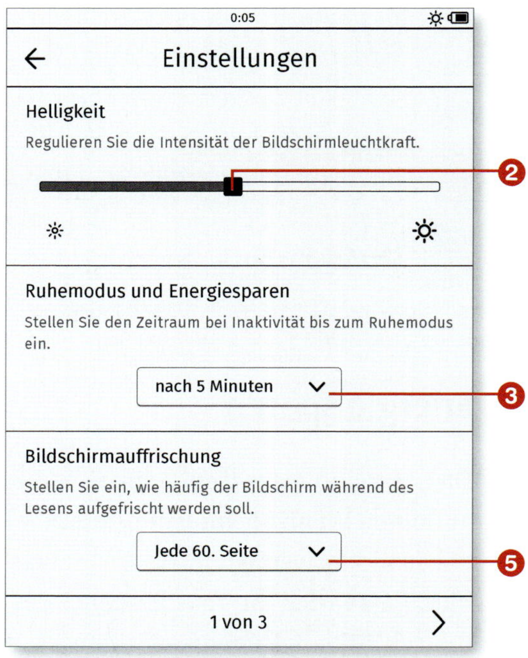

4. Im mittleren Bereich **Ruhemodus und Energiesparen** können Sie einstellen, wie lange der tolino wartet, bis er sich automatisch in den Ruhemodus versetzt, wenn Sie ihn nicht verwenden.

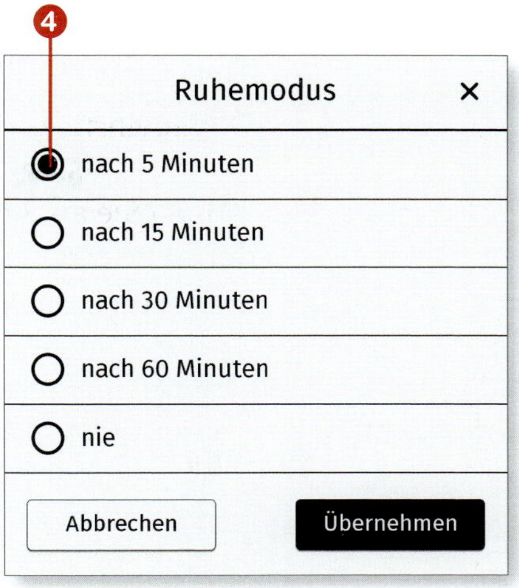

Standardmäßig ist diese Option auf **nach 5 Minuten** eingestellt. Je schneller Ihr tolino sich schlafen legt, desto weniger Strom verbraucht er, jedoch können Sie hier keine kürzere Wartezeit einstellen.

5. Sollte hier jedoch ein anderer Zeitraum angegeben sein, tippen Sie auf den Pfeil ❸ an der Schaltfläche und aktivieren Sie im folgenden Fenster **Ruhemodus** durch Antippen die Option **nach 5 Minuten** ❹. Bestätigen Sie, indem Sie auf **Übernehmen** tippen.

6. Im unteren Bereich **Bildschirmauffrischung** bestimmen Sie, wie häufig Ihr tolino den Bildschirm von Textresten der vorhergehenden Seiten befreit, um das sogenannte **Ghosting** – also das Durchscheinen vorhergehender Textelemente – zu vermeiden. Der Standardwert ist **Jede 60. Seite**. Tippen Sie auf den Pfeil der Schaltfläche ❺, um diesen Wert anzupassen.

7. Im folgenden Fenster **Häufigkeit** können Sie festlegen, wie oft dieser Prozess durchgeführt werden soll. Je seltener die Bildauffrischung vom tolino durchgeführt wird – also je höher die gewählte Seitenzahl bis hin zu **Nie** ist –, desto weniger Strom braucht Ihr tolino. Treffen Sie Ihre Wahl, indem Sie die entsprechende Option antippen. Es spielt dabei übrigens keine Rolle, ob Sie auf den vorangestellten Kreis tippen oder auf die Beschriftung.

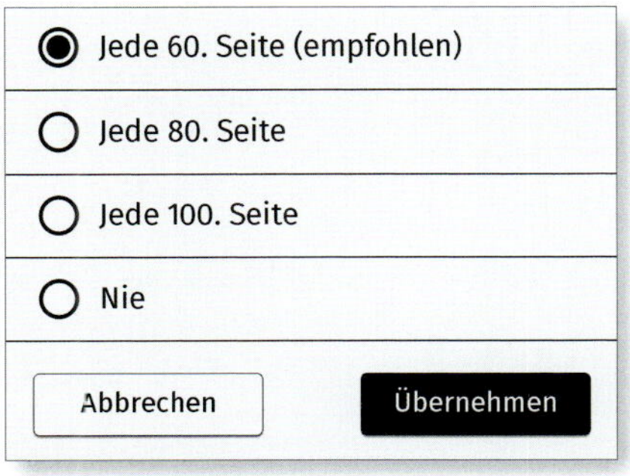

8. Tippen Sie zur Bestätigung Ihrer Änderung auf die Schaltfläche **Übernehmen**.

9. Mit dem Pfeil ❶ oben links verlassen Sie die Seite **Einstellungen**. Auf der Seite **Menü** tippen Sie erneut auf den Pfeil, der Sie dann auf die Startseite zurückbringt.

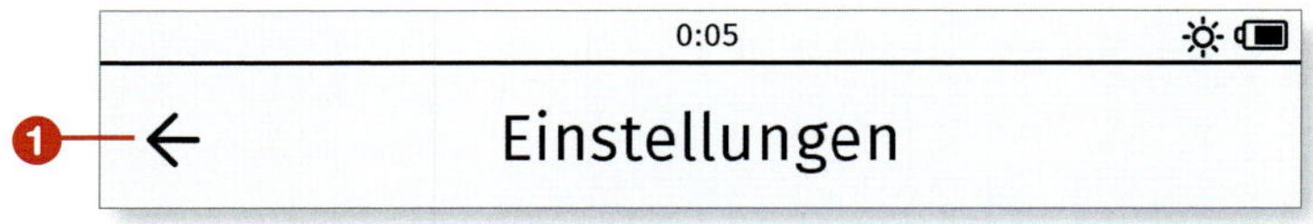

Sie können die Seite **Einstellungen** übrigens noch schneller verlassen und zur Startseite zurückkehren, indem Sie den Home-Button betätigen.

TIPP

Strom sparen ohne WLAN

Wenn Sie das WLAN nur aktivieren, wenn Sie es wirklich brauchen, können Sie ebenfalls den Akku Ihres tolino schonen. Aktivieren Sie die WLAN-Verbindung beispielsweise nur, wenn Sie neue Bücher kaufen oder Bücher bewusst über die Cloud austauschen möchten (hierzu mehr im nächsten Kapitel, ansonsten können Sie das WLAN deaktivieren (**Menü** ≡ ▸ **WLAN und Flugmodus**) und Ihren tolino in den sogenannten **Flugmodus** versetzen.

Kapitel 3
Ins Internet mit dem tolino

Wenn Sie mit Ihrem tolino einfach nur lesen möchten, brauchen Sie eigentlich keine Internetverbindung. Aber spätestens wenn Sie neues Lesefutter haben und sich ein E-Book kaufen möchten, kommen Sie ohne eine Internetverbindung nicht mehr aus. Auch die Vorzüge der tolino Cloud können Sie nur in vollem Umfang nutzen, wenn Sie Ihren tolino mit dem Internet verbinden. Ich werde Ihnen daher auf den nächsten Seiten erklären, wie Sie mit Ihrem E-Book-Reader zu Hause und unterwegs ins Internet kommen. Dabei erläutere ich Ihnen, wie Sie sich an WLANs mit einer Kennwortsicherung anmelden, aber auch, wie das beispielsweise an Telekom HotSpots oder anderen offenen Netzen funktioniert. Hier unterscheiden sich die Authentifizierungsmethoden, also die Überprüfung des Benutzernamens und des Kennworts, Sie sollten daher beide Verfahrensweisen kennen. Zu guter Letzt stelle ich Ihnen auch noch den integrierten Internetbrowser vor, mit dem Sie, wenn nötig, Ihre E-Mails abrufen oder auch mal Nachrichten lesen können.

Die tolino Cloud ist ein Online-Speicher für Ihre Bücher und Daten.

An einem WLAN anmelden

Sowohl der tolino vision 3 HD als auch der tolino shine 2 HD verfügen über WLAN-Module, sodass Sie sich an einem vorhandenen WLAN-Netz anmelden können. Wenn der WLAN-Router mit dem Internet verbunden ist, können Sie also problemlos mit Ihrem tolino auf das Internet zugreifen.

> **INFO**
>
> **Was bedeutet denn eigentlich WLAN?**
>
> WLAN steht für den englischen Begriff *Wireless Local Area Network* (auf Deutsch: drahtloses lokales Netzwerk). Mit WLAN bezeichnet man lokale Funknetze, die Ihnen z. B. zu Hause die Möglichkeit bieten, von einem Notebook, Smartphone oder auch Ihrem tolino drahtlos auf das Internet zugreifen zu können, wenn Sie sich mit Ihrem Gerät in diesem Netz anmelden. Der WLAN- oder DSL-Router stellt dabei die Verbindung aus dem Netzwerk ins Internet her und übernimmt die Rolle als Übermittler von Daten.

In der Regel sind die meisten WLAN-Netzwerke mit einem Kennwortschutz versehen, Sie benötigen daher das passende Kennwort, um eine Verbindung zwischen Ihrem tolino und dem WLAN-Netzwerk herzustellen. Sofern Sie sich in Ihr eigenes WLAN zu Hause einwählen möchten, haben Sie das Passwort von Ihrem Internetanbieter erhalten oder selbst beim Einrichten vergeben. Oft finden Sie das WLAN-Passwort (sofern es nicht geändert wurde) als Aufkleber auf der Unterseite des WLAN-Routers. Befinden Sie sich in einer Gastwirtschaft oder in einem Café, in dem es ein kostenloses WLAN-Netz gibt, gibt Ihnen die freundliche Servicekraft sicherlich die benötigten Informationen.

1. Rufen Sie die Seite **Menü** auf. Tippen Sie dazu auf der Startseite auf die Schaltfläche **Menü** ≡.

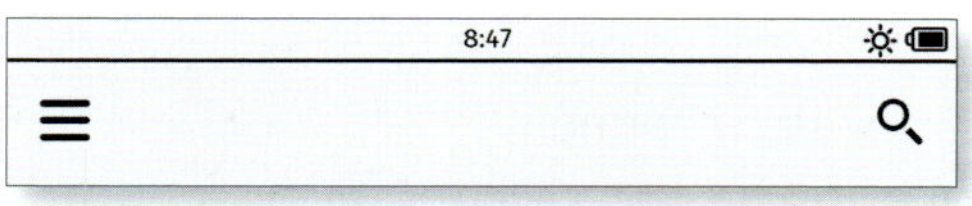

2. Wählen Sie auf der folgenden Seite gleich den ersten Eintrag **WLAN und Flugmodus** ❶, indem Sie ihn kurz antippen.

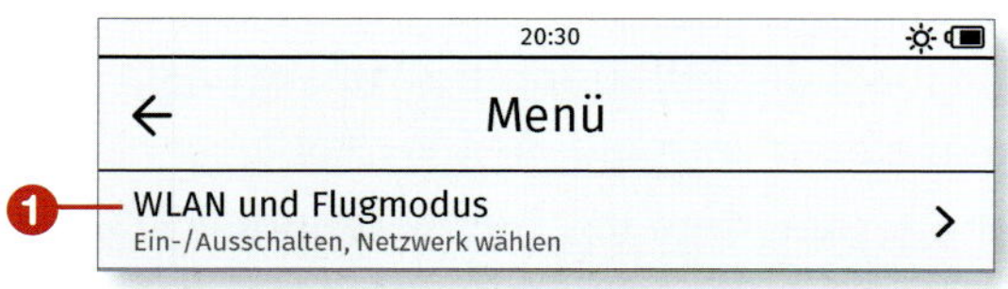

Ist die WLAN-Funktion Ihres tolino derzeit eingeschaltet, sehen Sie nun auf der Seite **WLAN und Flugmodus** unter der Überschrift **WLAN-Netzwerke** eine Auflistung aller verfügbaren Netzwerke im unteren Bereich des Bildschirms.

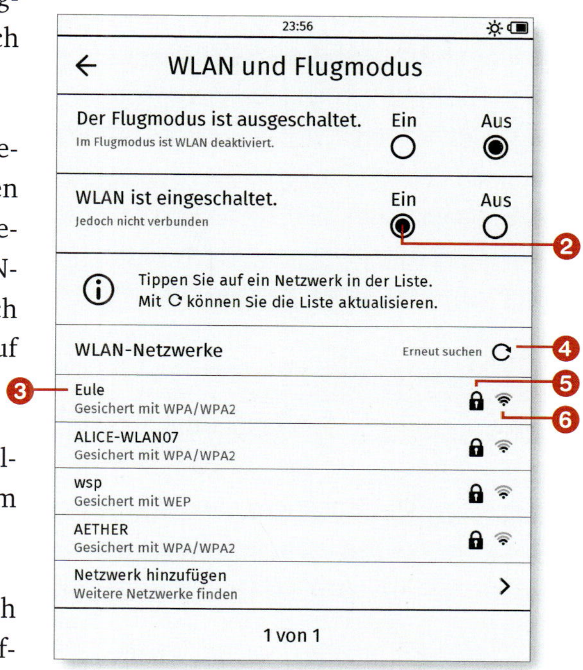

3. Falls die WLAN-Funktion nicht eingeschaltet ist und Sie keine verfügbaren WLAN-Verbindungen aufgelistet bekommen, aktivieren Sie das WLAN-Modul, indem Sie im oberen Bereich der Seite **WLAN und Flugmodus** auf **Ein** 2 tippen.

4. Um sich an einem WLAN anzumelden, tippen Sie den Eintrag mit dem gewünschten WLAN-Namen 3 an.

Wenn das WLAN, mit dem Sie sich verbinden möchten, nicht in der Auflistung zu finden ist, tippen Sie auf das Symbol zum Aktualisieren dieser Auflistung 4. Sind viele WLAN-Verbindungen in Reichweite verfügbar (beispielsweise wenn Sie in einem Mietshaus in der Stadt wohnen), kann es auch sein, dass das gewünschte Netz nicht auf der ersten Seite angezeigt wird, sondern erst auf der zweiten oder dritten. Tippen Sie in diesem Fall auf die Pfeilschaltfläche unten rechts (die dann dort zu sehen ist), um auf die nächste Seite zu gelangen.

Das Schlosssymbol 5 hinter dem WLAN-Namen zeigt Ihnen an, dass es sich um ein geschütztes WLAN handelt, für das Sie das passende Kennwort benötigen.

Die Signalstärke des Netzes wird Ihnen mit dem WLAN-Symbol 6 angezeigt. Je mehr Balken dunkel ausgefüllt sind, desto besser ist die Verbindung.

5. Geben Sie nun in das Feld **WLAN Passwort** ❶ das passende Kennwort ein. Für die Eingabe wird im unteren Bereich des Bildschirms die Bildschirmtastatur eingeblendet.

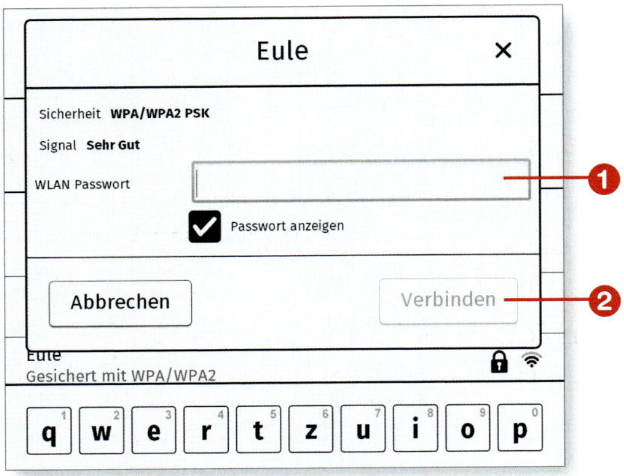

6. Nachdem Sie das Kennwort eingegeben haben, tippen Sie auf die Schaltfläche **Verbinden** ❷, die nun aktiviert ist.

7. Sofern Sie das Kennwort richtig eingegeben haben, ist die Verbindung zum WLAN nach einem kurzen Moment hergestellt. Sie erkennen die aktive Verbindung an einem Häkchen ❸ vor dem Namen des WLANs; unterhalb dieses Namens steht **Verbunden**. Auch in der Zeile ❹, in der Sie das WLAN ein oder- ausschalten, sehen Sie den Namen des WLANs, mit dem der tolino aktuell verbunden ist.

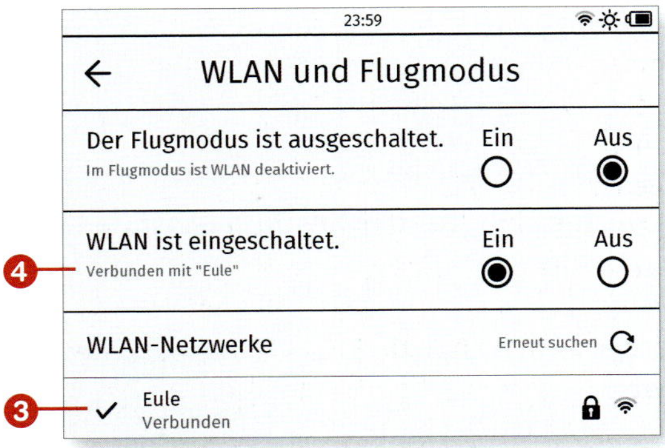

8. Wenn Sie das Kennwort für das WLAN falsch eingegeben haben, erscheint das Dialogfenster **Verbindungsfehler**. Tippen Sie in diesem Fall auf die Schaltfläche **OK** und wiederholen Sie den Verbindungsversuch (Schritt 6 und 7).

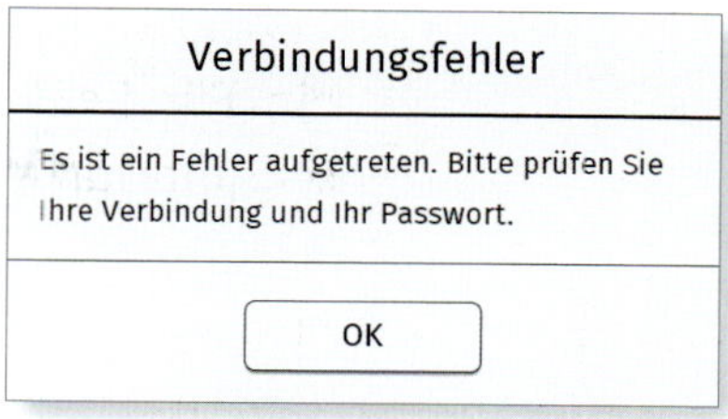

Wenn Sie sich einmal erfolgreich mit einem WLAN verbunden haben und Sie sich erneut in der Reichweite dieses WLANs befinden (und das WLAN-Modul aktiviert ist), wird Ihr tolino sich automatisch mit diesem WLAN verbinden. Sie müssen also das Kennwort nicht jedes Mal erneut eingeben. Grundsätzlich sortiert der tolino die WLAN-Verbindungen nach der Signalstärke. Am Ende der Liste finden Sie also das WLAN mit der geringsten Sendeleistung. Diesen folgen die gespeicherten WLAN-Netze, mit denen Sie Ihren tolino jemals verbunden haben. Sie erkennen sie daran, dass aktuell kein Symbol die Signalstärke des Netzwerks angibt.

In der folgenden Tabelle stelle ich Ihnen noch einmal die verschiedenen Symbole, die Ihnen auf der Seite **WLAN und Flugmodus** begegnen, mit ihrer Bedeutung vor.

Symbol	Bedeutung
	Wenn ein Schloss neben dem Eintrag des WLAN-Namens erscheint, zeigt dies an, dass das WLAN-Netzwerk verschlüsselt und eine sichere Verbindung möglich ist. Für die Verbindung mit einem solchen Netzwerk benötigen Sie ein Kennwort.
	Diese Symbole zeigen die Signalstärke des WLANs an. Je mehr Viertelkreise dunkel ausgefüllt sind, desto stärker ist das Funksignal. WLAN-Netzwerke, die dieses Symbol nicht zeigen, befinden sich nicht in Reichweite Ihres tolino, aber Sie haben sich schon einmal mit diesem Netzwerk erfolgreich verbunden und das entsprechende Kennwort gespeichert. Auch auf der Statusleiste am oberen rechten Rand des Bildschirms sehen Sie dieses Symbol, wenn eine WLAN-Verbindung besteht.

Die Infosymbole der Seite »WLAN und Flugmodus«

Symbol	Bedeutung
Eule Gespeichert, Gesichert mit WPA/WPA2	Auch wenn ein WLAN, mit dem Sie sich schon einmal erfolgreich verbunden haben, nicht in der Empfangsreichweite Ihres tolino ist, wird das WLAN weiterhin aufgelistet und mit dem Vermerk **Gespeichert** versehen.
↻	Tippen Sie auf dieses Symbol, um die Auflistung der vorhandenen WLAN-Verbindungen zu aktualisieren. Dies ist mitunter notwendig, da manchmal nicht alle Netzwerke auf Anhieb gefunden werden.
✓ Eule Verbunden	Das WLAN, mit dem Sie aktuell verbunden sind, wird auf diese Weise dargestellt.

Die Infosymbole der Seite »WLAN und Flugmodus« (Fortsetzung)

Wenn mehrere WLAN-Netzwerke, zu denen Sie die Zugangsdaten haben, in der Reichweite Ihres tolino senden, haben Sie die Qual der Wahl. Sofern Ihr tolino mit diesen Netzwerken bereits verbunden war, wird er sich automatisch mit einem dieser Netzwerke verbinden.

Normalerweise verwendet der tolino automatisch das Netzwerk mit der höchsten Signalstärke. Oft ist es so, dass dieses Netzwerk auch den schnellsten Internetzugriff bietet; allerdings stimmt das nicht zwingend, z. B. dann nicht, wenn viele Nutzer dieses WLAN verwenden oder über diese Verbindung große Datenmengen aus dem Internet geladen werden.

Da Ihr tolino sich immer nur mit einem WLAN verbinden kann, muss beim Wechsel der WLAN-Verbindung zunächst die gerade genutzte Verbindung getrennt und manuell eine Verbindung zum neuen WLAN aufgebaut werden. Das klingt nach viel Arbeit, ist aber rasch erledigt.

1. Rufen Sie auf Ihrem tolino die Seite **WLAN und Flugmodus** (**Menü ≡ ▸ WLAN und Flugmodus**) auf.

2. Tippen Sie nun in der Liste **WLAN-Netzwerke** einfach auf das WLAN, mit dem Sie den tolino verbinden möchten. Sofern das Kennwort für dieses WLAN bereits bekannt ist, wird automatisch die Verbindung hergestellt.

Aktuell ist der tolino in der Abbildung rechts mit dem WLAN **Walter** ❶ verbunden. Um jetzt den **Telekom HotSpot** ❷ zu nutzen, reicht es aus, auf den Eintrag zu tippen.

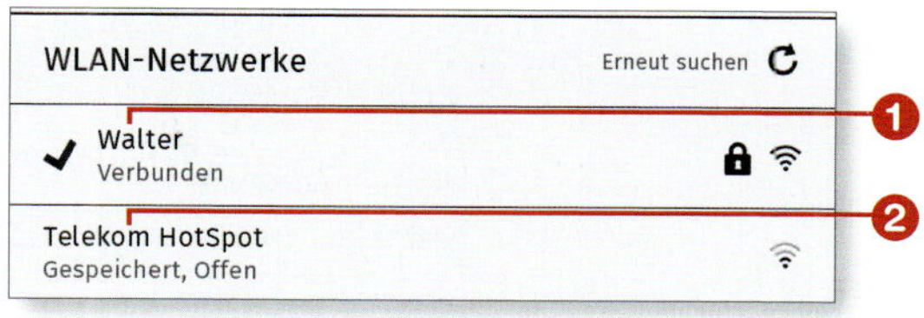

3. Haben Sie bislang noch keine Verbindung mit diesem WLAN hergestellt, müssen Sie bei einem geschützten WLAN zunächst im Dialogfenster das Kennwort eingeben. Tippen Sie danach zur Bestätigung auf die Schaltfläche **Verbinden**.

TIPP

Ein Tipp für den Urlaub

Wenn Sie einen entspannten Urlaub planen und jede Menge Zeit haben, in Ihren Büchern zu schmökern, rate ich Ihnen, Ihren tolino etwas vorzubereiten. Sie werden womöglich an Ihrem Urlaubsort keine zuverlässige WLAN- beziehungsweise Internetverbindung vorfinden. Daher sollten Sie zuvor die Titel bei Ihrem tolino-Partner kaufen und Ihren tolino mit der tolino Cloud synchronisieren. Zur Sicherheit empfehle ich Ihnen, jeden neuen Titel einmal kurz anzulesen, sodass das Buch auf jeden Fall komplett aus der Cloud auf Ihren tolino geladen wird.

Ändern von gespeicherten WLAN-Kennwörtern

Aus Sicherheitsgründen ist es ratsam, die Passwörter eines WLAN-Netzwerks ab und an zu ändern. Daher kann es vorkommen, dass Sie sich plötzlich an einem gespeicherten WLAN-Netz nicht mehr anmelden können. Das zuvor gespeicherte Passwort ist in diesem Fall nicht mehr gültig, und Sie müssen auf Ihrem tolino das neue Passwort dem gespeicherten WLAN zuweisen. Auch das ist schnell erledigt:

1. Um das WLAN-Passwort zu ändern, rufen Sie die Seite **WLAN und Flugmodus** (**Menü** ≡ ▸ **WLAN und Flugmodus**) auf.

2. Tippen Sie etwa zwei Sekunden auf den Eintrag des WLAN-Netzwerks, dessen Kennwort Sie ändern möchten; für die Schritte hier verwenden wir das gespeicherte WLAN-Netzwerk mit dem Namen **Walter** ❶. Führen Sie also einen sogenannten Long Press durch.

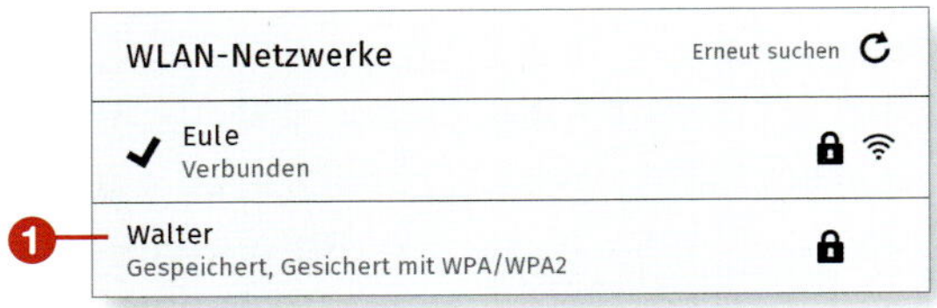

3. Im folgenden Dialog mit dem Namen des Netzwerks ❷ wird das Feld **WLAN Passwort** ❸ aktiviert und die Bildschirmtastatur eingeblendet.

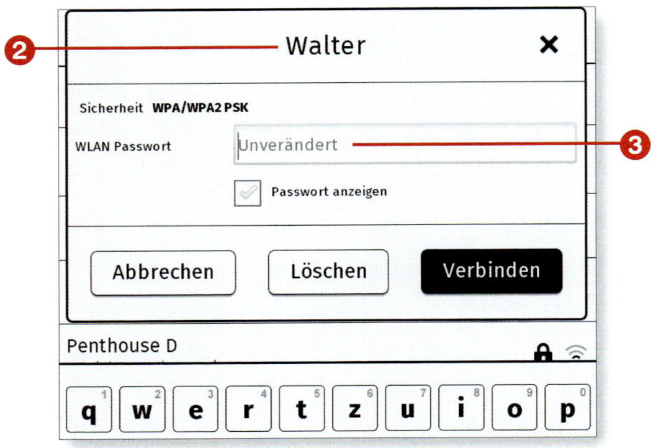

4. Tippen Sie nun das neue WLAN-Passwort ein und bestätigen Sie anschließend Ihre Eingabe mit der Schaltfläche **Verbinden**.

Sobald Sie auf die Schaltfläche getippt haben, versucht der tolino, eine Verbindung mit diesem Netzwerk herzustellen. Sofern eine Verbindung zu einem WLAN besteht (in den Beispielabbildungen zu **Eule**), wird die Verbindung zu diesem kurz unterbrochen und der Versuch gestartet, eine Verbindung zu dem soeben bearbeiteten WLAN-Netzwerk (**Walter**) herzustellen. Ist dieses Netzwerk (**Walter**) in Reichweite, bleibt die Verbindung zu dem neuen Netz bestehen. Sofern das Netzwerk (**Walter**) nicht in Reichweite ist, wird erneut eine Verbindung zum ursprünglichen WLAN (**Eule**) hergestellt.

Löschen von WLAN-Kennwörtern und Netzwerken

Wenn Sie sich in der Vergangenheit erfolgreich mit einem WLAN verbunden haben, speichert Ihr tolino die Verbindungsinformationen, also den Namen des WLANs und das zugehörige Passwort. In manchen Fällen ist es erforderlich, dieses Passwort wieder zu löschen, z. B. wenn Sie sich in einem Firmennetzwerk eingewählt haben und das WLAN-Kennwort nicht auf dem tolino gespeichert bleiben soll; schließlich kann ein kleiner E-Book-Reader und damit dann auch das Firmenkennwort leicht gestohlen werden.

Alle WLAN-Netzwerke, mit denen Sie sich einmal erfolgreich verbunden haben, werden in der Auflistung der vorhandenen Netzwerke (**Menü ≡ ▸ WLAN und Flugmodus**) angezeigt. Diese Liste kann extrem lang werden und WLAN-Netzwerke enthalten, die Sie nie wieder nutzen werden, z. B. das WLAN des Hotels Ihres letzten Urlaubs. Solche nutzlosen Einträge können also auch gelöscht werden.

1. Rufen Sie auf Ihrem tolino zunächst die Seite **WLAN und Flugmodus** (**Menü ≡ ▸ WLAN und Flugmodus**) auf.

2. Tippen Sie in der Liste **WLAN-Netzwerke** etwa zwei Sekunden auf den Eintrag des WLAN-Netzwerks, das Sie entfernen möchten.
3. Im folgenden Dialogfenster mit dem Namen des Netzwerks tippen Sie auf die Schaltfläche **Löschen**.

Daraufhin wird das Netzwerk aus der Liste und das gespeicherte Passwort von Ihrem tolino entfernt. Sollten Sie sich weiterhin in Reichweite des Netzwerks aufhalten und nach einiger Zeit die Liste der verfügbaren Netzwerke aktualisieren, wird Ihnen das WLAN-Netz erneut angezeigt. Da Sie aber das Passwort gelöscht haben, kann sich Ihr tolino nicht mehr automatisch mit diesem Netzwerk verbinden.

An versteckten WLAN-Netzwerken anmelden

Normalerweise werden alle WLAN-Netzwerke, die im Empfangsbereich Ihres tolino liegen, in der bereits bekannten Auflistung im Menü **WLAN und Flugmodus** unter der Überschrift **WLAN-Netzwerke** aufgeführt. Dennoch kann es sein, dass einige WLAN-Netze nicht auftauchen, obwohl Sie sich in Reichweite dieser Netze befinden, da diese Netzwerke ihren Namen nicht preisgeben. Dies ist einer Einstellung geschuldet, die im WLAN-Router festgelegt werden kann. Sie können sich aber dennoch mit einem solchen versteckten WLAN verbinden, sofern Ihnen der Name des WLANs bekannt ist.

1. Öffnen Sie als Erstes die Seite **WLAN und Flugmodus** (**Menü ≡ ▸ WLAN und Flugmodus**).

2. Tippen Sie am Ende der Liste der vorhandenen Netzwerke auf den Eintrag **Netzwerk hinzufügen** ❶.

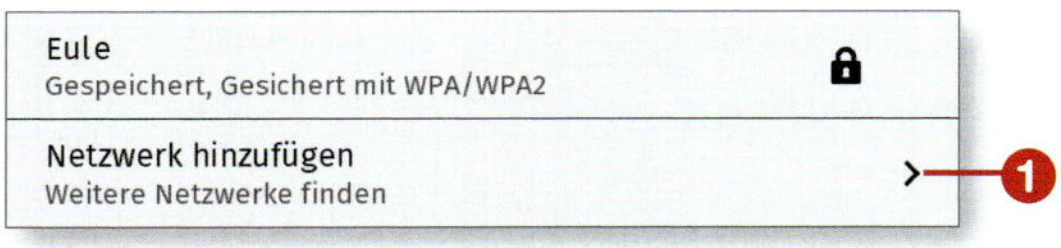

3. Im Feld **SSID** ❷ geben Sie über die Bildschirmtastatur den Namen des WLAN-Netzwerks ein. Achten Sie bei der Eingabe des WLAN-Namens unbedingt auf die Groß- und Kleinschreibung. Wenn Sie nur einen Buchstaben falsch schreiben, wird die Verbindung nicht gelingen.

4. Da inzwischen die meisten WLAN-Netze verschlüsselt sind, müssen Sie im Feld **Sicherheit** die Verschlüsselungsmethode auswählen. Tippen Sie dazu auf das Feld ❸, wodurch sich ein Auswahlmenü öffnet.

5. In diesem Menü tippen Sie auf die verwendete Verschlüsselungsmethode des WLAN-Netzes. In den meisten Fällen wird es sich um den Eintrag **WPA/WPA2 PSK** ❹ handeln, da dies die gängigen Verschlüsselungsmetho den sind.

6. Nachdem Sie eine Verschlüsselungsmethode ausgewählt haben, wird ein weiteres Feld zur Eingabe des WLAN-Passworts angezeigt. Tippen Sie in dieses Feld ❺, um es zu aktivieren, und geben Sie anschließend mithilfe der Bildschirmtastatur das Passwort ein.

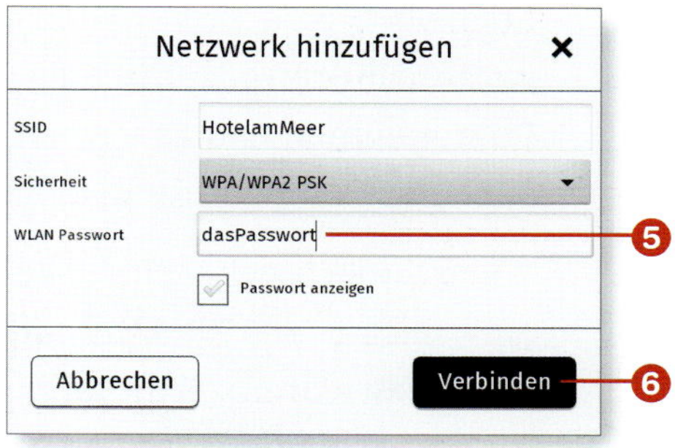

7. Abschließend tippen Sie auf die Schaltfläche **Verbinden** ❻.

Ihr tolino versucht nun, sich mit dem eben festgelegten WLAN-Netzwerk zu verbinden. Sofern dieses Netzwerk in Reichweite ist und Ihre Angaben korrekt sind, dürfte dies relativ zügig funktionieren.

Wenn Sie aber die WLAN-Informationen sozusagen auf Vorrat anlegen und beispielsweise vor Ihrer Abreise die WLAN-Verbindung für Ihr Urlaubshotel einrichten, schlägt der Verbindungsversuch fehl, wobei einige Zeit für die Fehlversuche benötigt wird.

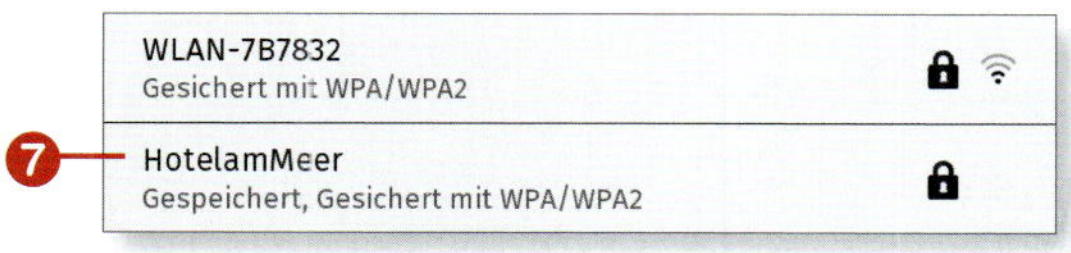

In jedem Fall wird Ihnen das so angelegte WLAN-Netzwerk in der Liste als gespeichertes WLAN ❼ angezeigt, und Ihr tolino verbindet sich automatisch mit ihm, sobald Sie sich in Reichweite befinden.

Probleme bei der WLAN-Verbindung vermeiden

Im Normalfall sollte die Verbindung mit einem WLAN und somit mit dem Internet problemlos funktionieren. Wenn es einmal nicht klappt, liegt dies zumeist an falsch eingegebenen WLAN-Passwörtern. Bevor Sie sich in die Tiefen der Ursachenforschung begeben, ist es also ratsam, die Anmeldung an das WLAN erneut zu versuchen und dabei besonders auf die Eingabe des Kennworts zu achten. Wenn die Kontrolle und erneute Eingabe des Kennworts nicht den gewünschten Erfolg hat, hilft es in vielen Fällen, den WLAN-Router einmal neu zu starten. Dies führt oft zum Erfolg, da WLAN-Router auch nur Computer sind, die mitunter einmal haken oder abgestürzt sind.

Wenn Sie sich sicher sind, alle Daten richtig eingegeben zu haben, und auch ein Neustart des WLAN-Routers nicht geholfen hat, können Sie selbst versuchen zu klären, ob Ihr tolino sich überhaupt richtig mit dem gewünschten WLAN verbinden kann – bevor Sie gute Freunde bemühen oder sich in irgendeine Warteschleife von Supporthotlines begeben. Dazu drei Tests:

1. Überprüfen Sie, ob Ihr Router im 2,4-GHz-Band sendet. Ihr tolino unterstützt den 5-GHz-Bereich nicht. Ein Indiz dafür, dass der WLAN-Router nur im 5-GHz-Bereich sendet, ist, dass der Name des WLANs nicht in der Auflistung der vorhandenen WLAN-Verbindungen auftaucht, auch wenn der Name vom Router nicht versteckt wird.
2. Überprüfen Sie, ob Ihr WLAN-Router die IP-Adressen bei der Anmeldung dynamisch vergibt, also der DHCP-Server oder -Dienst auf dem Router aktiviert ist. Dies ist notwendig, da Ihr tolino statische IP-Adressen, also die manuelle Eingabe von IP-Adressen, nicht zulässt. Sie erkennen ein WLAN ohne dynamische Vergabe von IP-Adressen (also ohne DHCP-Server) auf die Schnelle daran, dass die Verbindung zum WLAN zunächst problemlos zu funktionieren scheint. Das Symbol, das die Signalstärke signalisiert, wird eingeblendet, aber die Synchronisierung schlägt fehl, und auch das Aufrufen von Webseiten im tolino-eigenen Web-Browser funktioniert nicht.
3. Überprüfen Sie, ob die Anmeldung am WLAN-Router durch weitere Maßnahmen verhindert wird. Hier hilft nur ein Blick in das Konfigura-

tionsmenü Ihres WLAN-Routers. Achten Sie auf sogenannte MAC-Adressfilter oder auf aktivierte Optionen, über die nur bekannten Geräten die Einwahl erlaubt wird.

TIPP

DHCP für Ihren Router

Sofern Sie für die Verwaltung des WLAN-Routers zuständig sind und dieser noch statische IP-Adressen verwendet, gibt es wenig Gründe, die dagegen sprechen, den Router die IP-Adressen dynamisch vergeben zu lassen. Sie finden im Konfigurationsmenü des WLAN-Routers zumeist eine Option, die mit *DHCP, dynamische IP-Adressen* oder ähnlich beschriftet ist, die Sie einfach aktivieren müssen. Sie müssen dann allerdings anschließend allen Computern im Netzwerk mitteilen, dass diese auch die IP-Adressen dynamisch beziehen sollen. Andernfalls würden deren Verbindungsversuche scheitern.

An einem Telekom HotSpot anmelden

Ihren tolino können Sie nicht nur an Ihrem privaten WLAN-Netzwerk oder im nächsten Hotel oder Café anmelden. Sie können ihn außerdem an Telekom HotSpots in Deutschland kostenfrei mit dem Internet verbinden. Die Telekom ist Teil der tolino-Allianz und zeichnet sich vor allem verantwortlich für die technische Entwicklung des E-Book-Readers, der tolino Tabs (den Tablet-Computern der tolino-Allianz) sowie der tolino Cloud. Darüber hinaus stellt sie allen tolino-Nutzern ihr HotSpot-Netz kostenfrei zur Verfügung. Für Sie als tolino-Nutzer ist das ein echtes Plus, da Sie sich so in fast allen deutschen Städten, wenn nötig, kostenfrei ins Internet einwählen und neue Bücher auf Ihren tolino laden können.

Damit die kostenfreie Anmeldung funktioniert, müssen Sie Ihren tolino bei einem tolino-Partner angemeldet haben (lesen Sie dazu den Abschnitt »Ein neues tolino-Konto einrichten« ab Seite 88). Mit dieser Anmeldung ist das Verbinden mit einem Telekom HotSpot denkbar einfach.

1. Tippen Sie auf der Startseite Ihres tolino auf die Schaltfläche **Menü** ≡.
2. Auf der Seite **Menü** wählen Sie den Eintrag **WLAN und Flugmodus**.
3. Wenn Sie sich nun in Reichweite eines Telekom HotSpots befinden, wird Ihnen dieser auf der Seite **WLAN und Flugmodus** in der Liste verfügbarer WLAN-Netzwerke angezeigt. Tippen Sie auf diesen, um sich an dem WLAN-HotSpot anzumelden.

Ihr tolino verbindet sich nun mit dem WLAN und übermittelt die Anmeldeinformationen Ihres tolino-Kontos als Authentifizierung. Sie müssen keinerlei Benutzernamen oder Kennwörter eingeben. Diese Dinge werden bei der Anmeldung an einem Telekom HotSpot vom tolino übernommen. Da Ihr tolino sich jedoch sowohl an das WLAN des Telekom HotSpots anmeldet als auch eine Authentifizierung mit Ihren tolino-Anmeldedaten stattfindet, benötigt der Verbindungsaufbau etwas länger, als Sie es sonst vielleicht gewohnt sind. Auch habe ich die Erfahrung gemacht, dass der erste Anmeldeversuch mitunter fehlschlägt, was Ihnen mit einem Warnhinweis mitgeteilt wird, aber der zweite Versuch den gewünschten Erfolg bringt. Haben Sie daher ein wenig Geduld.

TIPP

Wo finde ich den nächsten Telekom HotSpot?

Sie planen die nächste Städtereise innerhalb Deutschlands und würden gerne vorab schon einmal nachschauen, ob Sie Ihren tolino auch vor Ort mit neuen E-Books bestücken können? Kein Problem! Auf der Internetseite *www.hotspot.de/content/hs_finden.html* können Sie ganz bequem auf einer Karte nach dem nächsten Telekom HotSpot suchen.

In einem anderen öffentlichen Netzwerk anmelden

Die Anmeldung an ein öffentliches Netzwerk unterscheidet sich von der Anmeldung an einem normalen WLAN dadurch, dass Sie zusätzlich zur Anmeldung am WLAN-Router nochmals – normalerweise auf einer Internetseite im Browser – Zugangsdaten (Benutzername und Passwort) eingeben und den Nutzungsbedingungen zustimmen müssen.

Sie verbinden sich also zunächst mit dem gewünschten WLAN so, wie es im Abschnitt »An einem WLAN anmelden« ab Seite 63 beschrieben wird. Zumeist sind diese WLAN-Netze nicht verschlüsselt, sodass Sie hierfür kein Kennwort eingeben müssen. Um jetzt Ihre Zugangsdaten eingeben zu können beziehungsweise den Nutzungsbedingungen zuzustimmen, wird automatisch der Browser des tolino gestartet, in dem die entsprechende Webseite automatisch angezeigt wird.

Mitunter funktioniert es nicht, dass der Browser automatisch geöffnet wird. Rufen Sie in diesem Fall den Internetbrowser Ihres tolino per Hand auf, indem Sie auf der Seite **Menü** auf **Web-Browser** tippen.

Das Aussehen dieser Webseite unterscheidet sich je nach öffentlichem Netzwerk, an das Sie sich anmelden wollen. Auf jeden Fall müssen Sie das Formular ausfüllen, sofern Benutzername und Kennwort erforderlich sind, und/oder den Nutzungsbedingungen zustimmen, da Sie ansonsten keinen Zugriff zum Internet erhalten und Ihnen immer wieder diese Seite angezeigt wird.

Nutzungsbedingungen für das öffentliche WLAN-Netz in Berliner Linienbussen

Gegebenenfalls müssen Sie etwas scrollen, um die Schaltfläche zum Absenden des Formulars beziehungsweise zum Bestätigen der Nutzungsbedingungen sehen zu können. Ziehen Sie dazu mit gedrücktem Finger vom unteren Bildschirm-

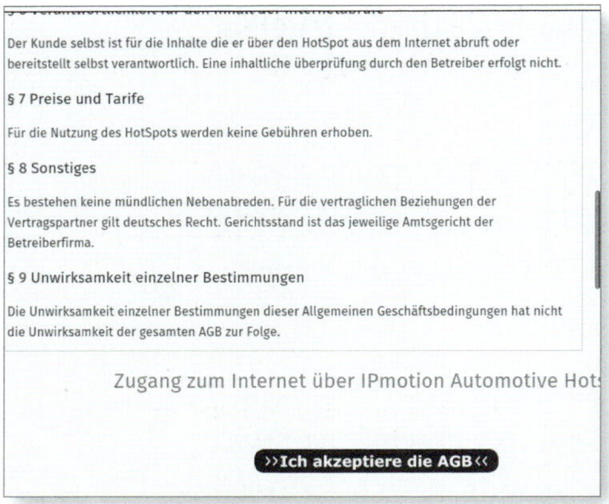

rand nach oben, bis Sie die Schaltfläche sehen können. Tippen Sie auf diese, um den Verbindungsvorgang abzuschließen.

Solange Sie diesen Vorgang nicht abgeschlossen haben, werden Sie, egal welche Webseite Sie im Browser aufrufen, immer wieder auf diese Anfangsseite umgeleitet.

Scrollen Sie nach unten, um die Schaltfläche zum Akzeptieren der AGB zu sehen.

Den Flugmodus einschalten (das WLAN deaktivieren)

In einem Flugzeug werden Sie von den freundlichen Flugbegleitern vor Beginn des Fluges darauf hingewiesen, dass Sie zum Start alle elektronischen Geräte deaktivieren sollen und während des Fluges Mobiltelefone und andere funkende Geräte außer Betrieb bleiben oder in den Flugmodus versetzt werden müssen.

Mit aktiviertem WLAN-Modul gehört auch Ihr tolino zu den funkenden Geräten. Aber wie vertreiben Sie sich die Zeit sozusagen im Fluge, wenn nicht durch Lesen? Mit der deaktivierten WLAN-Funktion steht dem Lesevergnügen nichts im Wege. Allerdings haben Sie dann ohne Internetverbindung keinen Zugriff auf die tolino Cloud. Lesen Sie also auf einem langen Flug nicht zu schnell, wenn Sie keine weiteren Bücher vorab in die Bibliothek heruntergeladen haben. Auch in anderen Orten oder Situationen, z. B. in einem Krankenhaus, sollten beziehungsweise müssen Sie das WLAN-Modul deaktivieren.

1. Tippen Sie dazu auf der Startseite auf die Schaltfläche **Menü** ≡.
2. Auf der Seite **Menü** tippen Sie auf den Eintrag **WLAN und Flugmodus.**
3. Zum Deaktivieren der WLAN-Funktion tippen Sie auf der Seite **WLAN und Flugmodus** neben der Option **Der Flugmodus ist ausgeschaltet** auf

Ein. Genauso gut könnten Sie aber auch in der Zeile **WLAN ist eingeschaltet** auf **Aus** tippen; auch dies deaktiviert natürlich das WLAN.

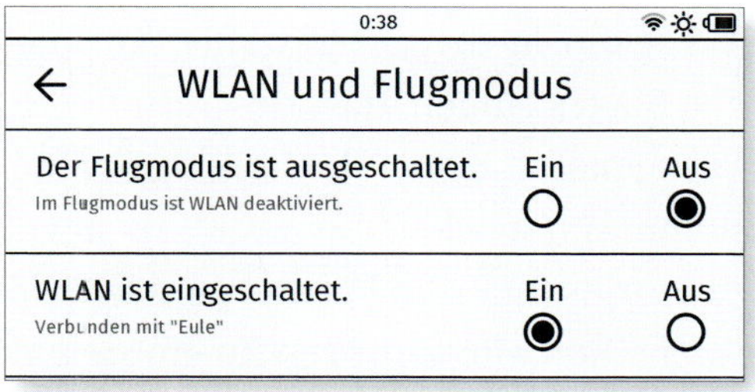

4. Daraufhin sehen Sie einen Hinweis, dass während des Flugmodus keine Internetverbindung aufgebaut werden kann. Alles in Ordnung, das war schließlich Sinn der Aktion.

Eine bestehende Netzwerkverbindung wird dadurch getrennt, und der tolino wird nicht mehr nach verfügbaren Netzen in der näheren Umgebung suchen. Sie können daher nun auch im Flugzeug beruhigt und ohne weitere Störung Ihren Krimi zu Ende lesen.

Um den Flugmodus nach der Landung am Urlaubsort wieder auszuschalten, rufen Sie die Seite **Menü** (über ≡) auf und tippen auf **WLAN und Flugmodus**. Hier tippen Sie dann auf die Option **Aus**, um den Flugmodus auszuschalten. Dann aktivieren Sie gegebenenfalls wieder das WLAN.

TIPP

Stromsparen durch deaktivierte WLAN-Funktion

Schalten Sie die WLAN-Funktion auch dann ab, wenn sich der Akku Ihres tolino dem Ende nähert und Sie ihn sobald nicht laden können. Durch das Deaktivieren dieser Funktion schonen Sie den Akku, und die Laufzeit Ihres tolino verlängert sich erheblich. Gerade auf Reisen sollten Sie daher die Funktion nur einschalten, wenn Sie sie auch brauchen.

Mit dem tolino im Internet surfen

Wenn Sie mit dem Internet verbunden sind, können Sie mit Ihrem tolino auch im Internet surfen und Webseiten in dem vorinstallierten Internetbrowser öffnen. Allerdings werden Sie feststellen, dass das Surferlebnis mit dem tolino nicht unbedingt überzeugend ist, da die Darstellung der meisten Internetseiten nicht an die Darstellungsmöglichkeiten des tolino angepasst ist (wie das beispielsweise in dem vorinstallierten Partnershop der Fall ist) oder – andersherum – der tolino nicht die Anforderungen für eine gelungene Darstellung der Internetseiten erfüllt. Aufgrund des E-Ink-Displays werden Ihnen Internetseiten nur schwarz-weiß dargestellt, und wegen vieler beweglicher Elemente auf Internetseiten tritt häufig ein Bildschirmflackern auf.

Es lohnt sich aber, einmal einige Internetseiten auszuprobieren. Manche Webseiten kann Ihr tolino trotzdem relativ gut darstellen, wie z. B. die freie Enzyklopädie Wikipedia, die Seiten verschiedener Tageszeitungen oder die für den tolino optimierte Websuche von T-Online und Google. Generell lassen sich vor allem textlastige Seiten ganz gut auf dem tolino darstellen.

1. Um den Browser zu öffnen, tippen Sie zunächst auf der Startseite auf die Schaltfläche **Menü** ≡.

2. Auf der folgenden Seite tippen Sie auf den Eintrag **Web-Browser** ❶. Achten Sie darauf, dass Sie mit einem WLAN verbunden sind ❷, andernfalls können keine Internetseiten geöffnet werden.

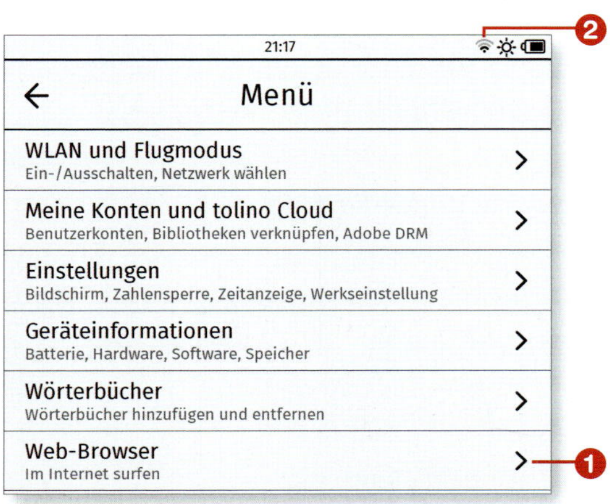

3. Anschließend wird der Internetbrowser angezeigt. Standardmäßig wird als Startseite die Internetseite der Suchmaschine Google oder die Shopseite Ihres tolino-Buchhändlers geladen, abhängig davon, bei welchem Buchhändler Sie Ihren tolino gekauft haben.

4. Sie scrollen und verschieben die angezeigte Webseite, indem Sie die Seite mit einem Finger festhalten und in die gewünschte Richtung bewegen. Die Anzeige der Webseite wird flackern und erst wieder scharf werden, wenn Sie den Finger vom Bildschirm nehmen beziehungsweise still halten.

5. Um die Anzeige der Webseite zu vergrößern oder zu verkleinern, legen Sie den Finger auf die Webseite und bewegen ihn leicht; in der rechten unteren Ecke werden daraufhin kurz zwei Schaltflächen mit Lupensymbol angezeigt. Tippen Sie dann zum Vergrößern auf das Lupensymbol mit dem Pluszeichen oder zum Verkleinern der Ansicht auf das Lupensymbol mit dem Minuszeichen. Alternativ können Sie auch die Spreizgeste zum Vergrößern und Verkleinern verwenden.

6. Wenn Sie einen Suchbegriff oder eine neue Adresse einer Webseite (URL) in das Adressfeld ❸ eintragen möchten, tippen Sie einfach in das Feld. Daraufhin wird die Bildschirmtastatur eingeblendet. Sie müssen zunächst jedoch die vorhandene Adresse löschen, indem Sie auf das Schließkreuz ❹ im Adressfeld tippen. Nach der Eingabe tippen Sie auf die Schaltfläche **Los** rechts unten auf der Bildschirmtastatur.

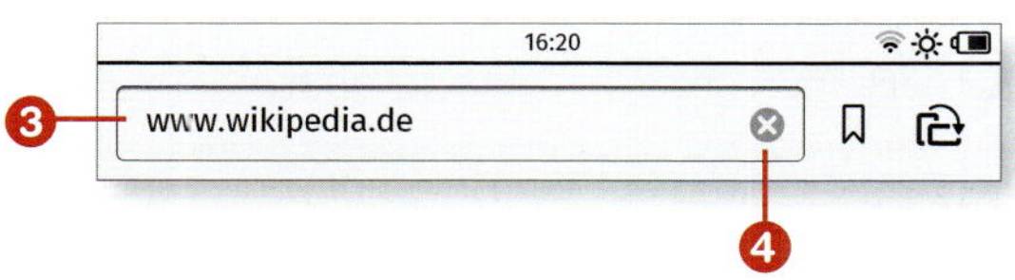

7. Wenn Sie bereits mehrere Webseiten aufgerufen haben, werden Ihnen links neben der Adressleiste zwei kleine Pfeilschaltflächen eingeblendet, mit denen Sie zwischen den Webseiten, die Sie bereits aufgerufen hatten, vor- und zurückwandern können. Das funktioniert aber nicht auf jeder Webseite. Mitunter werden Sie erleben, dass Sie eine Seite nicht über die Zurück-Schaltfläche verlassen können.

Wenn Sie nur einen Suchbegriff und keine vollständige Internetadresse eingegeben haben, wird automatisch die Google-Suche aufgerufen, die Ihnen die Suchergebnisse präsentiert.

TIPP

Die Bildschirmauffrischung anpassen

Da die Darstellung auf Webseiten häufig wechselt, z. B. durch Veränderung des Zooms, tritt beim Betrachten von Webseiten oft der Ghosting-Effekt auf, also diese schattenartige Wiederholung von Inhalten. Hier hilft es, die Bildschirmauffrischung (unter **Menü** ≡ ▸ **Einstellungen**) auf **Jede Seite** umzustellen.

Sie werden feststellen, dass einige grundlegende Funktionen eines Internetbrowsers, wie Sie ihn von Ihrem Computer kennen, fehlen. Beispielsweise können Sie nicht mehrere Seiten gleichzeitig öffnen.

Aber sehen Sie es Ihrem tolino nach, er will nicht das Surfen am Computer ersetzen, sondern bietet Ihnen vielmehr an, ab und an Ihre E-Mails bei einem E-Mail-Anbieter im Internet (beispielsweise auf *www.web.de*, *www.gmx.de* oder *googlemail.com*) abzurufen, zwischendurch die Wettervorhersage aufzurufen (beispielsweise auf *www.wetter.de*) oder eine Suche zu starten (beispielsweise auf *www.google.de*). Nicht mehr und nicht weniger. Um den Browser zu schließen, tippen Sie auf den Home-Button, womit Sie wieder auf der Startseite landen.

Sie können übrigens nicht nur Ihre Bücher im Querformat lesen, sondern auch Webseiten im Querformat betrachten. Gerade für Webseiten ist diese Darstellung meistens angenehmer als das Hochformat, da Webseiten oft für die normale Form von Monitoren optimiert sind. Um die Darstellung zu ändern, tippen Sie auf die Schaltfläche **Ansicht drehen** 1 rechts oben neben der Adressleiste des Browsers.

Im folgenden Dialog **Ansicht drehen** wählen Sie die gewünschte Ausrichtung und tippen auf **Übernehmen**.

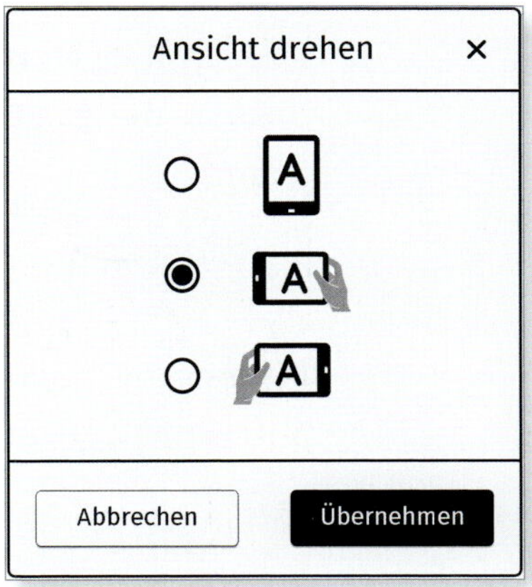

Schon an der Google-Suchseite können Sie erkennen, dass das Querformat für das Surfen im Internet bestens geeignet ist.

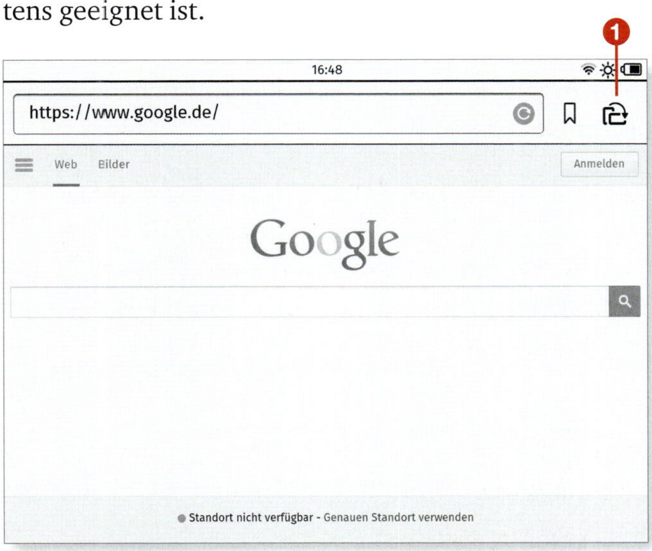

Internet-Lesezeichen anlegen und verwalten

Wenn Sie eine Webseite häufig aufrufen, etwa die Seite *spiegel.de*, und Sie sie zu einer Ihrer Lieblingsseiten erklären möchten, tippen Sie etwas länger auf das Lesezeichensymbol neben der Adressleiste ❶, um sie zu speichern.

Das Symbol wird anschließend schwarz ausgefüllt ❷ als Zeichen dafür, dass Sie diese Seite zu Ihren Lesezeichen hinzugefügt haben.

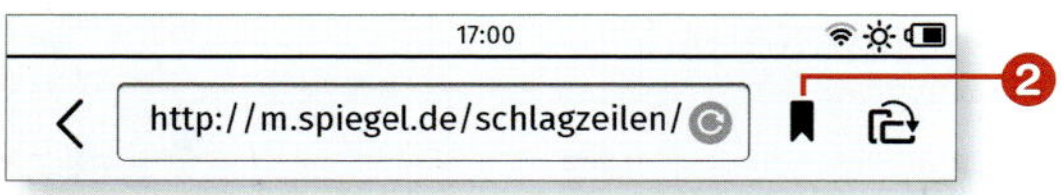

Um eine Webseite, die Sie bereits als Lesezeichen abgelegt haben, wieder aufzurufen, gehen Sie folgendermaßen vor:

1. Rufen Sie Ihren Web-Browser über **Menü** ≡ ▸ **Web-Browser** auf.

2. Tippen Sie im Browser rechts neben der Adressleiste kurz auf das Lesezeichensymbol.

3. Die Seite **Lesezeichen** wird aufgerufen, auf der alle bisher gespeicherten Lesezeichen aufgelistet sind. Um

eine der gespeicherten Webseiten aufzurufen, tippen Sie den entsprechenden Eintrag einfach an.

TIPP

Lesezeichen über das Lesezeichen-Menü setzen

Falls Sie versehentlich zum Setzen eines Lesezeichens keinen Long Press auf das Lesezeichensymbol in der Adressleiste durchgeführt haben, ist das kein Beinbruch, da Sie im Lesezeichen-Menü anschließend auf das Plussymbol ❸ tippen können. Dies öffnet den Dialog **Lesezeichen anlegen**. In diesem Dialog sind die Daten der zuvor aufgerufenen Seite eingetragen. Klicken Sie dann einfach auf **Fertig**.

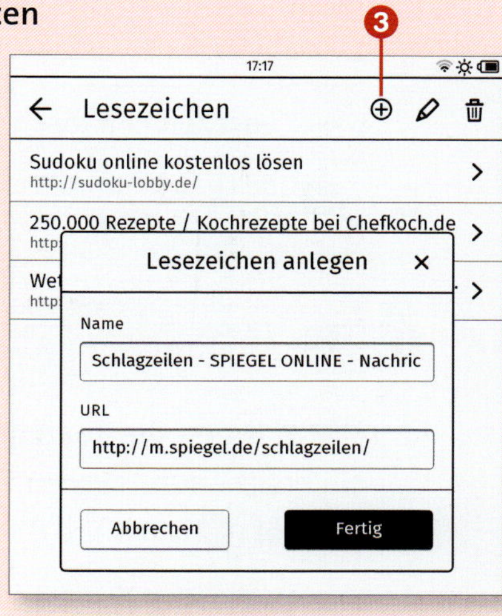

Um Lesezeichen wieder zu löschen, stehen Ihnen grundsätzlich zwei Wege zur Verfügung. Wenn Sie die Webseite gerade aufgerufen haben, reicht ein Long Press auf das schwarz ausgefüllte Lesezeichensymbol. Ein kleiner Hinweis teilt Ihnen mit, dass das Lesezeichen entfernt wurde.

Der zweite Weg führt über die Seite **Lesezeichen**. Rufen Sie diese auf, indem Sie im Browser kurz auf das Lesezeichensymbol tippen. Auf der Seite **Lesezeichen** tippen Sie auf das Papierkorbsymbol ❹.

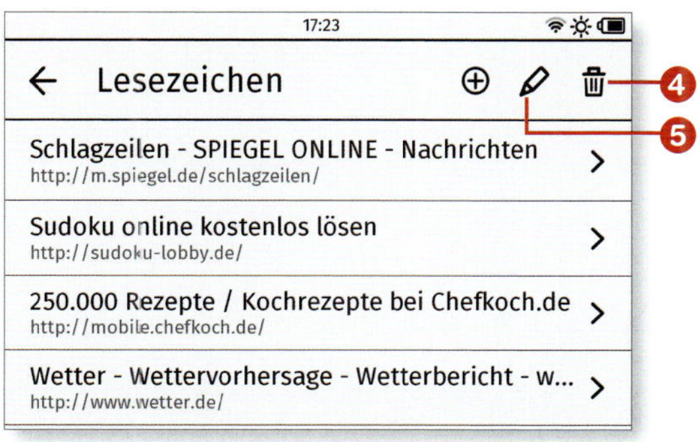

Setzen Sie nun auf der Seite **Lesezeichen löschen** Häkchen ❶ vor den Webseiten, von denen Sie sich verabschieden möchten. Abschließend tippen Sie auf die Schaltfläche **Löschen** ❷. Nach dem Löschen wird automatisch wieder die Seite **Lesezeichen** angezeigt.

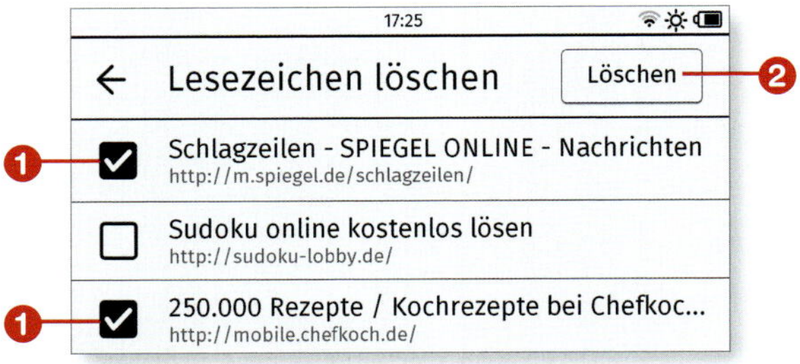

Wenn Ihnen die Texteinträge Ihrer Lesezeichen nicht gefallen, können Sie sie bearbeiten. Tippen Sie dazu auf der Seite **Lesezeichen** auf das Bleistiftsymbol (❺ auf Seite 85).

Dadurch wird die Seite **Lesezeichen bearbeiten** geöffnet, in der alle Lesezeichen mit einem Stiftsymbol aufgelistet werden. Tippen Sie auf das Lesezeichen, das Sie bearbeiten möchten. Im nachfolgenden Dialog **Lesezeichen bearbeiten** können Sie die gewünschten Änderungen per Bildschirmtastatur eingeben. Um die Änderung zu speichern, tippen Sie auf **Fertig**. Danach wird wieder die Seite **Lesezeichen** angezeigt.

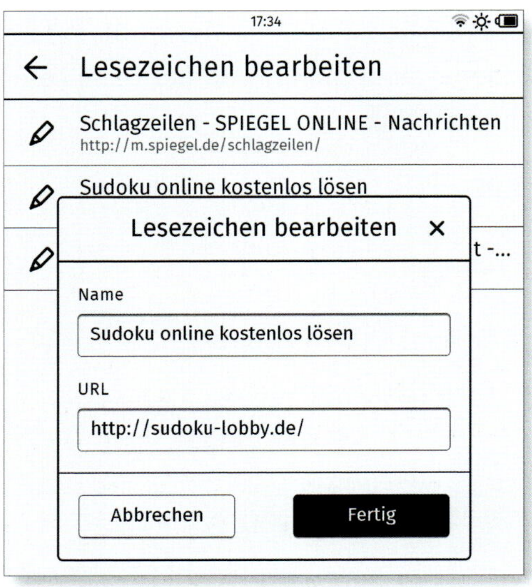

Kapitel 4
Anmeldung und E-Book-Kopierschutz

In diesem Kapitel werde ich Ihnen die tolino-Welt vorstellen und zeigen, wie Sie daran teilhaben können. Ich hatte Ihnen bereits im Abschnitt »Den tolino mit oder ohne Anmeldung nutzen« ab Seite 28 die Vorzüge vorgestellt, die eine Anmeldung Ihres E-Book-Readers bei Ihrem tolino-Buchhändler mit sich bringt. In diesem Kapitel werde ich Ihnen nun zeigen, wie Sie diese Anmeldung durchführen – egal, ob Sie sich zum ersten Mal ein Kundenkonto einrichten oder bereits eines haben. Sie erfahren in diesem Kapitel auch, wie Sie mit der sogenannten Adobe-ID umgehen, sodass Sie auf Ihrem tolino auch DRM-geschützte E-Books lesen können.

Sie wissen nicht, was DRM ist? Keine Sorge, auch das erfahren Sie auf den folgenden Seiten.

An diesem Dateisymbol erkennen Sie ein kopiergeschütztes E-Book im Explorer.

Sie werden sehen, Ihr tolino ist in kürzester Zeit einsatzbereit, und die Anmeldung wird Ihnen nicht schwerfallen. Sollten Sie doch einmal Fragen haben und Ihren tolino in einem der Ladengeschäfte von Hugendubel, Mayersche, Osiander, Thalia, Weltbild oder bei einem unabhängigen Buchhändler der tolino-Allianz gekauft haben, ist meine Erfahrung, dass Ihnen bereitwillig und gern dabei geholfen wird, Ihre Fragen zu beantworten oder ein neues tolino-Konto anzulegen. Trauen Sie sich ruhig, vor Ort bei Ihrem Buchhändler um Hilfe zu bitten, sollten Sie sich unsicher fühlen.

Ein neues tolino-Konto einrichten

Sie müssen sich keine Sorgen machen, die Anmeldung eines tolino-Kontos ist an keinerlei Bedingungen geknüpft. Sie müssen zwar während des Registrierungsvorgangs einige persönliche Informationen preisgeben, Sie sind aber nicht verpflichtet, sofort für Hunderte von Euros die neuesten E-Books des Shops zu erwerben. Die Anmeldung auf Ihrem tolino ist gleichbedeutend mit der Anmeldung in einem der Onlineshops der tolino-Buchhändler.

Auf Ihrem tolino ist bereits der Partnershop des Buchhändlers vorinstalliert, bei dem Sie Ihren E-Book-Reader gekauft haben, und bei diesem Buchhändler führen Sie Ihre Anmeldung durch. Sie können auch weitere Anmeldungen von anderen tolino-Partnern auf Ihrem tolino hinzufügen und sind nicht auf ewig an diesen Buchhändler gebunden (mehr dazu erfahren Sie im Abschnitt »In anderen tolino-Shops kaufen« ab Seite 114). Sie können also jederzeit selbst entscheiden, wo Sie Ihre E-Books einkaufen möchten.

TIPP

Anmelden auf dem Computer

Sollte Ihnen das Tippen auf der Bildschirmtastatur zu mühselig sein, können Sie Ihr Kundenkonto auch auf der Internetseite Ihres tolino-Buchhändlers einrichten; nach der Ersteinrichtung auf dem Computer müssen Sie nur noch Ihre E-Mail-Adresse und das Passwort auf dem tolino eingeben, um sich anzumelden (lesen Sie dazu den Abschnitt »Mit einem bestehenden Kundenkonto anmelden« ab Seite 92).

Beachten Sie, dass Sie zur Anmeldung Ihres tolino eine bestehende Internetverbindung benötigen (lesen Sie dazu Kapitel 3, »Ins Internet mit dem tolino«, ab Seite 63). Ohne Internetverbindung können Ihre eingegebenen Daten nicht an den Buchhändler übermittelt und kann der Shop auf Ihrem tolino nicht aktiviert werden.

1. Wenn Sie Ihren tolino bislang noch nicht angemeldet haben, wird Ihnen auf der Startseite im unteren Bereich die Schaltfläche **Einrichten** ❶ angezeigt. Tippen Sie darauf, um den Anmeldeprozess zu starten.

2. Im folgenden Dialog zeigt Ihnen Ihr tolino eine Anmeldemaske, in die Sie vorhandene Anmeldedaten eingeben können (lesen Sie dazu den Abschnitt »Mit einem bestehenden Kundenkonto anmelden« ab Seite 92). Da Sie bislang noch kein Kundenkonto haben, tippen Sie auf den Link zum Einrichten eines neuen Kontos ❷.

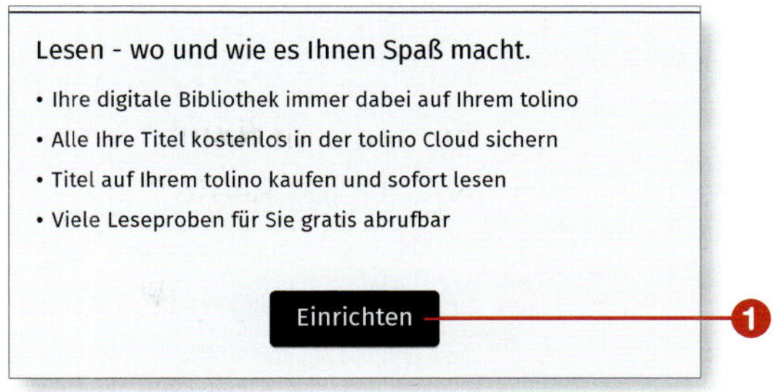

In den folgenden Abbildungen sehen Sie beispielhaft die Anmeldung bei Thalia. Bei einem anderen Partnershop kann der Anmeldevorgang etwas anders aussehen, die Informationen, die Sie hinterlegen müssen, sind aber in der Regel dieselben.

3. Tippen Sie auf der folgenden Formularseite auf die gewünschte **Anrede**. Wenn Sie in das Feld **Vorname** tippen, wird die Bildschirmtastatur eingeblendet, und Sie können Ihren Vornamen eingeben. Genauso verfahren Sie mit Ihrem Nachnamen. Tippen Sie dann auf die Schaltfläche **Weiter**.

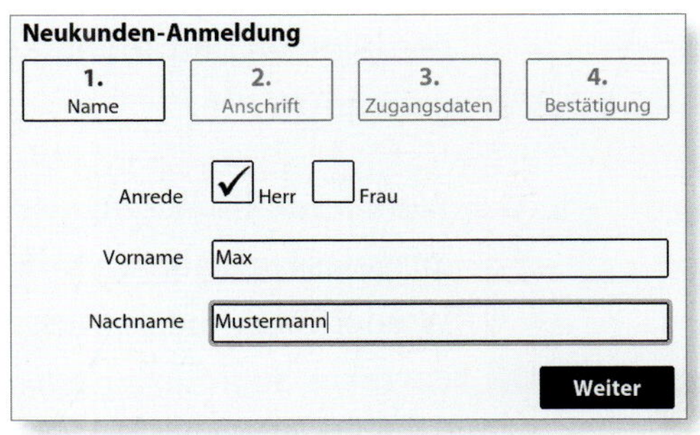

Beachten Sie, dass bei anderen Buchhändlern wie Hugendubel oder Weltbild das gesamte Formular auf einer Seite angezeigt wird und Sie erst nach vollständiger Eingabe auf die Schaltfläche **Weiter** tippen.

4. Im nächsten Schritt geben Sie Ihre Anschrift ein. Auch hier wird jedes Mal die Bildschirmtastatur eingeblendet, sobald Sie auf eines der Ein-

gabefelder tippen. Tippen Sie nach vollständiger Eingabe erneut auf die Schaltfläche **Weiter**.

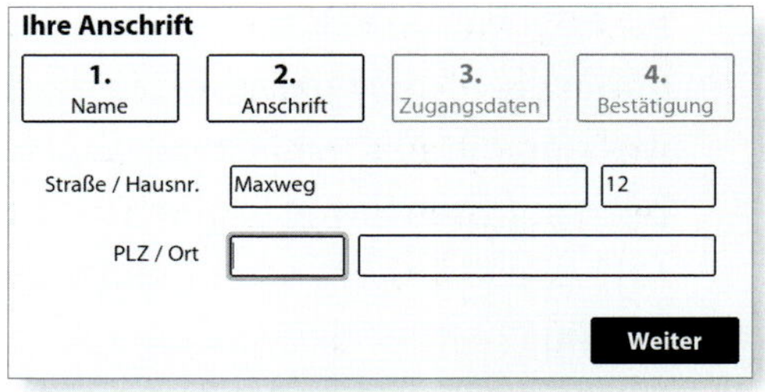

5. Auf der nächsten Formularseite legen Sie Ihre Zugangsdaten für das Konto fest. Sie müssen Ihre E-Mail-Adresse sowie ein gewünschtes Passwort eingeben. Das Passwort müssen Sie zur Sicherheit wiederholen. Beachten Sie bei der Eingabe unbedingt die Groß- und Kleinschreibung. Geben Sie später Ihr Passwort statt mit Großbuchstaben mit Kleinbuchstaben ein, wird die Anmeldung nicht glücken. Am besten notieren Sie sich das Passwort und bewahren es an einem sicheren Ort auf. Tippen Sie zur Bestätigung erneut auf **Weiter**.

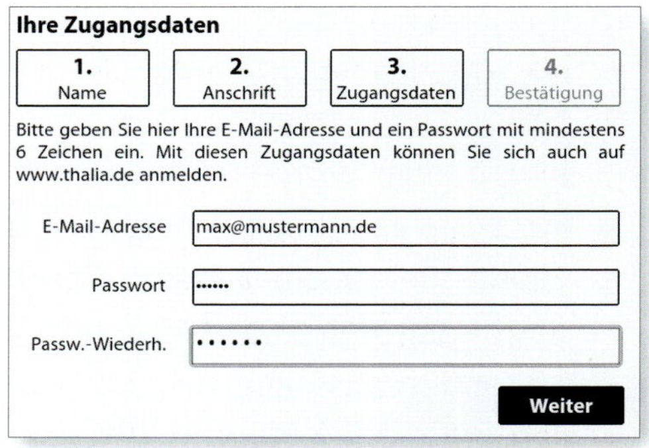

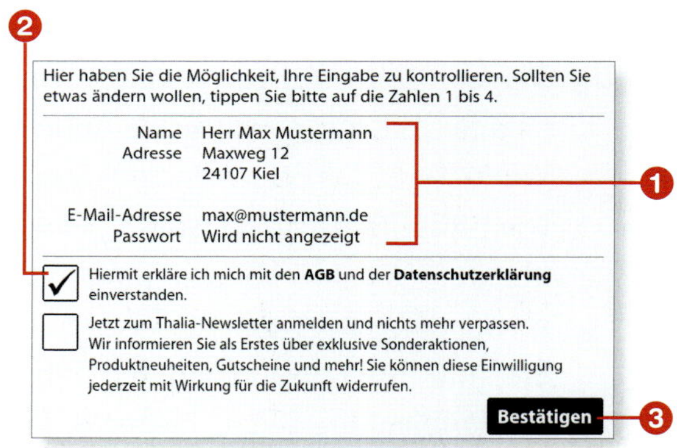

6. Wenn eine Ihrer Eingaben nicht stimmig ist oder Sie eines der Felder ausgelassen haben, wird Ihnen die Formularseite erneut präsentiert. Wiederholen Sie in diesem Fall Ihre Eingaben, und achten Sie auf die korrekte Schreibweise beziehungsweise darauf, dass Sie in allen Feldern eine Angabe machen.

7. Im nächsten Formular werden Ihre Eingaben noch einmal zusammengefasst angezeigt ❶. Außerdem werden Sie aufgefordert, den Daten-

schutzerklärungen und den allgemeinen Geschäftsbedingungen des Shop-Betreibers zuzustimmen. Aktivieren Sie dieses Kästchen ❷ durch Antippen. Das Kästchen für den Newsletter müssen Sie nicht aktivieren, es sei denn, Sie möchten zukünftig Neuigkeiten Ihres Shop-Betreibers per E-Mail erhalten. Tippen Sie abschließend auf die Schaltfläche **Bestätigen** ❸.

8. Die erfolgreiche Anmeldung bei Ihrem Shop-Betreiber wird Ihnen bestätigt. Sie sind jetzt stolzer Besitzer eines Benutzerkontos. Sie sollten noch abschließend die gewünschte Zahlungsart festlegen, mit der Sie Ihre E-Book-Einkäufe im Partnershop bezahlen. Mit der Option **Ich möchte später eine Zahlungsart festlegen** ❹ können Sie sich damit etwas Zeit lassen. Spätestens beim ersten Einkauf müssen Sie die Zahlungsart aber angeben.

9. Wenn Sie sich gleich für eine der angebotenen Zahlungsarten entscheiden, bereiten Sie sich darauf vor, dass Sie die entsprechenden Informationen wie Kontonummer (oder IBAN), Bankleitzahl (oder BIC) oder eine Kreditkartennummer parat halten.

10. Wenn Sie sich für eine spätere Eingabe Ihrer Zahlungsinformation entschieden haben, ist die Registrierung vorerst abgeschlossen, und Sie können sich in dem vorinstallierten Shop Ihres tolino anmelden. Tippen Sie dazu auf die Schaltfläche **Jetzt anmelden**.

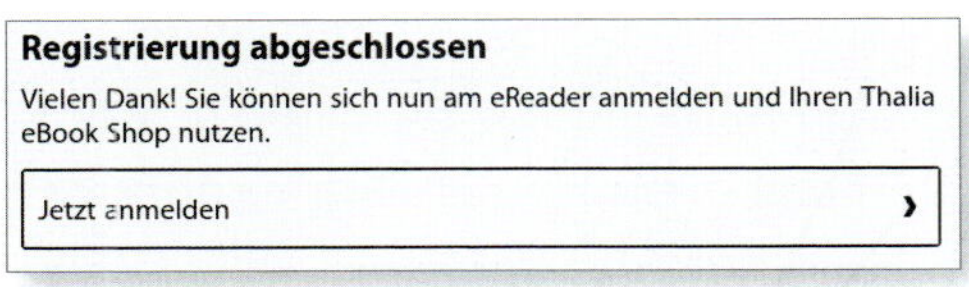

11. Ihnen wird erneut die Anmeldeseite Ihres Shops angezeigt (Sie kennen diese bereits aus Schritt 2 dieser Anleitung). Geben Sie hier die soeben festgelegten Zugangsdaten ein.

Nach der erfolgreichen Anmeldung wird Ihnen die Schaltfläche **Einrichten** nicht mehr auf der Startseite angezeigt. Übrigens bleiben Sie dauerhaft angemeldet; auch wenn Sie den tolino einmal ausgeschaltet haben, sind Sie nach dem Einschalten automatisch wieder angemeldet. Eine Abmeldung sieht der tolino nicht vor! Sie können eine Abmeldung nur über einen Benutzerwechsel (lesen Sie dazu den Abschnitt »Das Benutzerkonto wechseln« ab Seite 94) oder das Zurücksetzen des tolino (siehe Abschnitt »Den tolino auf die Werkseinstellung zurücksetzen« ab Seite 191) auf die Werkseinstellung erreichen.

TIPP

Fehler bei der Anmeldung

Sollte die Anmeldung im Anschluss der Registrierung nicht funktionieren, worauf Sie eine Fehlerseite erhalten, dann müssen Sie nicht den kompletten Anmeldevorgang wiederholen. Sie können sich stattdessen mit den soeben festgelegten Zugangsdaten anmelden. Tippen Sie dazu auf den **Home**-Button und anschließend auf der Startseite auf die Schaltfläche **Einrichten** (die in diesem Fall noch zu sehen ist, da die Anmeldung nicht erfolgreich durchgeführt wurde) beziehungsweise auf **Jetzt anmelden** im Kopfbereich der Startseite. Geben Sie nun den soeben festgelegten Benutzernamen (also Ihre E-Mail-Adresse) und das Passwort ein.

Mit einem bestehenden Kundenkonto anmelden

Auch wenn Sie Ihren tolino nicht bei einem der tolino-Partner gekauft haben, kann es sein, dass Sie bereits ein tolino-Konto Ihr Eigen nennen. Dies ist z. B. der Fall, wenn Sie schon einmal in einem der Onlineshops der tolino-Partner (beziehungsweise in dem Shop, der auf Ihrem tolino von vornherein eingerichtet ist) eingekauft haben, etwa ein »richtiges« Buch oder ein Hörbuch. In diesem Fall müssen Sie kein neues Kundenkonto bei der Anmeldung auf Ihrem tolino anlegen, sondern Sie können Ihre vorhandenen Anmeldedaten verwenden.

1. Tippen Sie zum Anmelden auf der Startseite Ihres tolino auf die Schaltfläche **Einrichten** ❶.

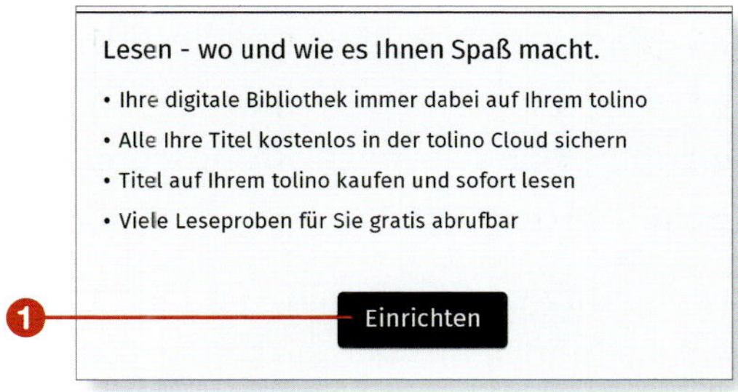

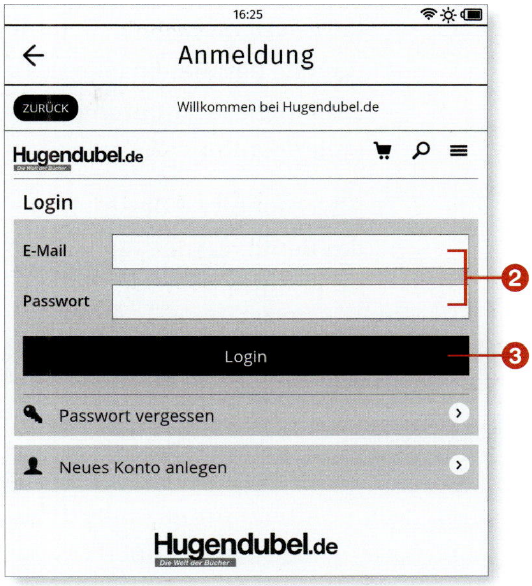

2. Geben Sie nun auf der Seite **Anmeldung** Ihre E-Mail-Adresse beziehungsweise Ihren Benutzernamen und Ihr Passwort ❷ ein. Tippen Sie dazu in das entsprechende Feld, am unteren Bildschirmrand wird dann die Bildschirmtastatur eingeblendet.

3. Tippen Sie danach auf die Schaltfläche **Login** ❸ beziehungsweise **Weiter** (je nach Buchhändler werden Sie unterschiedliche Bezeichnungen für diese Schaltfläche sehen), um die Anmeldung durchzuführen.

4. Haben Sie ein wenig Geduld, dieser Vorgang kann einige Sekunden in Anspruch nehmen. Nach erfolgreicher Anmeldung erhalten Sie ein Bestätigungsfenster. Sollten Sie bereits E-Books bei diesem Buchhändler gekauft haben, werden diese Informationen aus der tolino Cloud geladen, und Sie können die Titel später auf Ihrem tolino speichern. Wie das geht, erfahren Sie im Abschnitt »Gekaufte E-Books auf den tolino laden« ab Seite 108.

Sobald Sie die Anmeldung erfolgreich durchgeführt haben, verschwindet die Schaltfläche **Einrichten** von Ihrer Startseite, und Sie können bei bestehender Internetverbindung in dem Partnershop nach neuen E-Books suchen. Wie das geht, erfahren Sie im Abschnitt »Ihr erstes E-Book kaufen« ab Seite 104.

Das Benutzerkonto wechseln

Sie sind nicht auf die Anmeldung bei einem tolino-Partner beschränkt, sondern können sich bei mehreren tolino-Partnern anmelden und diese Anmeldungen parallel benutzen. Das Zauberwort hierfür heißt in der tolino-Welt **Bibliothek-Verknüpfung**; diese Funktion stelle ich Ihnen im Abschnitt »In anderen tolino-Shops kaufen« ab Seite 114 genauer vor.

Abgesehen von der Bibliothek-Verknüpfung ist es möglich, auf dem tolino das Benutzerkonto zu wechseln. Mit einem solchen Wechsel können Sie den tolino mit mehreren Personen nutzen; allerdings müssen bei jedem Wechsel verschiedene Einstellungen neu vorgenommen werden, und Sie müssen Ihre gekauften Bücher neu aus der tolino Cloud laden. Um verschiedene Konten auf Ihrem tolino zu nutzen, gehen Sie so vor:

1. Sollten Sie sich derzeit nicht auf der Startseite befinden, rufen Sie sie durch Antippen beziehungsweise Drücken des Home-Buttons auf. Tippen Sie hier auf die Schaltfläche **Menü** ≡.

2. Auf der Seite **Menü** wählen Sie den Eintrag **Meine Konten und tolino Cloud** ❶ aus.

3. Auf der folgenden Seite **Meine Konten und tolino Cloud** tippen Sie auf den Eintrag **Benutzerwechsel**.

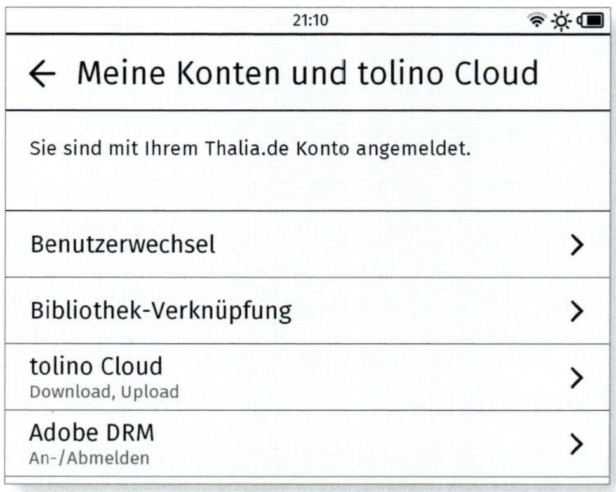

4. Zunächst erhalten Sie einen Warnhinweis, der Ihnen mitteilt, welche Einstellungen mit dem Wechsel des Benutzers verloren gehen. Es sind Ihre persönlichen Einstellungen, von Ihnen erstellte Sammlungen und

alle Bücher und Dokumente, die Sie nicht in der tolino Cloud gespeichert haben. Um den Wechsel durchzuführen, tippen Sie auf die Schaltfläche **Benutzer wechseln** ❷.

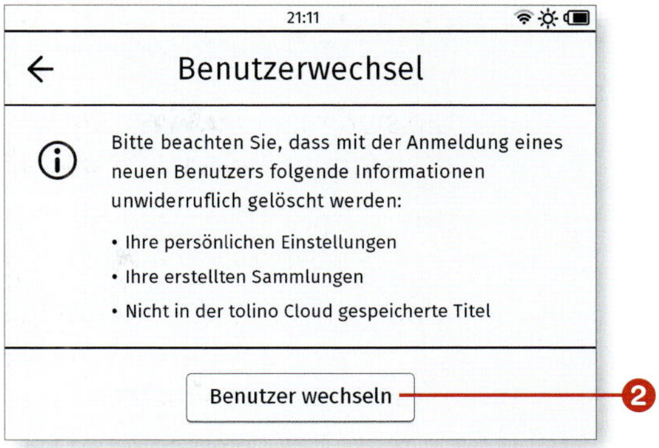

5. Sie erhalten wieder die Anmeldeseite Ihres Shop-Betreibers, die Sie bereits von der Erstanmeldung Ihres tolino kennen (siehe dazu den Abschnitt »Ein neues tolino-Konto einrichten« ab Seite 88). Geben Sie hier die Anmeldedaten des neuen Benutzers in die entsprechenden Felder ein, und tippen Sie auf **Login** beziehungsweise **Weiter** (je nach Buchhändler werden Sie unterschiedliche Bezeichnungen für diese Schaltfläche sehen).

6. Sofern Sie die Anmeldedaten richtig eingegeben haben, erhalten Sie nochmals einen Hinweis darauf, dass Einstellungen und Titel mit dem Wechsel des Benutzers endgültig gelöscht werden. Tippen Sie auf die Schaltfläche **Weiter**, um den Benutzerwechsel abzuschließen.

Der Benutzerwechsel benötigt ein wenig Zeit, seien Sie daher geduldig. Sobald er durchgeführt wurde, werden Ihnen beziehungsweise dem neuen Benutzer in der Bibliothek alle Titel des neuen Benutzers, die bei einem tolino-Partner gekauft oder in der tolino Cloud gespeichert wurden, angezeigt.

TIPP

Den Benutzer wechseln oder auf Werkseinstellung zurücksetzen?

Wenn Sie Ihren tolino verkaufen möchten, empfehle ich Ihnen, den tolino auf die Werkseinstellung zurückzusetzen und nicht nur ein neues Konto für den neuen Besitzer anzumelden, da beim Zurücksetzen wirklich Ihre gesamten Einstellungen, z. B. auch Ihre WLAN-Zugangsdaten, gelöscht werden (lesen Sie dazu den Abschnitt »Den tolino auf die Werkseinstellung zurücksetzen« ab Seite 191).

DRM und Adobe-ID: Was ist das eigentlich?

Die meisten Bücher sind urheberrechtlich geschützt. Dieser Schutz ist im digitalen Zeitalter schwer zu kontrollieren, da die Kopie eines elektronischen Werks schnell und ohne Qualitätsverlust erstellt werden kann. Die massenhafte Verbreitung der Kopie via Internet kann in Sekunden organisiert werden. Um diesem Missbrauch vorzubeugen, werden E-Books mit einem sogenannten DRM (**Digital Right Management**, auf Deutsch: digitale Rechteverwaltung) versehen.

Hierbei werden zwei verschiedene Verfahren unterschieden. Es gibt den sogenannten »weichen« Schutz. Hier wird bei jedem Kauf des digitalen Werks eine eindeutige Identifizierungskennung hinzugefügt, sodass bei massenhafter Verbreitung zurückverfolgt werden kann, wer ursprünglich der Käufer war. Ansonsten unterliegt dieser weiche Schutz keinerlei Restriktionen. Sie müssen sich weder identifizieren noch sind Sie in der Nutzung des digitalen Werks beschränkt.

INFO

Kaufen von digitalen Kopien?

Auch wenn ich hier umgangssprachlich von »Kaufen« eines Werks schreibe, erwerben Sie normalerweise nicht die digitale Kopie des Werks, sondern nur eingeschränkte Nutzungsrechte an den E-Books. Der harte Kopierschutz gibt Ihnen normalerweise das Recht, das E-Book auf bis zu fünf Lesegeräten zu verwenden. Sie sind nicht berechtigt, das Buch zu verschenken, zu verleihen oder zu vererben.

Auf der anderen Seite gibt es noch den sogenannten »harten« Schutz. Hierbei wird die Nutzung des digitalen Werks kontinuierlich kontrolliert. Sie können das gekaufte E-Book also nicht einfach öffnen und zu lesen beginnen, sondern Sie müssen sich identifizieren, um Ihre Berechtigung nachzuweisen. Dieser Nachweis erfolgt einmalig beim Übertragen des Buches auf Ihren Reader; anschließend übernimmt der Reader oder Ihre Reader-Software die Identifizierung für Sie.

Grundsätzlich gibt es für die Identifizierung vier weitverbreitete Methoden: die Adobe-ID, die tolino-Anmeldung, die »Apple-Welt« und das »Amazon-Modell«.

Während Apple und Amazon ihr eigenes Süppchen kochen und auf eine Einheit aus Shop, Reader und Rechtemanagement setzen, sodass Dritte – z. B. andere Onlineshops oder Gerätehersteller – keinen Zugang zu diesen geschlossenen Systemen erhalten, sind die Adobe-ID und die tolino-Welt offen für viele Partner.

Wie Sie so eine Adobe-ID erhalten, erfahren Sie im folgenden Abschnitt »Eine Adobe-ID anlegen« ab Seite 98. Nachfolgend erkläre ich Ihnen aber erst einmal, wie diese Adobe-ID funktioniert. Falls Ihnen das Ganze etwas kompliziert erscheint, bleiben Sie entspannt! Die Adobe-ID wird Ihnen in der tolino-Welt nur in ganz seltenen Ausnahmefällen begegnen, beispielsweise beim Kauf einiger englischsprachiger E-Books.

Prinzipiell funktioniert der Zugriffsschutz per Adobe-ID folgendermaßen: Sie kaufen ein Buch im EPUB-Format. Diese EPUB-Datei ist speziell für Sie erstellt, sodass eine Verbindung zu Ihrer Adobe-ID enthalten ist. Diese Datei können Sie nun auf jedem Lesegerät öffnen, das mit Ihrer Adobe-ID registriert ist. Die Anzahl der Geräte beziehungsweise Softwareinstallationen (meistens fünf Stück), die Sie mit Ihrer Adobe-ID registrieren können, gewährleistet somit die Einhaltung der Nutzungsbedingungen. Konkret erhalten Sie nach dem Kauf eines Buches mit dieser Art Kopierschutz nur eine ACSM-Datei, die nur Informationen über Ihr Buch enthält, aber noch nicht den eigentlichen Text. Mithilfe dieser ACSM-Datei können Sie nun in Verbindung mit der Adobe-ID die für Sie eigentlich wichtige EPUB-Datei mit dem Buchtext herunterladen. Ihr tolino kann ohne Probleme mit dem

Adobe-ID-Kopierschutz umgehen. Sie benötigen die Adobe-ID z. B. auch, wenn Sie E-Books aus Ihrer Bücherei ausleihen möchten. (Lesen Sie dazu den Abschnitt »E-Books leihen« ab Seite 129.)

Solange Sie in der tolino-Welt bleiben, ist der Zugriffsschutz für Sie sehr komfortabel geregelt. Sie müssen sich über die Adobe-ID oder sonstige Schutzmechanismen keinen Kopf zerbrechen. Nach dem Kauf eines Buches ist es in der tolino Cloud verfügbar und wird automatisch beim Synchronisieren auf Ihren tolino übertragen. Auch diese Synchronisierung erfolgt automatisch. Nur bei einigen wenigen Büchern der tolino-Partner erhalten Sie auch in der Cloud zunächst eine ACSM-Datei. Haben Sie aber eine Adobe-ID auf Ihrem tolino hinterlegt, werden Sie den Unterschied kaum merken, da das Gerät alle nötigen Schritte nach dem Antippen des E-Books in Ihrer Bibliothek automatisch erledigt. Allerdings müssen Sie zu ACSM-Dateien wissen, dass diese Dateien ein eingebautes Verfallsdatum haben. Meistens sind sie nur 24 Stunden gültig. Innerhalb dieser Zeitspanne müssen Sie ein frisch erworbenes Buch auf Ihrem tolino erstmalig geöffnet haben, da ansonsten die EPUB-Datei nicht mehr geladen werden kann. Sollte ein solcher Fall einmal bei Ihnen eintreten, sodass Sie nicht an Ihr gekauftes Buch kommen, wenden Sie sich an den Kundendienst des E-Book-Shops. In der Regel bekommen Sie dann recht unkompliziert eine neue Datei.

Eine Adobe-ID anlegen

Da wir uns in diesem Kapitel dem Registrieren und Anmelden widmen, können Sie gleich weiter zur Tat schreiten und eine Adobe-ID anlegen, falls Sie eine solche ID noch nicht haben. Am bequemsten geht das an Ihrem Computer. Was es mit der Adobe-ID auf sich hat und wann und wozu Sie eine brauchen, lesen Sie im vorherigen Abschnitt »DRM und Adobe-ID: Was ist das eigentlich?« ab Seite 96.

1. Rufen Sie im Internetbrowser die Internetadresse *www.adobe.com/de/account/sign-in.adobedotcom.html* auf. Sie gelangen daraufhin auf die Anmeldeseite für die Adobe-ID. Sollte sich die Internetadresse zwi-

schenzeitlich geändert haben und Sie wider Erwarten nicht auf die Anmeldeseite gelangen, können Sie mithilfe von Google nach der Anmeldeseite suchen. Geben Sie auf der Google-Suchseite (*www.google.de*) als Suchbegriff »Adobe ID« ein. Unter den ersten Ergebnissen werden Sie gleich das richtige entdecken.

2. Auf der Anmeldeseite von Adobe klicken Sie unterhalb der Eingabefelder auf den Link **Adobe ID anlegen** ❶, um eine neue Adobe-ID einzurichten.

3. Füllen Sie das nachfolgende Formular aus. Achten Sie hier insbesondere auf die richtige Schreibweise Ihrer E-Mail-Adresse, und denken Sie daran, die Nutzungsbedingungen sowie die Datenschutzrichtlinien zu akzeptieren. Klicken Sie dazu in das vorangestellte Kästchen ❷.

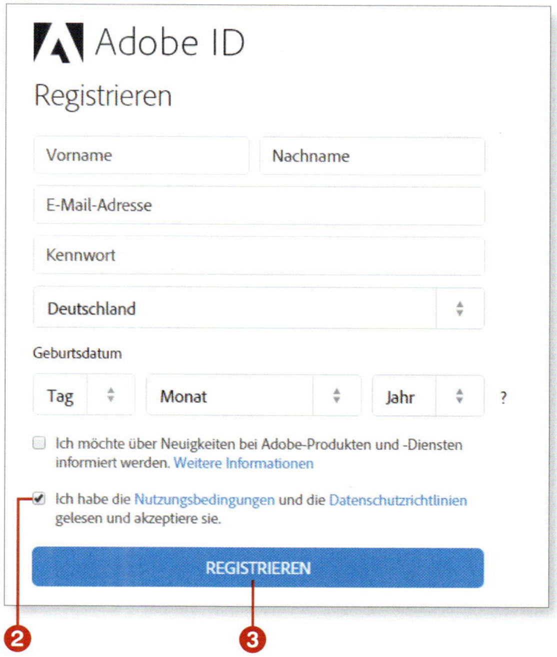

4. Klicken Sie danach auf die Schaltfläche **Registrieren** ❸.

5. Sie müssen auf der folgenden Seite den Datenschutzrichtlinien erneut zustimmen. Klicken Sie dazu auf die Schaltfläche **Akzeptieren**.

Daraufhin gelangen Sie in Ihr neu erstelltes Adobe-Konto. Bevor Sie Ihre Adobe-ID aber richtig nutzen können, müssen Sie Ihre E-Mail-Adresse verifizieren. Das bedeutet: Adobe hat Ihnen eine E-Mail geschickt, in der sich ein Link befindet, den Sie anklicken müssen. Auf diese Weise weiß Adobe, dass Sie eine gültige E-Mail-Adresse eingegeben haben. Wechseln Sie also in Ihr E-Mail-Programm, oder rufen Sie die Webseite Ihres E-Mail-Anbieters auf, um sich Ihren Posteingang anzuschauen. In Ihrem Posteingang finden Sie eine E-Mail von Adobe. Öffnen Sie diese Mail, und klicken Sie wie im Text gefordert auf **Link** ❶.

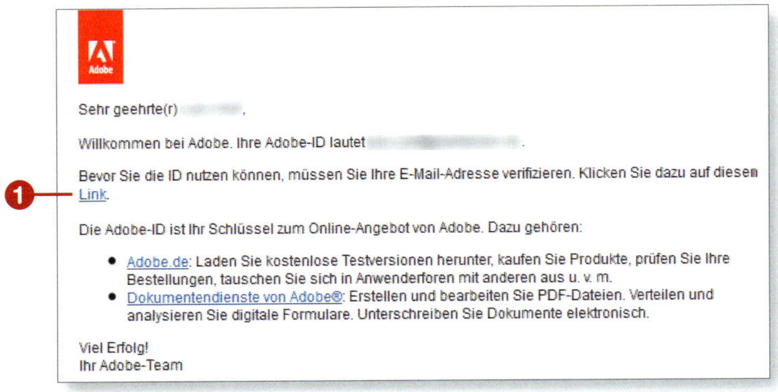

Es wird dann eine Webseite geöffnet, auf der Sie die Bestätigung erhalten, dass Ihre E-Mail-Adresse verifiziert wurde.

Damit sind Sie nun also Besitzer einer Adobe-ID; merken Sie sich Ihren Benutzernamen (also die E-Mail-Adresse, die Sie eben angegeben haben) und das dazugehörige Kennwort, oder schreiben Sie es sich auf. Beide Angaben müssen Sie in Ihrem tolino hinterlegen, wenn Sie mit DRM geschützte E-Books lesen möchten.

1. Rufen Sie auf dem tolino das Einstellungsmenü auf, indem Sie links oben auf der Startseite auf die Schaltfläche **Menü** ≡ tippen.

2. Auf der Seite **Menü** tippen Sie auf **Meine Konten und tolino Cloud**.

3. Tippen Sie auf der folgenden Seite auf den Eintrag **Adobe DRM**.

4. Auf dieser Seite geben Sie Ihre Adobe-ID ein: Tippen Sie in das erste Feld ❷, um Ihre E-Mail-Adresse, die Sie bei der Anmeldung auf der Adobe-Seite verwendet haben, zu hinterlegen. Tippen Sie danach in das Feld **Adobe Kennwort** ❸, und machen Sie die entsprechende Angabe. Tippen Sie abschließend auf der Bildschirmtastatur unten rechts auf **Fertig** oder auf die Schaltfläche **Autorisieren** ❹.

5. Sofern die Angaben richtig waren, erhalten Sie eine Meldung, dass die Autorisierung funktioniert hat. Tippen Sie auf die Schaltfläche **OK**, um das Fenster zu schließen.

Auf dem tolino ist nun Ihre Adobe-ID gespeichert, und Ihnen stehen nun auch durch DRM geschützte Bücher zur Verfügung. Möchten Sie zu einem späteren Zeitpunkt Ihre Adobe-ID löschen oder ändern, rufen Sie erneut die Seite **Adobe DRM** (**Menü** ≡ ▸ **Meine Konten und tolino Cloud**) auf und tippen auf die Schaltfläche **Autorisierung aufheben**.

Kapitel 5
E-Books kaufen

Sicherlich werden Sie es kaum erwarten können, neue Bücher in Ihre tolino-Bibliothek zu laden. E-Books zu kaufen und Ihrer Bibliothek hinzuzufügen ist im Prinzip kinderleicht, vor allem wenn Sie zuvor Ihr tolino-Konto eingerichtet (lesen Sie dazu Kapitel 4, »Anmeldung und E-Book-Kopierschutz«, ab Seite 87) und eine Verbindung zu einem WLAN hergestellt haben (lesen Sie dazu Kapitel 3, »Ins Internet mit dem tolino«, ab Seite 63). Dann können Sie direkt auf Ihrem tolino in dem vorinstallierten E-Book-Shop einkaufen. Neben dieser Möglichkeit bieten sich Ihnen aber auch noch andere Wege, um gekaufte E-Books auf Ihren tolino zu bekommen. Auch diese werde ich Ihnen in diesem Kapitel vorstellen, sodass Sie entscheiden können, wie Sie zukünftig neues Lesefutter erhalten möchten.

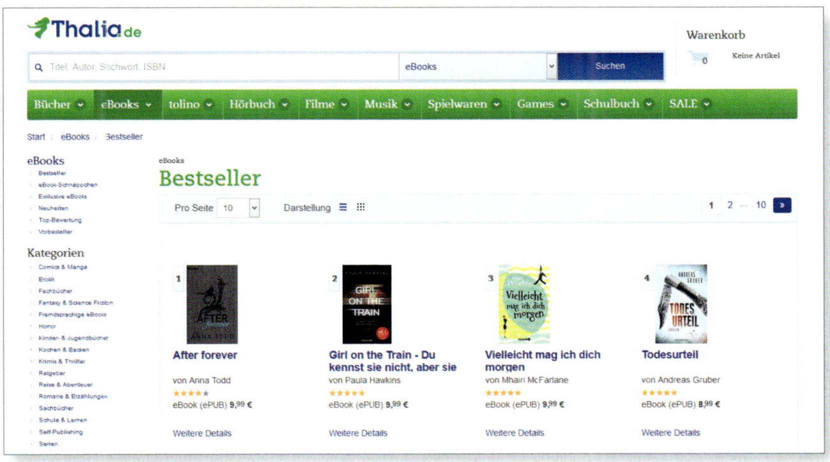

Sie können E-Books auch im Internet einkaufen und anschließend auf den tolino übertragen.

INFO

Zum Einkaufen müssen Sie mit dem Internet verbunden sein

Sollten Sie nicht mit dem Internet verbunden sein, wird Ihnen beim Tippen auf ein Buch ein entsprechendes Hinweisfenster angezeigt. Tippen Sie dann auf die Schaltfläche **WLAN-Einstellungen**, um zu prüfen, ob ein WLAN-Netzwerk verfügbar ist. Sie gelangen daraufhin auf die Seite **WLAN-Verbindungen** und können hier eine Internetverbindung herstellen (wie das geht, erfahren Sie in Kapitel 3, »Ins Internet mit dem tolino«, ab Seite 63).

Ihr erstes E-Book kaufen

Sobald Sie Ihren tolino mit dem Internet verbunden haben (siehe dazu Kapitel 3, »Ins Internet mit dem tolino«, ab Seite 63), wird Ihnen im unteren Teil der Startseite der Shop des Buchhändlers ❶, bei dem Sie Ihren E-Book-Reader gekauft haben, angezeigt, also entweder der Shop von Hugendubel, Thalia, Weltbild oder eines unabhängigen Buchhändlers, der mit dem Großlieferanten Libri kooperiert.

Ihnen werden hier bereits erste Buchempfehlungen angeboten, bei denen es sich in der Regel um aktuelle Bestseller oder Neuerscheinungen handelt. Wenn Sie sich für einen dieser Buchtitel bereits interessieren, können Sie ihn sich näher ansehen, indem Sie auf das Buchcover tippen, und Sie gelangen so zu der Titelansicht im Shop.

Ist unter den Empfehlungen nicht das Richtige für Sie dabei, rufen Sie sich am besten das komplette Buchangebot auf. Und los geht Ihre Einkaufstour!

1. Tippen Sie auf der Startseite auf die Schaltfläche **Zum Shop** ❷.

2. Sie gelangen unmittelbar auf die Startseite des Buchhändler-Shops. Der Seitenaufbau weicht zwischen den Buchhändlern leicht voneinander ab, Sie werden sich aber schnell zurechtfinden. Grundsätzlich dient diese Seite als Einstieg in den virtuellen Buchladen des jeweiligen Händlers. Am oberen Bildrand befindet sich ein Suchfeld 3, über das Sie den Shop nach bestimmten Buchtiteln, Autoren oder Stichworten durchsuchen können (wie das vonstattengeht, erfahren Sie in den folgenden Abschnitten dieses Kapitels). In dem darunter liegenden Bereich werden Ihnen aktuelle Bestseller 4 des Buchhändlers angezeigt. Über den Bereich **Aktuelles** 5 gelangen Sie zu verschiedenen Genre- und Themenseiten des Shops.

3. Über die Schaltfläche **Zurück** 6 gelangen Sie zur vorher aufgerufenen Seite des Shop-Bereichs. Befinden Sie sich auf der Startseite des Shops, gelangen Sie über diese Schaltfläche zurück zur Startseite Ihres tolino. Gleiches erreichen Sie natürlich auch, indem Sie auf den Home-Button Ihres tolino tippen.

4. Wenn Sie auf einen der Titel tippen, wird die Detailseite mit genaueren Informationen 7 zum Buch geöffnet. Ihnen wird hier u. a. angezeigt, wann der Titel erschienen ist und wie viele

Seiten er hat, und Sie bekommen im unteren Bereich der Seite eine kurze Inhaltsangabe (8 auf Seite 105), wie Sie sie von der Rückseite eines gedruckten Buches gewohnt sind. In dieser Ansicht stehen Ihnen die beiden Schaltflächen **Probelesen** und **Kaufen** zur Verfügung.

5. Möchten Sie die Detailseite des Buchtitels wieder verlassen und zur Übersichtsseite zurückkehren, tippen Sie auf die Schaltfläche **Zurück**.

   Sie können nun nach Herzenslust stöbern, ohne dabei Sorgen zu haben, dass Sie sich in den Weiten des Shops verirren: Auch hier haben Sie natürlich immer die Möglichkeit, durch Antippen der Schaltfläche **Zurück** auf die vorherige Seite zu wechseln oder mit einem Tipp auf ⌂ (9 auf Seite 105) auf die Startseite des tolino-Shops zurückzukehren.

6. Irgendwann werden Sie ein E-Book entdecken, das Sie gerne kaufen möchten. Tippen Sie dazu auf die Schaltfläche **Kaufen** (10 auf Seite 105) Es spielt dabei keine Rolle, ob Sie dies auf einer der Übersichtsseiten tun oder die Schaltfläche auf der Buchdetailseite verwenden. Auch müssen Sie keine Bedenken haben, dass Sie einmal versehentlich darauf tippen und damit gleich das Buch gekauft haben. Sie gelangen dadurch zunächst auf eine Übersichtsseite, bestätigen aber noch keinen Kauf.

7. Sofern Sie beim Anmelden des tolino-Kontos (siehe dazu den Abschnitt »Ein neues tolino-Konto einrichten« ab Seite 88) eine Zahlungsmethode gewählt und die entsprechenden Daten angegeben haben, müssen Sie nur noch Ihr Passwort in das Feld 1 eingeben und auf die Schaltfläche **Kaufen** 2 tippen, um den Buchkauf zu bestätigen.

8. Sollten Sie sich in der glücklichen Lage befinden, eine Geschenkkarte Ihres Buchhändlers zu haben, können Sie auch diese für Ihren Einkauf verwenden. Geben Sie dazu die Kartennummer und die PIN in die entsprechenden Felder ❸ ein, und tippen Sie auf die Schaltfläche **OK** ❹. Der Gutscheinbetrag wird daraufhin Ihrem Konto gutgeschrieben, und Sie können ihn für den Einkauf nutzen.

9. Ansonsten – also wenn Sie bei der Anmeldung Ihres tolino-Kontos bislang keine Bank- oder Kreditkarteninformationen eingegeben haben – wird Ihnen auf dieser Seite der Hinweis **Sie haben keine gültige Zahlungsmethode angegeben** angezeigt. Tippen Sie in diesem Fall auf die darunter befindliche Schaltfläche **Anlegen**. Sie gelangen daraufhin auf eine Seite, auf der Sie Angaben zu Ihrer bevorzugten Zahlungsmethode (Kreditkarte oder Bankeinzug) machen können (lesen Sie dazu auch den Abschnitt »Ein neues tolino-Konto einrichten« ab Seite 88). Beachten Sie bitte, dass Sie den Kaufvorgang nicht abschließen können, sofern Sie hier keine Bankverbindung für eine Lastschrift beziehungsweise die Nummer Ihrer Kreditkarte angegeben haben. Ihre Daten werden hierbei mit dem Industriestandard *SSL* (*Secure Sockets Layer*) verschlüsselt übertragen und hinterlegt. Wenn Sie einmal Ihre Daten eingegeben haben, ist für jeden weiteren Einkauf nur die Eingabe Ihres Passworts erforderlich.

10. Haben Sie den Kauf bestätigt, gelangen Sie auf eine Bestätigungsseite, die Sie darüber informiert, dass das gekaufte E-Book in Kürze in Ihrer Bibliothek verfügbar ist. Sie können sich hier entscheiden, ob Sie weiter einkaufen ❺ (also in den tolino-Shop zurückkehren) oder gleich in die Bibliothek ❻ wechseln möchten, um Ihr Buch herunterzuladen und mit dem Lesen zu beginnen.

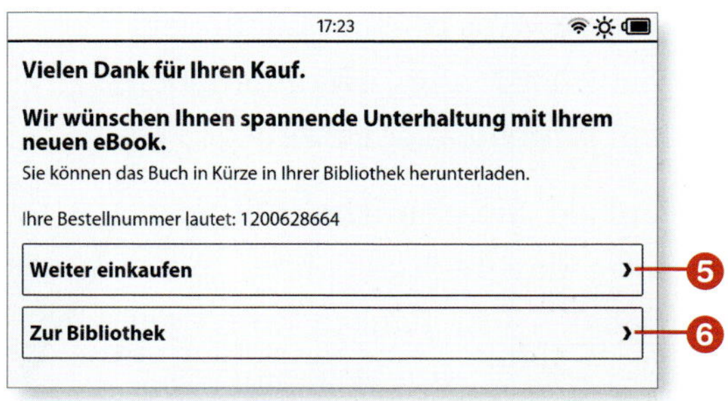

INFO

Weitere Funktionen und Informationen auf der Startseite des Shops

Wenn Sie auf die Schaltfläche **Mein Konto & FAQs** ❶ tippen, rufen Sie Informationen zu Ihrem Kundenkonto ab (z. B. können Sie hier die Zahlungsart ändern) und erhalten Antworten auf die häufigsten Fragen. Tippen Sie auf **AGB/Datenschutz** ❷ oder **Impressum** ❸, werden Ihnen die entsprechenden Informationen auf einer neuen Seite angezeigt, und Sie können sie in Ruhe lesen, bevor Sie Ihren ersten Einkauf tätigen.

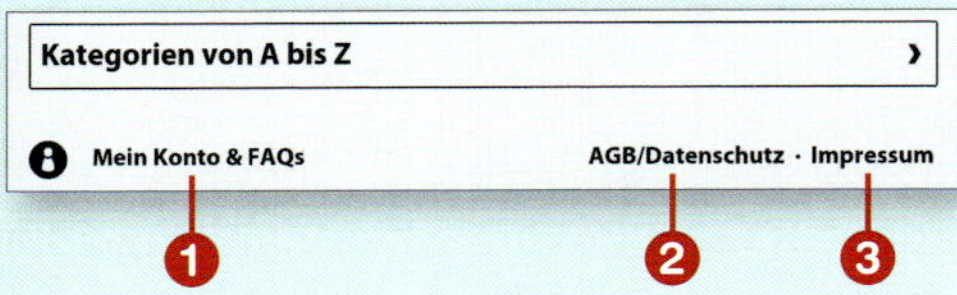

Gekaufte E-Books auf den tolino laden

Noch befindet sich das gekaufte Buch nicht auf Ihrem tolino, Sie müssen es noch herunterladen. Das ist mit wenigen Schritten getan. Wechseln Sie auf der Startseite zunächst in die Bibliothek, indem Sie auf **Meine Bibliothek** tippen.

In der Bibliothek sehen Sie das soeben gekaufte E-Book, gekennzeichnet mit einem kleinen Wolkensymbol ❹. Dies bedeutet, dass das Buch in der tolino Cloud (also auf dem Online-Speicher; lesen Sie dazu den Hinweiskasten »Was ist eine Cloud?« auf Seite 30) zum Herunterladen auf Ihren Reader bereitliegt.

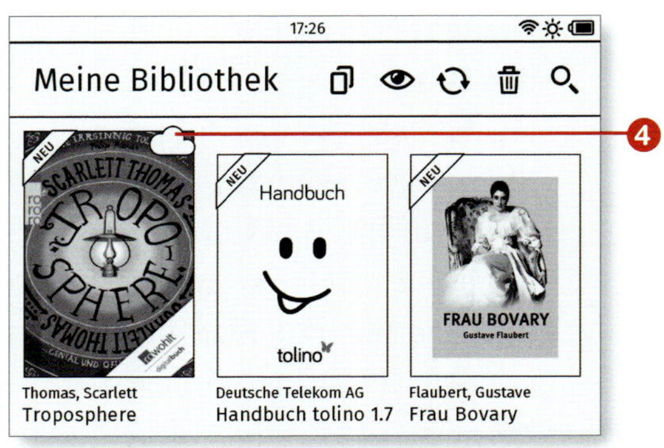

Sobald Sie den Titel antippen, wird das Buch auf Ihren tolino geladen und danach direkt auf der ersten Seite beziehungsweise mit der Coverabbildung geöffnet.

Wenn Sie das Buch wieder schließen, sehen Sie in der Bibliothek, dass die Wolke sich aufgelöst hat, was ein Zeichen dafür ist, dass sich das Buch nun lokal auf Ihrem tolino-Reader befindet. Stattdessen ist das Buch nun mit einem Lesezeichen markiert ❺.

Sie müssen mit Ihrem tolino aber nicht zwangsläufig immer bei dem gleichen Buchhändler einkaufen, sondern haben prinzipiell freie Wahl, wo Sie Ihre E-Books kaufen. Lesen Sie dazu mehr in den Abschnitten »In anderen tolino-Shops kaufen« ab Seite 114 und »In anderen Shops E-Books kaufen« ab Seite 123.

TIPP

Zahlungsmethoden bequem auf dem Computer eingeben

Mit den Zugangsdaten Ihrer tolino-Anmeldung können Sie sich auf der Webseite des Shop-Betreibers anmelden und die Zahlungsmethode sowie die dazugehörigen Informationen bequem im Browser über Ihre Computertastatur eingeben.

Bestseller suchen

Im Shop können Sie sich in aller Ruhe umsehen und nach interessanten Buchtiteln stöbern – fast wie in einer richtigen Buchhandlung. So schauen Sie sich z. B. die gerade aktuellen Bestseller an:

1. Klicken Sie auf der Startseite auf **Zum Shop**.
2. Tippen Sie im Bereich **Bestseller** auf die Schaltfläche **Alle ansehen** (❶ auf Seite 110). Beachten Sie, dass der Bereich bei den verschiedenen Buchhändlern der tolino-Allianz unterschiedlich benannt sein kann. In aller Regel sehen Sie aber bereits auf der ersten Seite des Shops aktuelle Neuerscheinungen und Bestseller. Sie gelangen daraufhin auf die erste Seite mit den aktuellen Bestsellern. Mithilfe der Pfeilschaltfläche unten rechts können Sie zur nächsten Seite weiterblättern. Sobald Sie einmal umgeblättert haben, wird links unten eine weitere Pfeilschaltfläche eingeblendet, über die Sie wieder zurückblättern können.

3. Tippen Sie auf die Schaltfläche **Zurück** ❷, um auf die erste Seite der jeweiligen Themenseite zurückzublättern. Befinden Sie sich also derzeit auf Seite 3 der Seite **Bestseller** und tippen auf die Schaltfläche **Zurück**, wird Ihnen danach Seite 2 der Seite **Bestseller** angezeigt.

4. Wenn Sie auf ⌂ ❸ tippen, gelangen Sie unmittelbar zurück auf die erste Seite des Shops.

E-Books nach Genre suchen

Vielleicht interessieren Sie sich aber gar nicht so sehr für die Bestseller, sondern möchten beispielsweise viel lieber nach Büchern eines bestimmten Genres oder nach E-Book-Angeboten zum kleinen Preis Ausschau halten.

1. Wechseln Sie von der Startseite in den Shop, und tippen Sie dort zunächst auf den Eintrag **Kategorien von A bis Z** ❹.

2. Sie erhalten dann eine Auswahl an Kategorien, mit denen Sie eingrenzen können, welche Bücher Ihnen präsentiert werden. Tippen Sie einfach auf die gewünschte Kategorie, z. B. auf **Krimis & Thriller** ❺.

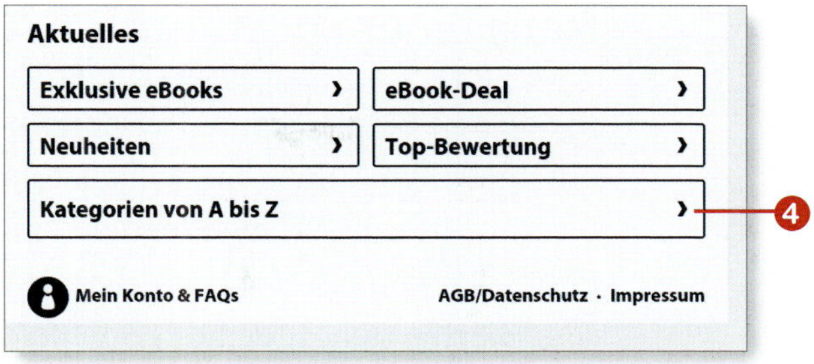

3. Daraufhin wird die Seite **Krimis & Thriller** aufgerufen, und es werden Ihnen die ersten Titel dieser Kategorie angezeigt. Rechts neben den Buchtiteln werden Ihnen der Preis ❻ sowie die Schaltflächen **Kaufen** ❼ und **Probelesen** ❽ angezeigt.

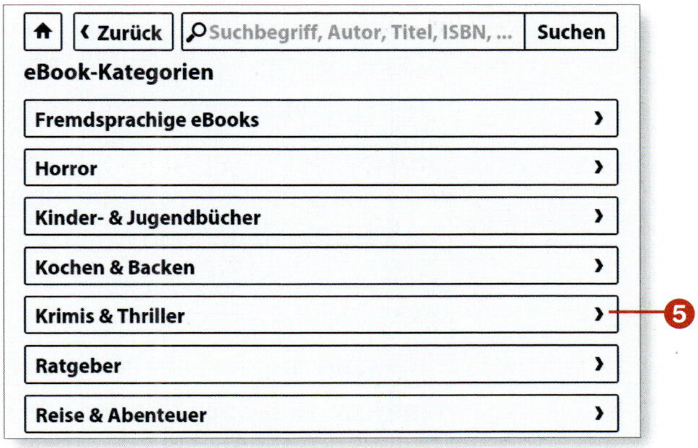

4. Auf der Übersichtsseite der Kategorie (hier: **Krimis & Thriller**) haben Sie außerdem die Möglichkeit, die gewählte Kategorie weiter einzugrenzen. Es werden Ihnen bereits Eingrenzungsmöglichkeiten angeboten, die Sie durch Antippen auswählen können.

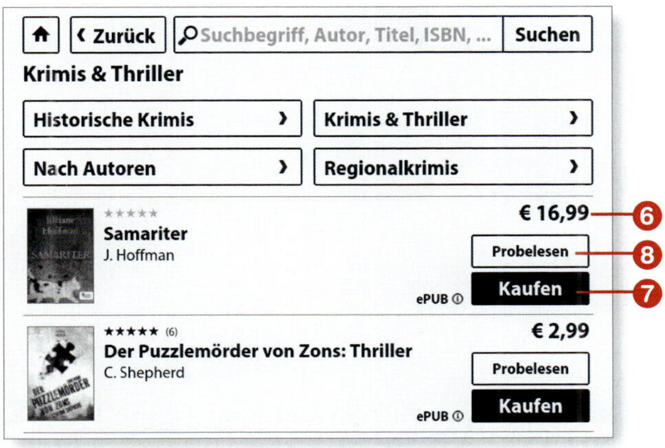

Nach einem bestimmten Autor oder Buch suchen

Sie wissen bereits genau, welchen Buchtitel Sie lesen möchten oder dass ein neues Buch Ihres Lieblingsautors veröffentlicht wurde? Dann müssen Sie natürlich nicht lange blättern und durch die verschiedenen Seiten des Shops suchen, um sich den oder die entsprechenden Titel anzeigen zu lassen. Hierfür steht Ihnen das Suchfeld im Prinzip auf jeder Seite des Shops am oberen Bildschirmrand zur Verfügung.

1. Tippen Sie in das Suchfeld ❶, um einen Begriff, einen Autor, einen Buchtitel oder auch direkt eine ISBN-Nummer einzugeben. Die Bildschirmtastatur wird nun automatisch am unteren Bildschirmrand eingeblendet, und Sie können drauflostippen. Übrigens müssen Sie bei der Eingabe nicht auf Groß- und Kleinschreibung achten, Ihr Suchbegriff wird auch so gefunden.

2. Tippen Sie auf die Schaltfläche **Los** ❷ (bei einigen tolino-Buchhändlern nennt sie sich **Suchen** oder wird durch ein Lupensymbol dargestellt), um den Vorgang zu starten. Alternativ können Sie auch auf das Lupensymbol der Bildschirmtastatur tippen.

3. Daraufhin werden Ihnen die Ergebnisse auf der folgenden Seite präsentiert. Wie gewohnt können Sie mithilfe der Pfeilschaltflächen ❸ am unteren Bildschirm zwischen den Seiten wechseln. In den Shops der

meineBUCHhandlung-Partner wischen Sie von unten nach oben, um sich weitere Titel anzeigen zu lassen. Wenn Sie beispielsweise nach einem Autor gesucht haben, werden Ihnen unter Umständen eine ganze Reihe Seiten mit Suchergebnissen angeboten, durch die Sie nun stöbern können.

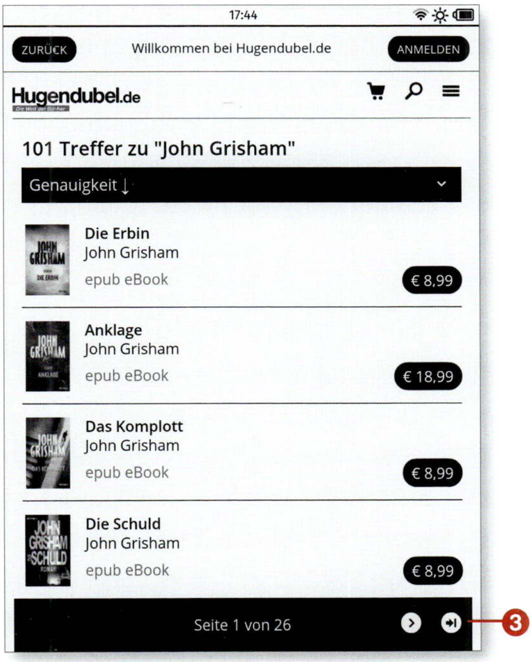

TIPP

Probelesen

Wenn Sie auf die Schaltfläche **Probelesen** oder **Jetzt reinlesen** tippen, werden Ihnen etliche Seiten des Buches angezeigt, sodass Sie hineinschnuppern können, ohne es gleich kaufen zu müssen. Das ist eine feine Sache, wenn Sie unsicher sind, ob Ihnen das Buch gefallen wird. Um die Leseprobe zu verlassen, tippen Sie am oberen Bildschirmrand auf die Schaltfläche **Jetzt kaufen**. Keine Sorge, Sie kaufen dadurch das Buch noch nicht, sondern gelangen nur zur Detailansicht des Titels. Hier können Sie entscheiden, ob Sie das Buch kaufen möchten oder doch lieber nach etwas anderem Ausschau halten.

In anderen tolino-Shops kaufen

Sie lieben historische Romane, aber die Auswahl in dem Shop, bei dem Sie auf Ihrem tolino angemeldet sind, gefällt Ihnen nicht? Nun, das ist kein Problem. Sie können sich auch anderswo umschauen und den Shop eines anderen tolino-Buchhändlers mit Ihrer Bibliothek verknüpfen.

Das kann durchaus sinnvoll sein, denn hin und wieder gibt es bei den verschiedenen Buchhändlern exklusive Angebote, für die es ganz praktisch ist, ein entsprechendes Kundenkonto zu haben, obwohl Sie Ihren tolino bei einem anderen Buchhändler gekauft haben. Sie können dadurch alle Bucheinkäufe bei den verschiedenen Buchhändlern auf Ihrem tolino angezeigt bekommen und die Titel lesen.

> INFO
>
> **Mehrere Konten bei einem Händler sind nicht möglich**
>
> Ihr tolino unterstützt nicht, dass Sie mehrere Konten bei einem Buchhändler – z. B. Ihr eigenes und zusätzlich das Ihrer Schwester – gleichzeitig verwenden. Aber Sie können zwischen verschiedenen Konten – also Anmeldungen – wechseln, wobei jedoch bei jedem Wechsel viele Einstellungen verloren gehen, die anschließend für den neuen Benutzer nicht mehr vorhanden sind. Beispielsweise gehen angelegte Sammlungen genauso verloren wie alle Bücher und Dokumente, die Sie nicht in der tolino Cloud gespeichert haben.

Durch die Verknüpfung werden E-Books, die Sie in diesem selbst gewählten Shop einkaufen, zusammen mit Ihren Einkäufen aus dem vorinstallierten Shop in Ihrer Bibliothek angezeigt und in der tolino Cloud gespeichert.

1. Um die Bibliothek-Verknüpfung einzurichten, tippen Sie auf der Startseite auf die Schaltfläche **Menü** ≡ oben links.

2. Auf der Seite **Menü** tippen Sie auf **Meine Konten und tolino Cloud**.

3. Auf der Seite **Meine Konten und tolino Cloud** tippen Sie auf **Bibliothek-Verknüpfung**.

4. Nun erhalten Sie einen kurzen Hinweis zur Bibliothek-Verknüpfung. Tippen Sie auf **Weiter**.

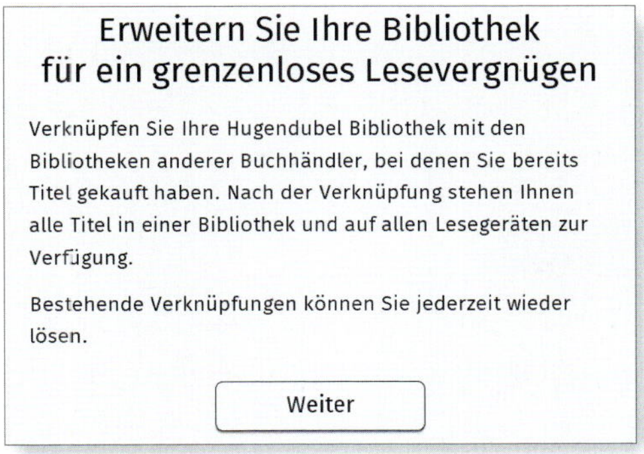

5. Lesen Sie auf der nächsten Seite den Hinweis zum Datenschutz. Sie werden informiert, dass Sie eine E-Mail erhalten werden. Tippen Sie auf **Weiter**.

6. Nun wird Ihnen eine Liste der Buchhändler-Shops angezeigt, mit denen Sie Ihr Konto verknüpfen können. Tippen Sie auf die Schaltfläche **Verknüpfen** ❶ neben dem Buchhändler Ihrer Wahl.

7. Sie müssen sich nun mit Ihrem Benutzernamen und Ihrem Passwort des ausgewählten Shops anmelden. Tippen Sie dazu in die entsprechenden Felder, und geben Sie die nötigen Informationen ein. Tippen Sie abschließend auf **Anmelden**.

8. Anschließend erhalten Sie eine Bestätigungsseite. Klicken Sie hier auf die Schaltfläche **Bestätigen**.

9. Wenn die Verknüpfung funktioniert hat, wird Ihnen dies auf einer weiteren Bestätigungsseite mitgeteilt. Tippen Sie auf die Schaltfläche **Weiter zur Bibliothek**, um den Vorgang abzuschließen.

Haben Sie bereits E-Books bei dem Buchhändler, den Sie soeben hinzugefügt haben, gekauft, werden Sie in Ihrer Bibliothek nun diese Buchtitel vorfinden. Da sich diese E-Books bislang noch nicht auf Ihrem tolino befinden, sondern nur in der tolino Cloud vorliegen, werden sie mit einem kleinen Wolkensymbol markiert. Um den Titel auf Ihren tolino zu laden, tippen Sie einfach darauf.

Die erfolgreiche Verknüpfung können Sie auch im Menü **Bibliothek-Verknüpfung** (**Menü ≡ ▸ Meine Konten und tolino Cloud ▸ Bibliothek-Verknüpfung**) überprüfen. Sie sehen neben dem Namen des Shops nun ein Verknüpfungssymbol ❶ und die Schaltfläche **Lösen** ❷.

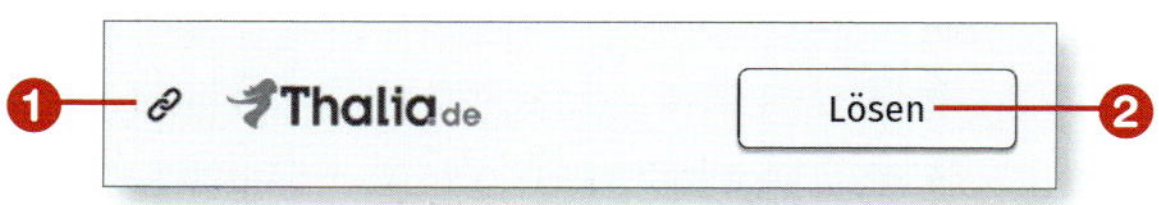

Um sich von einer verknüpften Bibliothek wieder zu befreien, tippen Sie im Menü **Bibliothek-Verknüpfung** auf die Schaltfläche **Lösen** neben dem betreffenden Shop. Anschließend müssen Sie den Benutzernamen und das Kennwort für diesen Shop eingeben. Irritierenderweise sind in einigen Shops die Schaltflächen zum Absenden der Daten genauso beschriftet wie beim Erstellen der Verknüpfung, also z. B. mit **Anmelden**, obwohl Sie sich eigentlich abmelden möchten. Lassen Sie sich davon nicht aus der Ruhe bringen, das Lösen der Verknüpfung funktioniert dennoch. Sobald Sie eine Verknüpfung gelöst haben, wird Ihnen auf der Übersichtsseite **Bibliothek-Verknüpfung** hinter dem Namen des Buchhändlers wieder die Schaltfläche **Verknüpfen** angezeigt, das Verknüpfungssymbol ist nicht mehr zu sehen.

E-Books am Computer kaufen

Es ist prima und vor allem sehr praktisch, direkt über den tolino-Reader Bücher einkaufen zu können, vor allem wenn Sie gerade keinen Computer/Laptop zur Hand haben oder ihn nicht extra einschalten möchten. Aber bei aller Liebe zum tolino ist es bei ausgiebigem Stöbern im E-Book-Shop bequemer, an einem vernünftigen Bildschirm zu sitzen und dort im Shop nach neuen Büchern zu suchen, vor allem wenn Sie ohnehin gerade an ihm arbeiten oder im Internet surfen. Wenn Sie also sowohl den tolino-Reader als auch einen Laptop zur Hand haben, ist die bequemere Wahl zum Einkaufen für meinen Geschmack der Laptop.

Um am Computer oder Laptop einzukaufen und die Bücher anschließend auf Ihren tolino zu übertragen, müssen Sie Folgendes tun:

1. Öffnen Sie hierzu zunächst Ihren Internetbrowser, und geben Sie die Internetadresse Ihres tolino-Buchhändlers in die Adresszeile ein, beispielsweise *www.hugendubel.de*, *www.thalia.de* oder *www.weltbild.de*. Den Shop Ihres unabhängigen tolino-Buchhändlers können Sie unter *www.buchhandlung.de/tolino/shop* suchen.

2. Damit Sie die Vorteile Ihres Kontos bei dem Buchhändler wirklich nutzen können, melden Sie sich als Erstes an. Dazu klicken Sie auf die

Schaltfläche **Anmelden** ❶ oder eine ähnliche Schaltfläche (z. B. **Mein Hugendubel**, **Mein Konto**, **Mein Weltbild**). In der Regel finden Sie den Link ganz oben am Seitenrand, wie auch in meinem Beispiel.

3. Geben Sie auf der folgenden Seite Ihren Benutzernamen und Ihr Passwort ein. Klicken Sie dann auf die Schaltfläche **Anmelden**. Sie können hier die Zugangsdaten verwenden, die Sie bei der Anmeldung Ihres tolino verwendet haben (lesen Sie dazu Kapitel 4, »Anmeldung und E-Book-Kopierschutz«, ab Seite 87).

4. Rufen Sie nun im Onlineshop Ihres Buchhändlers den Bereich für E-Books auf. Hier im Beispiel klicke ich dazu auf den Link **eBooks** ❷. In dieser Hinsicht ähneln sich die Internetseiten der Buchhändler sehr, sodass Sie sich schnell zurechtfinden werden. Wählen Sie im Menü die Kategorie, in der Sie nach Büchern suchen möchten.

5. Wandern Sie durch die präsentierte Auswahl, indem Sie unterhalb der Titel jeweils auf den nach rechts weisenden Pfeil oder die nächste Seitenzahl klicken. Sie können in der Seitenleiste am linken Seitenrand gegebenenfalls die gewählte Kategorie weiter eingrenzen.

6. Wenn Sie fündig geworden sind, klicken Sie den gewünschten Buchtitel an. Auf der Detailseite des Titels klicken Sie auf die Schaltfläche **Download**. Daraufhin wird dieser in Ihren virtuellen Warenkorb gelegt, und Sie gelangen auf eine Seite, die Ihnen das Hinzufügen bestätigt. Klicken Sie auf die Schaltfläche **Zum Warenkorb** ❸, um den Kauf abzuschließen.

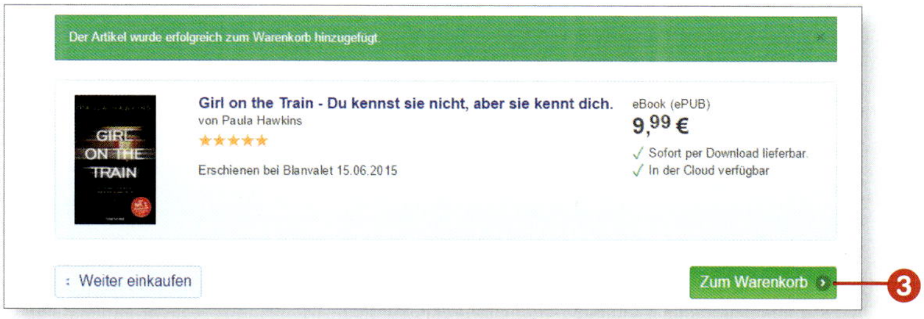

7. Der Warenkorb wird Ihnen angezeigt, und Sie sehen hier noch mal den Preis sowie die Gesamtsumme Ihres Einkaufs. Wenn Sie bei Ihrer Entscheidung bleiben, klicken Sie auf **Zur Kasse**.

8. Die Bestelldetails werden Ihnen erneut angezeigt; im Bereich Lieferanschrift lesen Sie, dass das E-Book im Bereich **Mein Konto** zum Download bereitsteht. Ihre Zahlungsart ist durch die Anmeldung bei Ihrem Buchhändler automatisch hinterlegt (lesen Sie dazu gegebenenfalls Kapitel 4, »Anmeldung und E-Book-Kopierschutz«, ab Seite 87). Wenn alles richtig ist, klicken Sie auf die Schaltfläche **Kaufen**, um den Kauf abzuschließen. Sollten Sie die Schaltfläche nicht gleich sehen, scrollen Sie ein wenig nach unten.

9. Nach Ihrem Einkauf klicken Sie oben auf der Webseite auf den Link **Mein Konto** beziehungsweise **Mein [Buchhändlername]** und auf Ihrer Kontoseite auf den Link **eBook Bibliothek**. Sie gelangen daraufhin in

Ihre eBook Bibliothek, wo Sie eine Auflistung der Titel finden, die Sie in Ihrem Shop – in unserem Beispiel also bei *thalia.de* – gekauft haben. Unter anderem wird Ihnen hier auch der Titel angezeigt, den Sie soeben gekauft haben ❶.

10. Unter der Überschrift **Verfügbar** ❷ werden Sie in der Regel, d. h. bei den meisten gekauften Büchern, den Eintrag **in der Cloud** sehen. Das bedeutet, dass dieses Buch in der Cloud gespeichert ist und Sie es jederzeit auch auf Ihren tolino laden können.

11. Nachdem Sie den Titel auf Ihrem Computer gekauft haben, nehmen Sie nun Ihren tolino zur Hand und schalten ihn ein. Ohne Ihr Zutun wird Ihre Bibliothek mit dem Inhalt der Cloud synchronisiert, natürlich nur, wenn Ihr tolino mit dem Internet verbunden ist (lesen Sie dazu Kapitel 3, »Ins Internet mit dem tolino«, ab Seite 63). Das erkennen Sie ganz kurz an dem kleinen Synchronisierungssymbol oben links in der Statusleiste Ihres tolino. Unmittelbar danach wird Ihnen der eben erworbene Titel in Ihrer tolino-Bibliothek angezeigt; eine kleine Wolke am Titelbild zeigt an, dass er in der Cloud liegt und bislang noch nicht auf den tolino geladen wurde.

12. Sobald Sie auf den Buchtitel tippen, um mit dem Lesen zu beginnen, wird das E-Book aus der Cloud auf Ihren tolino geladen.

Wenn Sie das Buch nicht gleich lesen möchten, können Sie es auch zunächst einmal in der Cloud belassen. Aber bedenken Sie, dass Sie es erst auf den Reader laden müssen, um es lesen zu können. Sollten Sie im Zug sitzen und keinen WLAN-Zugriff haben, müssen Sie ohne Lesefutter auskommen, obwohl Sie womöglich noch fünf lange Stunden vor sich haben.

INFO

Verschlüsselte Übertragung

Achten Sie auf die verschlüsselte Übertragung, zu erkennen an dem kleinen Schloss oben in der Adressleiste und daran, dass hier nun beispielsweise *https://* steht (statt *http://*).

Bei manchen E-Books, die Sie online bei Ihrem Buchhändler kaufen und in Ihrer eBook Bibliothek aufgelistet sind, werden Sie den Eintrag **in der Cloud** leider vermissen. Auch diese Titel erscheinen nach der Synchronisierung zwar mit dem Cloud-Symbol in der Bibliothek Ihres tolino, aber Sie können sie nicht so einfach öffnen wie die Titel mit dem Vermerk **in der Cloud**. Dieser Buchtitel ist nach dem Adobe-DRM-System geschützt und lässt sich folglich nur mit einer Adobe-ID öffnen (lesen Sie dazu den Abschnitt »Eine Adobe-ID anlegen« ab Seite 98).

Haben Sie bereits eine Adobe-ID hinterlegt, wird das Buch nach Antippen des Buchcovers geöffnet. Ist das nicht der Fall bemerken Sie das spätestens, wenn Sie das entsprechende Buchcover in der Bibliothek Ihres tolino antippen. Ein Hinweisfenster wird eingeblendet, und Sie werden aufgefordert, zunächst Ihre Adobe-ID zu hinterlegen.

Mit der Eingabe Ihrer Adobe-ID autorisieren Sie Ihren tolino, den Inhalt des Buches anzeigen zu dürfen. Tippen Sie also auf **Adobe ID eingeben** (❶ auf Seite 122), und geben Sie im nächsten Fenster Ihre Adobe-ID ❷ und Ihr Kennwort ❸ ein. Tippen Sie dann auf **Autorisieren** ❹.

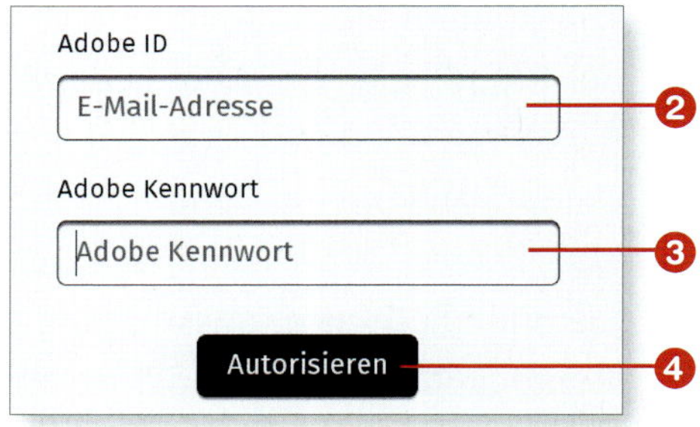

Sie können übrigens schon beim Einkauf von Büchern erkennen, ob Sie zum Laden und Lesen des Buchtitels eine Adobe-ID benötigen. Klicken Sie bei Ihrer Suche nach einem Buch auf den Titel, der Sie interessiert, um die weiteren Details zu sehen. Mitunter wird Ihnen diese Information bereits in den Auflistungen der Bücher angezeigt. Sie erhalten dann genauere Angaben zum Buch, und rechts auf der Seite (dort, wo der Preis angezeigt wird) gibt es Hinweise zur Cloud und zum Download. Lesen Sie hier **In der Cloud verfügbar**, können Sie das Buch auf dem tolino öffnen und lesen, ohne eine Adobe-ID zu besitzen. Fehlt hier ein solcher Vermerk beziehungsweise sehen Sie nur den Hinweis **Sofort per Download lieferbar**, kaufen Sie ein Buch, das die Eingabe Ihrer Adobe-ID zwingend erforderlich macht.

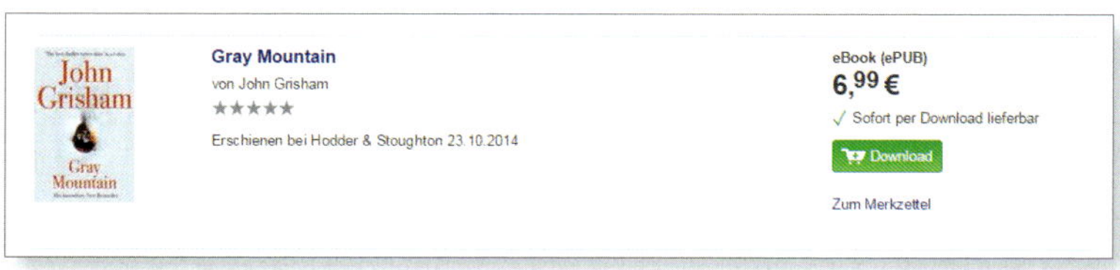

Aber machen Sie sich keine Sorgen, in der Regel können Sie die meisten Bücher ohne Adobe-ID lesen, nach meiner Erfahrung sind hauptsächlich fremdsprachige Bücher in der tolino-Welt derzeit noch mit Adobe-DRM geschützt.

ACHTUNG

Beeilen Sie sich beim Abrufen von geschützten Büchern

Wenn Sie die durch eine Adobe-ID geschützte Datei nicht zeitnah (zum Teil innerhalb von 24 Stunden) nach dem Einkauf herunterladen, verfällt die ACSM-Datei nach einem gewissen Zeitraum, und der Download-Versuch nach Ablauf des Download-Zeitraums endet mit einer Fehlermeldung. In diesem Fall müssen Sie sich eine neue ACSM-Datei organisieren. In vielen E-Book-Shops hilft da nur der Anruf beim Kundendienst, der Ihnen dann per E-Mail einen neuen Download-Link zur Verfügung stellt.

In anderen Shops E-Books kaufen

Haben Sie bereits einen Lieblingsshop für den Onlineeinkauf von Büchern und dieser Shop gehört nicht der tolino-Allianz an oder möchten Sie das E-Book-Angebot Ihres örtlichen Buchhändlers nutzen, ist auch das kein Problem. Sie können auch in diesen Shops E-Books kaufen und auf Ihrem tolino lesen. Die Bücher landen jedoch nicht automatisch in der tolino Cloud und damit auf Ihrem tolino. In diesem Fall brauchen Sie auch für die meisten Bücher eine Adobe-ID, um sich selbst beziehungsweise Ihren Reader zu identifizieren. Die ersten Schritte zum Kauf in anderen E-Book-Shops sind mehr oder minder identisch mit dem Einkauf im Shop eines tolino-Partnerbuchhändlers. Lesen Sie dazu auch den Abschnitt »E-Books am Computer kaufen« ab Seite 117.

1. Rufen Sie auf Ihrem Computer die Internetseite Ihres gewünschten E-Book-Shops in Ihrem Browser auf. In meinem Beispiel verwende ich *www.lehmanns.de*, das Verfahren ist aber in der Regel bei allen Shops das gleiche, auch wenn sich die Gestaltung der verschiedenen Shops deutlich unterscheiden kann.

2. Rufen Sie den Shop-Bereich für E-Books auf. Stöbern Sie durch die verschiedenen Kategorien, oder suchen Sie nach den Buchtiteln, die Sie interessieren.

3. Wenn Sie fündig geworden sind, klicken Sie auf das Cover, um Einzelheiten zu sehen. Neben einer kurzen Inhaltsangabe erhalten Sie hier auch einige Produktdetails; wichtig ist, dass Sie auf das Format EPUB achten.

Im rechten Bereich neben den Details wird der Preis angezeigt. Sollten Sie hier auch **(Adobe DRM)** sehen, heißt das, dass Sie eine Adobe-ID für das Buch brauchen (lesen Sie dazu den Abschnitt »Eine Adobe-ID anlegen« ab Seite 98). Steht hier **EPUB (Ohne DRM)** ❶, benötigen Sie keine Adobe-ID zum Lesen des Buches.

4. Haben Sie sich für einen Titel entschieden, klicken Sie auf die Schaltfläche **eBook bestellen** ❷ und dann auf **Weiter**, wenn Sie Ihren Einkauf abschließen möchten.

5. Sie werden nun aufgefordert, sich anzumelden. Wenn Sie bereits ein Konto bei diesem Shop haben, geben Sie Ihre E-Mail-Adresse und Ihr Passwort ein. Ansonsten müssen Sie sich ein neues Konto einrichten, d.h., die Option **Ich bin Neukunde und möchte mich gern als Privatkunde anmelden** (oder eine ähnliche Option) aktivieren und dann auf die Schaltfläche **Weiter** klicken. Danach erhalten Sie das übliche Formular, in dem Sie Ihre persönlichen Daten wie Name und Adresse eingeben müssen und Ihre Zahlungsart festlegen.

6. Dann klicken Sie auf **Weiter** und folgen den weiteren Anweisungen. Nachdem Sie Ihre Kreditkartennummer oder Bankdaten hinterlegt haben, sind Sie Besitzer eines Kontos und können den Kauf abschließen.

7. Wie üblich wird Ihnen nochmals eine Bestellübersicht angezeigt. Wenn alles in Ordnung ist, klicken Sie auf **Jetzt bestellen + online bezahlen**.

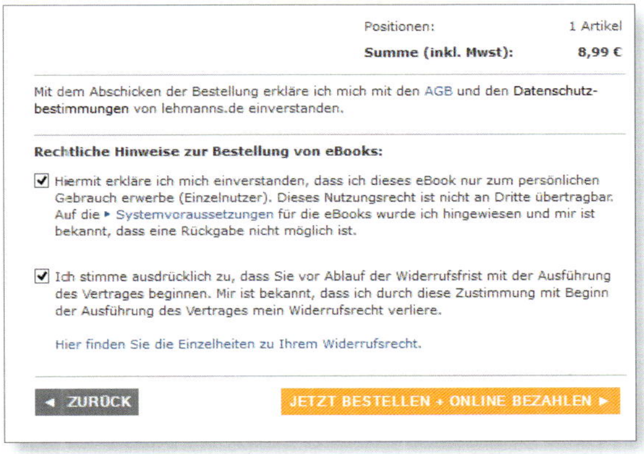

8. In wenigen Sekunden erhalten Sie die Bestellbestätigung und einen Download-Link. Sie können nun direkt auf **Download** klicken oder auch später den Bereich **Mein Konto** aufrufen, in dem der Link weiterhin bereitsteht.

9. Bevor der Download beginnt, erhalten Sie einen weiteren Hinweis zum Programm *Adobe Digital Editions*. Die hier erwähnte Software benötigen Sie nicht, da Ihr tolino Ihnen diese Aufgaben abnimmt. Klicken Sie also direkt auf den Download-Link (❶ auf Seite 126).

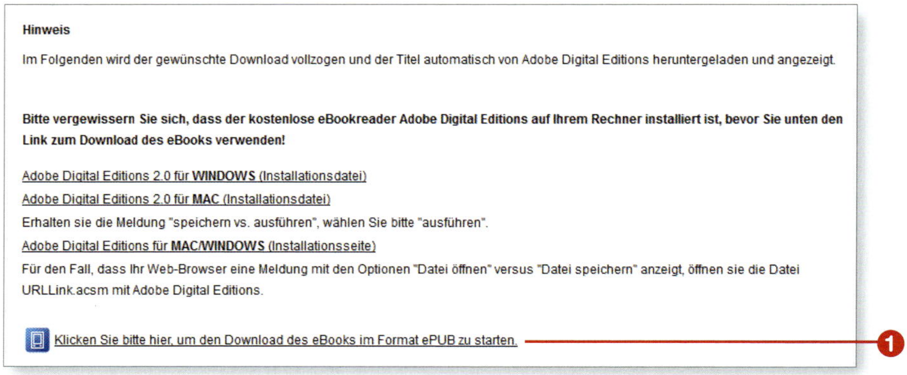

10. Ihnen wird nun das Dialogfenster **Öffnen von [Name des E-Books]** angezeigt. Lassen Sie die Option **Datei speichern** aktiviert, und klicken Sie auf **OK**. Der Download beginnt.

11. Den Fortschritt des Downloads können Sie sich ansehen, indem Sie in Ihrem Browser – ich benutze im Beispiel den Mozilla Firefox – auf den nach unten weisenden Pfeil oben rechts klicken. Zu guter Letzt wird der Titel hier im Menü angezeigt. Mit einem Klick auf das Ordnersymbol ❷ rechts im Fenster können Sie den Ordner aufrufen, in dem die Datei gespeichert wurde.

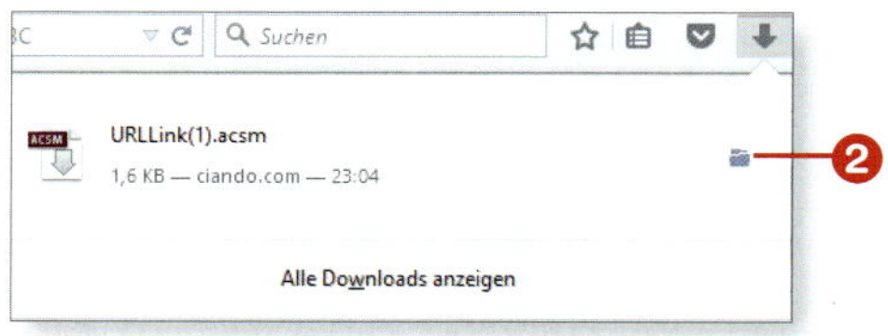

12. In dem geöffneten Ordner – in der Standardeinstellung Ihres Browsers ist es der Ordner *Downloads* (unter Windows befindet sich der Ordner unter *C:\Benutzer\[Benutzername]\Downloads*) – finden Sie Ihr heruntergeladenes Buch. Wenn Sie ein E-Book ohne Kopierschutz heruntergeladen haben, liegt es direkt als EPUB-Datei ❸ vor. Handelt es sich um ein kopiergeschütztes E-Book, befindet sich im Ordner *Downloads* eine ACSM-Datei ❹, die eine Art Download-Verweis zu Ihrem E-Book ist. In beiden Fällen übertragen Sie die Datei nun auf Ihren tolino.

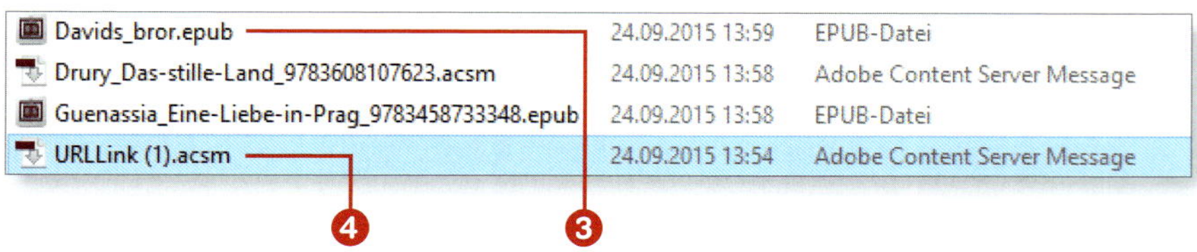

13. Schließen Sie also Ihren tolino mit dem mitgelieferten USB-Kabel an Ihren Computer an (wie das geht, erfahren Sie im Abschnitt »Den tolino aufladen« ab Seite 18).

14. Markieren Sie im Explorer mit einem Mausklick die Datei (oder die Dateien), die Sie auf den tolino übertragen möchten, und klicken Sie auf der Registerkarte **Start** ❺ auf die Schaltfläche **Kopieren** ❻. Alternativ dazu können Sie nach dem Markieren auch die Tastenkombination [Strg] + [C] verwenden, um die Datei(en) zu kopieren.

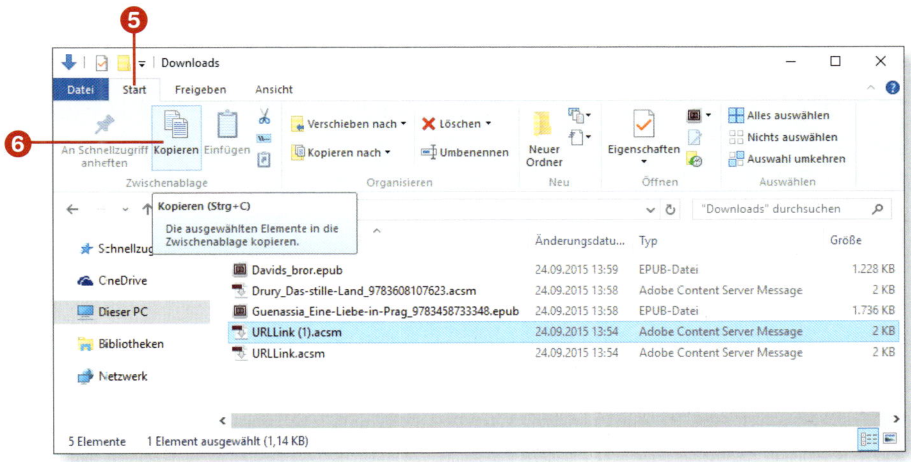

15. Klicken Sie nun im Explorer auf das Laufwerk *tolino* ❼, und wählen Sie auf diesem mit einem Doppelklick den Ordner *Books* ❽ aus, sodass dieser geöffnet wird.

16. Sobald dieser geöffnet wurde, klicken Sie in der Menüleiste auf die Schaltfläche **Einfügen** ❾, um die kopierte Datei in den Ordner *Books* einzufügen. Alternativ dazu können Sie nach dem Öffnen des Ordners auch die Tastenkombination [Strg] + [V] verwenden.

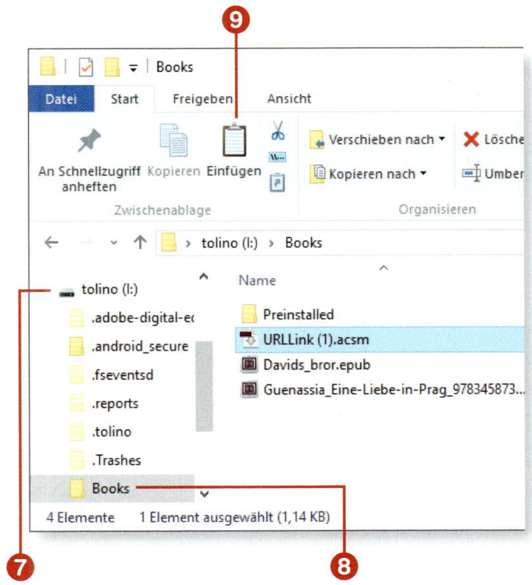

17. Sie können jetzt den tolino wieder vom Computer trennen und das USB-Kabel abziehen. Ihnen wird nun die Startseite Ihres tolino angezeigt. Tippen Sie auf **Meine Bibliothek**. Ein Hinweisfenster teilt Ihnen mit, dass neue Titel hinzugefügt werden.

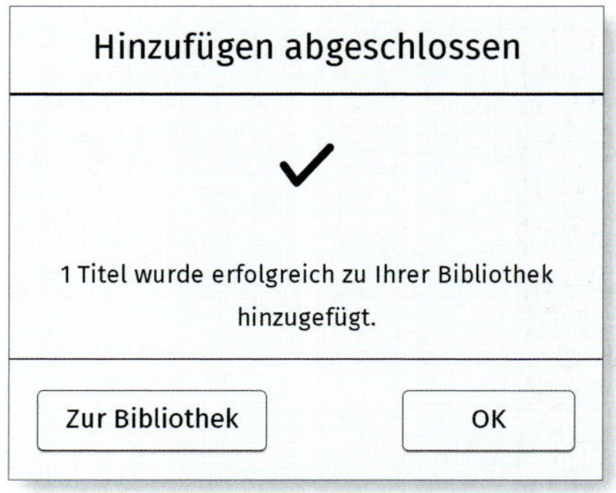

18. Sobald dieser Vorgang abgeschlossen ist, tippen Sie im Fenster **Hinzufügen abgeschlossen** auf die Schaltfläche **OK**. Sie können daraufhin gleich mit dem Lesen beginnen.

Sofern Sie eine EPUB-Datei übertragen haben, steht das Buch sofort zur Verfügung. Wenn Sie jedoch eine ACSM-Datei übertragen haben, müssen Sie Ihren Reader zuvor mit einer Adobe-ID autorisiert haben (lesen Sie dazu den Abschnitt »Eine Adobe-ID anlegen« ab Seite 98), um dieses E-Book öffnen zu können. Haben Sie das bereits getan, gibt es zur EPUB-Datei eigentlich keinen Unterschied. Tippen Sie einfach kurz auf den Titel, um das Buch zu öffnen. Ihr tolino lädt dann automatisch von der in der ACSM-Datei gespeicherten Quelle die für Ihre Adobe-ID erstellte EPUB-Datei. Beachten Sie, dass Sie für diesen Vorgang eine bestehende Internetverbindung per WLAN benötigen (lesen Sie dazu Kapitel 3, »Ins Internet mit dem tolino«, ab Seite 63).

ACHTUNG

ACSM-Dateien haben ein Verfallsdatum!

Denken Sie daran, dass Sie kurz nach dem Herunterladen der ACSM-Datei und dem Kopieren auf Ihren tolino auch die EPUB-Datei beziehen, also das Buch einmal öffnen, da eine ACSM-Datei nur für einen kurzen Zeitraum gültig ist.

E-Books leihen

Die gute alte Bücherei war und ist für viele Menschen nach wie vor der Ort, an dem sie sich den täglichen Lesestoff besorgen können. Für einen geringen Jahresbeitrag können Sie so das ganze Jahr lang aus einem reichhaltigen Buchangebot schöpfen. Sofern man keinen Wert darauf legt, die Bücher tatsächlich zu besitzen, ist das ein toller Weg, immer ein aktuelles Buch auf dem Nachttisch zu haben. Auf dieses Angebot müssen Sie beim Umstieg auf E-Books nicht unbedingt verzichten. Mittlerweile bieten zahlreiche städtische oder Kreisbibliotheken entsprechende Onlinedienste an.

INFO

Können Sie ausgeliehene Bücher auf dem tolino lesen?

Die meisten Bücher, die Sie in einer öffentlichen Bibliothek ausleihen können, liegen im EPUB-Format vor, sodass Sie sie problemlos auf Ihrem tolino lesen können. Allerdings brauchen Sie dazu eine Adobe-ID, da diese E-Books kopiergeschützt sind.

Ist Ihre Bücherei an einem solchen Dienst angeschlossen, können Sie E-Books in der öffentlichen Bibliothek, die Sie auch sonst nutzen, ausleihen. Auf der Internetseite *www.onleihe.net*, die als digitale Ausleihplattform für Bibliotheken in Deutschland dient, können Sie nachsehen, ob Ihre örtliche Bibliothek angeschlossen ist.

1. Rufen Sie die Seite *www.onleihe.net* in Ihrem Browser auf, und bewegen Sie die Maus auf den Link **Ihre Onleihe finden** ❶. In dem Untermenü klicken Sie dann auf **Onleihen in Deutschland** ❷.

2. Ihnen wird daraufhin eine Deutschlandkarte angezeigt. Klicken Sie auf dieser auf das Bundesland, in dem Sie wohnen. Schauen Sie in der folgenden Liste, ob Ihre Bibliothek am Onleihe-Dienst teilnimmt.

3. Klicken Sie dann – sofern Sie Glück haben und die Stadt aufgelistet wird – auf die Stadt, in der sich Ihre Bibliothek befindet. Danach wird die Seite der e-Ausleihe Ihrer öffentlichen Bibliotheken in einem neuen Browserfenster geöffnet (in unserem Fall ist das die Webseite der Berliner Bibliotheken *www.VOeBB24.de*). Der Seitenaufbau Ihrer Bibliothek unterscheidet sich unter Umständen ein wenig von dem in meinem Beispiel, die Schritte, die Sie bis zur Ausleihe durchführen müssen, sind sich jedoch sehr ähnlich.

4. Auf der Startseite der e-Ausleihe erhalten Sie Informationen rund ums Thema sowie Hinweise zur Ausleihfrist, und Sie können Ihre Suche starten beziehungsweise in der Seitenleiste die Kategorie **E-Book** ❶ auswählen, um im Bibliotheksbestand zu stöbern. Im Beispiel beginne ich mit einer einfachen Suche im Bereich **E-Book**.

5. Klicken Sie auf die kleine Pfeilschaltfläche ❷, um Ihre Suche zu starten (bei manchen teilnehmenden Bibliotheken finden Sie dieses Suchfeld auch in der Seitenleiste zusammen mit den verschiedenen Kategorien), und danach auf die Schaltfläche **Suchen** ❸.

6. Sie erhalten dann ein Formular, mit dem Sie Ihre Suche mit verschiedenen Angaben näher eingrenzen können. Dies sollten Sie auch unbedingt tun, da Ihnen andernfalls keine vernünftige Trefferliste angezeigt werden kann. (Bei zu vielen Treffern erhalten Sie ohnehin keine Treffer-

liste, sondern stattdessen den Hinweis, dass Sie Ihre Suche verfeinern müssen.) Geben Sie beispielsweise ein Schlagwort ein 4, und treffen Sie in den Feldern **Sprache** oder **Kategorie** eine Wahl, indem Sie auf die Pfeilschaltfläche 5 klicken. Sie können hier natürlich auch nach bestimmten Autoren 6 oder Buchtiteln 7 suchen. Klicken Sie erneut auf die Schaltfläche **Suchen**.

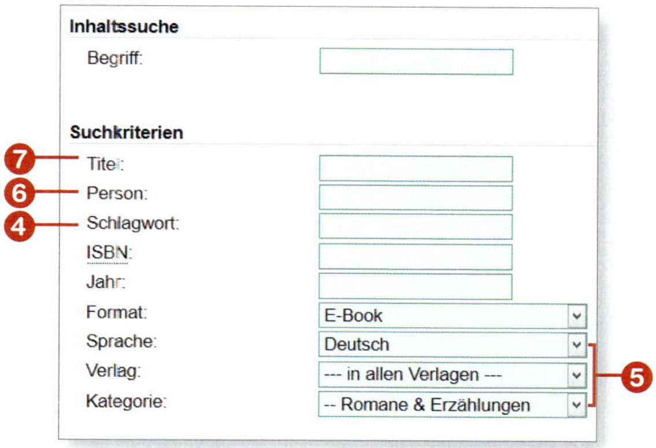

7. Daraufhin bekommen Sie einige Titel angezeigt, wenn Sie jedoch Pech haben, sind alle Ausgaben ausgeliehen. Sie sehen das an dem roten Punkt und der Angabe, ab wann der Buchtitel wieder verfügbar ist 8. Wenn das Buch ausleihbar ist, sehen Sie an dieser Stelle einen grünen Punkt.

8. Wenn Sie möchten, können Sie sich weitere Informationen zum Inhalt des Buches aufrufen, indem Sie auf das Buchcover oder die Schaltfläche **Details** 9 klicken. Auch um einen Titel auszuleihen oder vorzumerken, müssen Sie sich die Detailseite des Titels anzeigen lassen.

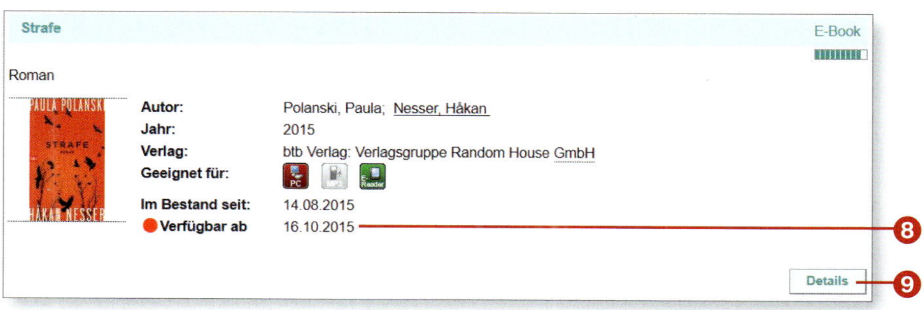

9. Wenn es sich um ein ausgeliehenes Buch handelt, das Sie reservieren möchten, klicken Sie auf die Schaltfläche **Vormerker setzen** ❶. Wenn Sie möchten, können Sie auch zunächst eine Leseprobe laden ❷, um sich einen Eindruck zu verschaffen.

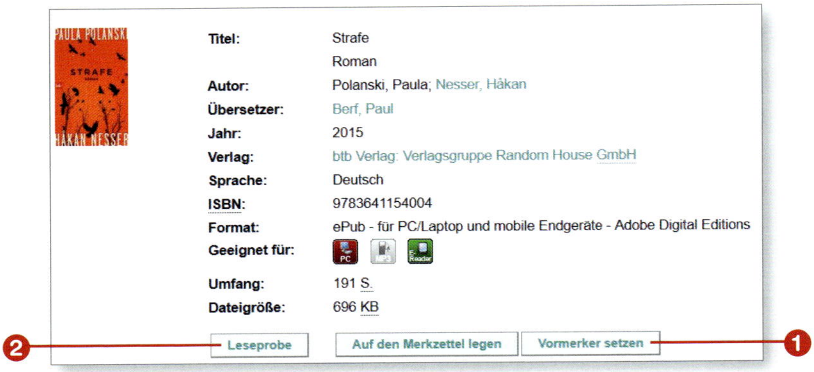

10. Bei einem Buch, das aktuell verfügbar ist, bietet Ihnen die Detailansicht die Schaltfläche **In den Bibliothekskorb legen** ❸ an. Klicken Sie hierauf.

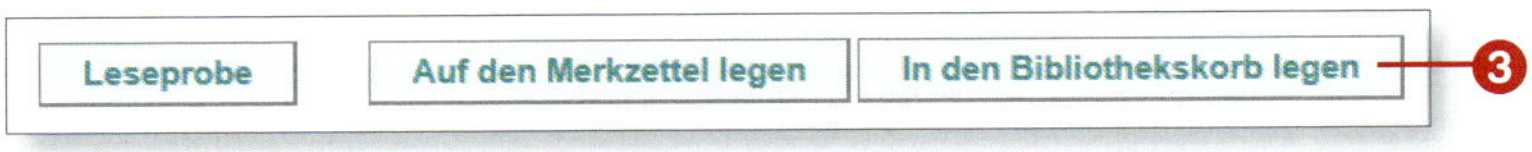

11. Ähnlich wie beim Kauf eines E-Books wird Ihnen nun der Inhalt Ihres Bücherkorbs angezeigt, und Sie können zur Tat schreiten und den gewählten Buchtitel ausleihen.

    Zögern Sie nicht zu lange: Ihnen wird mitgeteilt, dass der Titel nur 30 Minuten in Ihrem Korb liegen bleibt ❹. Während dieser Zeit kann kein anderer Benutzer der Seite das E-Book ausleihen. Nach Ablauf der 30 Minuten wird es automatisch aus Ihrem Korb gelöscht. Um den Vorgang abzuschließen, klicken Sie auf **Jetzt ausleihen** ❺.

12. Spätestens jetzt müssen Sie Ihren Bibliotheksausweis zur Hand nehmen. Mit Ihrer Ausweisnummer, die Sie in der Regel unterhalb des Barcodes finden, und Ihrem Passwort melden Sie sich an. Ihr Passwort ist Ihr Geburtsdatum in der Form *ttmmjjjj*. Geben Sie es ohne Punkte oder Leerstellen ein, und klicken Sie abschließend auf die Schaltfläche **Login**.

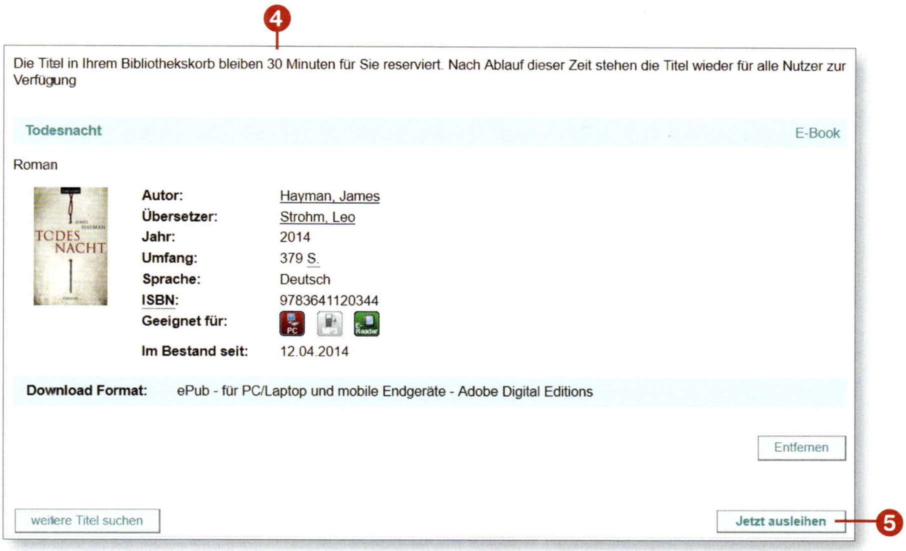

13. Akzeptieren Sie auf der folgenden Seite die Datenschutz- und Benutzungsbedingungen, und klicken Sie erneut auf **Jetzt ausleihen**.

14. Schließlich erhalten Sie den Link zum Download. Ihnen wird die verbleibende Leihdauer 6 angezeigt und dass das Buch mit einem Kopierschutz 7 versehen ist (*Adobe Digital Editions 2.0*). Klicken Sie auf **Download** 8.

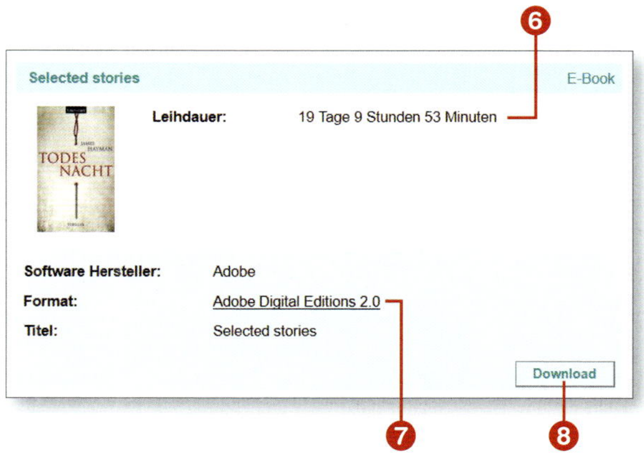

15. Belassen Sie das Häkchen im folgenden Dialogfenster bei der Option **Datei speichern** 9, und klicken Sie auf **OK** 10.

16. Danach finden Sie die Datei mit der Endung ACSM auf Ihrem Computer in dem Standardordner für Downloads (in der Regel ist das *C:\Benutzer\[Benutzername]\Downloads*).

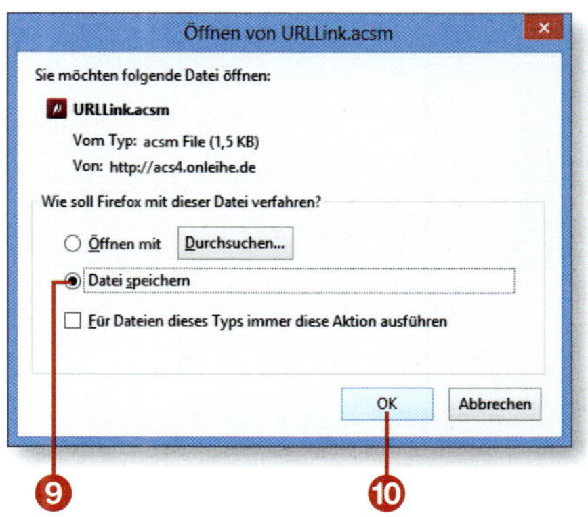

Der weitere Kopiervorgang der Datei auf Ihren tolino ist nun identisch mit dem Kopiervorgang beim Kaufen von Büchern in anderen E-Book-Shops (lesen Sie dazu den Abschnitt »In anderen Shops E-Books kaufen« ab Seite 123). Verbinden Sie Ihren tolino per USB-Kabel mit dem Computer, und kopieren Sie die Datei über den Befehl **Kopieren**. Wählen Sie nun das tolino-Laufwerk, und öffnen Sie mit einem Doppelklick den Ordner *Books*. Befinden Sie sich in diesem Ordner, klicken Sie auf die Schaltfläche **Einfügen**, um die Datei dort einzufügen.

Wenn Sie nun Ihren tolino zur Hand nehmen, erhalten Sie die kurze Meldung, dass neue Titel hinzugefügt werden, und kurze Zeit später erscheint der neue Titel in Ihrer Bibliothek. Tippen Sie ihn einfach kurz an, um das Buch zu öffnen. Bedenken Sie bitte, dass Sie für das Öffnen einer ACSM-Datei auf Ihrem tolino-Reader eine Adobe-ID hinterlegt haben müssen. Außerdem muss Ihr tolino mit dem Internet verbunden sein, damit die eigentliche EPUB-Datei geladen werden kann.

Nach Ablauf der Leihfrist können Sie das Buch nicht mehr auf Ihrem E-Book-Reader öffnen. Das ist natürlich schade, wenn Sie das Buch noch nicht ausgelesen haben, aber andererseits ein Riesenvorteil gegenüber der klassischen Ausleihe von Büchern. Sie werden die Frist zur Abgabe Ihrer entliehenen Bücher nicht mehr versäumen können und so unter Umständen eine Menge Mahngebühren sparen!

TIPP

Gutenberg druckt digital

Auf der Webseite des Gutenberg-Projekts (*www.gutenberg.org*) können Sie viele E-Books als EPUB-Dateien kostenlos herunterladen. Es handelt sich um Werke, bei denen das Urheberrecht ausgelaufen ist. Viele freiwillige Helfer sind dabei, diese Bücher hochwertig zu digitalisieren. Manchmal findet man hier wahre Schätze wie beispielsweise historische Märchensammlungen mit zeitgenössischen Abbildungen.

E-Books verleihen oder verschenken

Das gute alte gedruckte Buch können Sie problemlos verschenken oder an Freunde verleihen. Bei E-Books sieht das jedoch ein wenig anders aus, da Sie in den meisten Fällen nur ein Nutzungsrecht erwerben, das in der Regel nicht die Weitergabe des E-Books (selbst im privaten Rahmen) gestattet. Welche Rahmenbedingungen mit diesem Nutzungsrecht einhergehen, sollten Sie im Zweifelsfall in den allgemeinen Geschäftsbedingungen Ihres E-Book-Händlers nachlesen. Wenn Sie für einige Tage auf Ihren tolino verzichten können, könnten Sie natürlich auch diesen an eine gute Freundin oder guten Freund mitsamt dem E-Book verleihen.

Das Verschenken von E-Books ist da schon etwas einfacher, auch wenn Sie hier ebenfalls nicht Ihr eigenes E-Book verschenken dürfen. Mittlerweile bieten einige Buchhändler die Möglichkeit an, bestimmte E-Books per Mail zu verschenken 1.

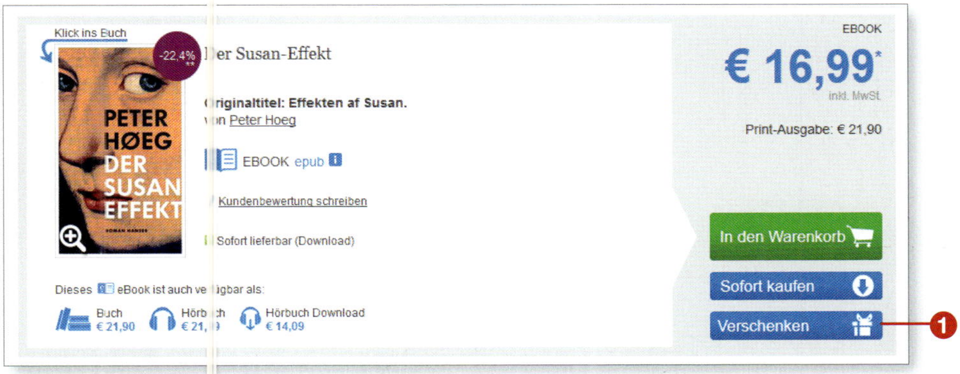

Beispielsweise bei »www.ebook.de« können Sie E-Books per E-Mail verschenken.

Bei diesem Verfahren bezahlen Sie das E-Book, und der Beschenkte erhält einen Download-Link per E-Mail und kann das E-Book auf seinen E-Book-Reader laden. Wenn Sie möchten, können Sie hierbei auch noch einen persönlichen Gruß hinzufügen.

Allerdings besteht diese Möglichkeit derzeit noch nicht bei allen Buchhändlern der tolino-Allianz. Sie können aber eine neutrale Gutscheinkarte des Buchhändlers verschenken, die der Beschenkte dann beim Bezahlvorgang einlösen kann. Möchten Sie ungern nur eine Gutscheinkarte verschenken, bieten einige Buchhändler auch sogenannte eBookCards an. In diesem Fall kaufen Sie eine Download-Karte für ein bestimmtes E-Book und können diese verschenken. Mehr Informationen zu diesem Thema und eine Liste der teilnehmenden Buchhandlungen können Sie unter *www.ebookcards.de* abrufen.

Kapitel 6
Eigene Inhalte auf den tolino laden

Neben den E-Books, die Sie in einem E-Book-Shop einkaufen und die im EPUB-Format auf Ihrem tolino gespeichert werden, können Sie auch andere Dokumentformate auf Ihrem tolino speichern und sich anzeigen lassen. Ihnen stehen zwar nur die beiden Dokumentformate PDF und TXT zur Verfügung, aber wie ich Ihnen auf den folgenden Seiten dieses Kapitels zeigen werde, kann das schon sehr praktisch sein. Sie können so nämlich eigene Textdokumente bequem auf Ihrem tolino lesen und müssen dafür nicht mehr zwangsläufig Ihren Computer benutzen. Gerade bei längeren Dokumenten kann das sehr viel angenehmer sein!

PDFs, Word- und Textdokumente auf den tolino laden

Wenn Sie ein Dokument haben, das Sie gern auf dem tolino lesen möchten, muss es in einem der drei Formate PDF, TXT oder EPUB vorliegen. Sollte Ihr Textdokument in einem anderen Format vorliegen, müssen Sie das Dokument zunächst in ein passendes Format umwandeln, bevor Sie es auf den tolino kopieren und dort lesen können. Mittlerweile können Sie das in vielen Programmen (beispielsweise Microsoft Word) erledigen, indem Sie das Dokument einfach neu speichern und beim Speichern das gewünschte und von Ihrem tolino unterstützte Format auswählen. Um echte EPUB-Dateien zu erstellen, müssen Sie aber etwas tiefer in die Trickkiste greifen.

INFO

Wie erkenne ich das Format meines Dokuments?

In welchem Format Ihr Dokument vorliegt, erkennen Sie an der Dateiendung. Um sie zu sehen, öffnen Sie auf Ihrem Windows-Computer den Explorer und wechseln an den Ort, an dem Ihr Dokument liegt, klicken mit der rechten Maustaste darauf und anschließend auf **Eigenschaften**. Es öffnet sich ein Fenster, in dem Sie neben dem Stichwort **Dateityp** ❶ das Format ablesen können. Im Bild unten ist es beispielsweise das Format **PDF**.

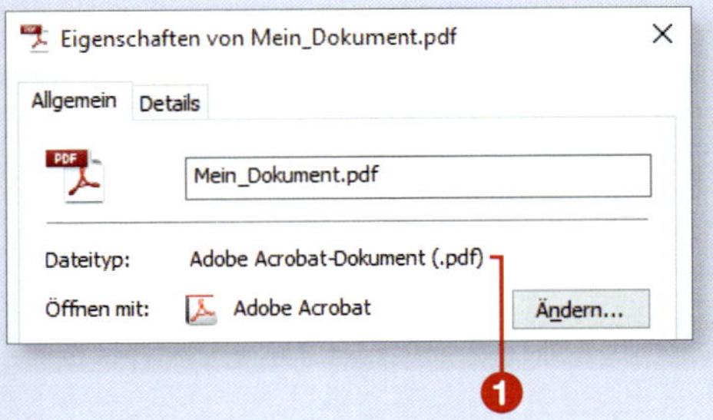

In Word 2016 oder auch in etwas älteren Programmversionen z. B. können Sie ein Word-Dokument (also eine Datei mit der Endung *.docx* oder *.doc*) in ein PDF verwandeln, um es auf dem tolino lesen zu können.

1. Haben Sie ein Word-Dokument geöffnet, klicken Sie zunächst auf die Registerkarte **Datei** und links auf die Rubrik **Speichern unter** ❷.

2. Wählen Sie im mittleren Bereich der Seite **Speichern unter** als Speicherort **Computer** ❸ aus, und klicken Sie danach auf die Schaltfläche **Durchsuchen** ❹.

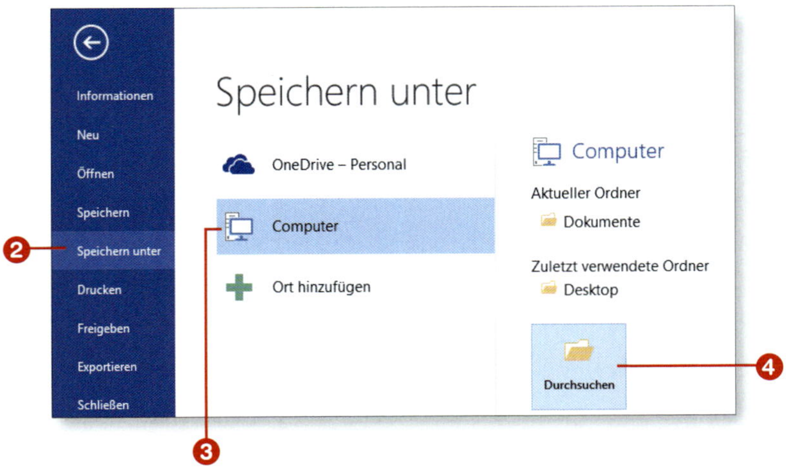

3. Das Dialogfenster **Speichern unter** wird geöffnet, und Sie können mit einem Klick auf den Pfeil am Menü **Dateityp** ❺ das gewünschte Dateiformat auswählen.

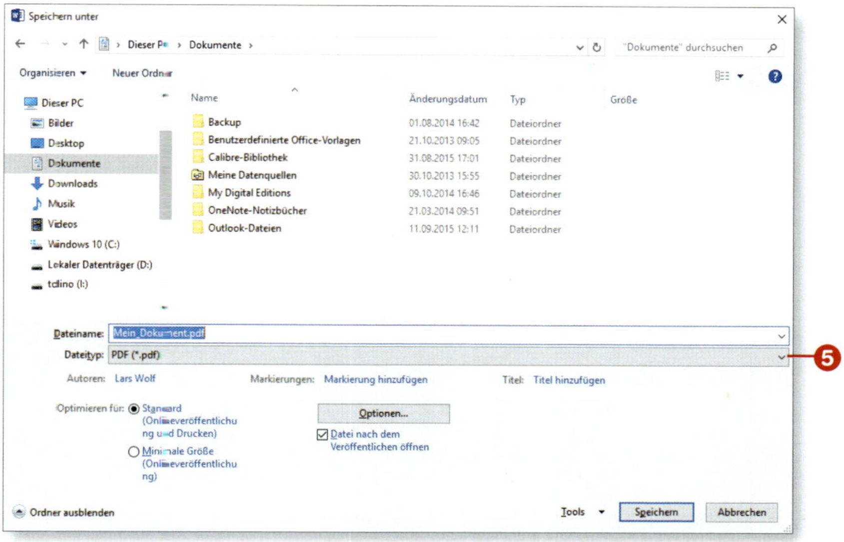

4. Markieren Sie im Menü **PDF (*.pdf)**. Dann klicken Sie auf **Speichern**.

   Ein solches Dokument lässt sich dann mit wenigen Handgriffen auf den tolino übertragen.

5. Verbinden Sie dazu den E-Book-Reader per USB-Kabel mit Ihrem Computer (lesen Sie dazu den Abschnitt »Den tolino aufladen« ab Seite 18).

6. Öffnen Sie am Computer den Explorer, und wählen Sie den Ordner, in dem Sie die PDF-Datei gespeichert haben.

7. Markieren Sie die Datei im Explorer, und klicken Sie auf der Registerkarte **Start** auf die Schaltfläche **Kopieren** (❶ auf Seite 140), oder nutzen Sie die Tastenkombination `Strg` + `C`.

8. Klicken Sie nun auf das Laufwerk *tolino* ❷, und wählen Sie per Mausklick den Ordner *Books* ❸.

9. Sobald Ihnen im rechten Bereich des Explorer-Fensters der Inhalt des Ordners *Books* angezeigt wird, klicken Sie auf den Befehl **Einfügen** ❹, um die Datei auf Ihren tolino zu kopieren. In meinem Beispiel habe ich die Datei *Mein_Dokument.pdf* ❺ hinzugefügt.

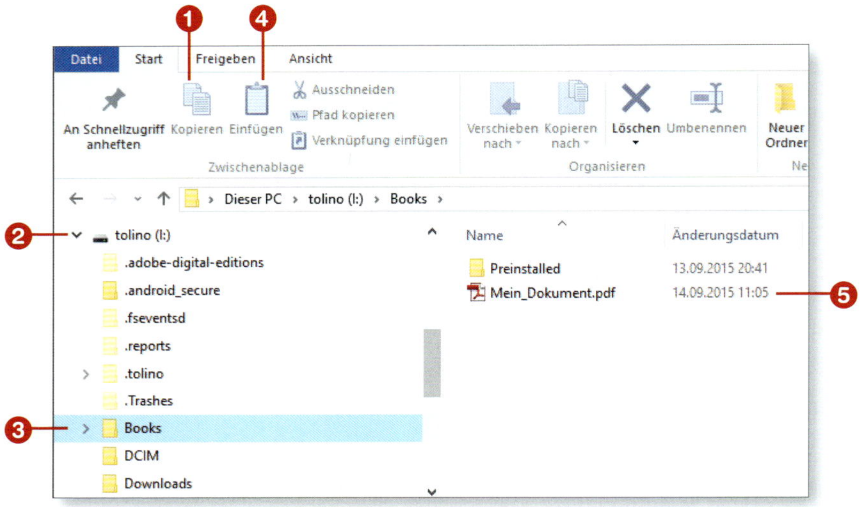

10. Trennen Sie den tolino wieder vom Computer. Auf Ihrem tolino wird kurz der Hinweis angezeigt, dass neue Dokumente hinzugefügt werden, und kurze Zeit später wird Ihnen das hinzugefügte PDF-Dokument auf der Startseite angezeigt.

Möchten Sie das Dokument lesen, tippen Sie es in der Bibliothek wie auch Ihre E-Books an. Die Besonderheiten und leider auch Unzulänglichkeiten beim Lesen von PDF-Dateien auf dem tolino stelle ich Ihnen im folgenden Abschnitt »PDFs auf dem tolino lesen« vor.

Sie können auf die gleiche Weise aus Ihren Dokumenten auch TXT-Dateien erstellen. Wählen Sie dazu im Dialogfenster **Speichern unter** im Auswahlmenü **Dateityp** den entsprechenden Eintrag, also **Nur Text (*.txt)**, aus (siehe dazu Schritt 3 der vorherigen Schrittanleitung). Bedenken Sie aber, dass bei TXT-Dateien jegliche Formatierung und Strukturierungen wie z. B. Überschriften, Schriftschnitte wie fett, kursiv und Tabellen verloren gehen. Sie erhalten nach der Umwandlung einfach einen langen Fließtext.

TIPP

Nicht nur Word kann PDF-Dokumente erstellen

In nahezu allen Office-Programmen der neuen Generation können Sie direkt über den Dialog **Speichern unter** PDF-Dokumente anlegen. Wenn Ihr Programm dies nicht kann, können Sie sich damit behelfen, dass Sie einen Drucker installieren, der Dateien als PDF-Dokumente ausgibt. Eine solche Druckersoftware gibt es als Freeware. Sie heißt *PDFCreator*, und Sie finden Sie im Internet zum kostenlosen Download.

PDFs auf dem tolino lesen

Grundsätzlich unterscheidet sich das Lesen eines PDF-Dokuments auf dem tolino nicht vom Lesen eines E-Books. Es gibt allerdings ein paar Besonderheiten, die mit dem Dateiformat einhergehen und die ich Ihnen in diesem Abschnitt vorstellen werde. Zum Öffnen des PDF-Dokuments tippen Sie es wie gewohnt in Ihrer Bibliothek kurz an. Auch das Umblättern funktioniert genauso, d. h., Sie tippen in den rechten Bereich des Bildschirms, zum Zurückblättern in den linken Bereich. Sollte Ihr Dokument Bilder oder grafische Elemente beinhalten, kann es einen Moment dauern, bis die Seite nach dem Umblättern richtig dargestellt wird.

Generell ist das Lesen eines PDF-Dokuments nicht so komfortabel wie das Lesen eines E-Books im normalen EPUB-Format. Sie können beispielsweise nicht die Schriftgröße anpassen, sondern nur die gesamte Seitendarstellung vergrößern. Tippen Sie dazu in die Mitte des Bildschirms. Dadurch werden am oberen Bildschirmrand die Bedienelemente der Leseansicht und unten der Navigationsbereich eingeblendet. Tippen Sie auf das Pluszeichen (1 auf Seite 142), um die Seite schrittweise zu vergrößern. Tippen Sie auf das Minuszeichen 2, wenn Sie die Darstellung verkleinern möchten. Außerdem können Sie die Darstellung auch mit der inzwischen ja sehr bekannten Spreizgeste vergrößern beziehungsweise verkleinern. Dazu setzen Sie zwei Finger gleichzeitig auf den Bildschirm und bewegen die Finger auseinander beziehungsweise zueinander.

Sie werden feststellen, dass Ihnen, nachdem Sie die Darstellung vergrößert haben, nicht mehr der gesamte Text auf dem Bildschirm angezeigt wird, da das Dokument nicht automatisch an die Bildschirmgröße des tolino angepasst wird. Um alles lesen zu können, müssen Sie nun die Seite »verschieben«: Tippen Sie dazu auf den Bildschirm, und halten Sie den Finger gedrückt, während Sie ihn nach links oder rechts bewegen, je nachdem, welchen Textbereich Sie lesen möchten. Bewegen Sie Ihren Finger nach links, wenn der Text, den Sie lesen möchten, rechts außerhalb des Darstellungsbereichs liegt, oder umgekehrt.

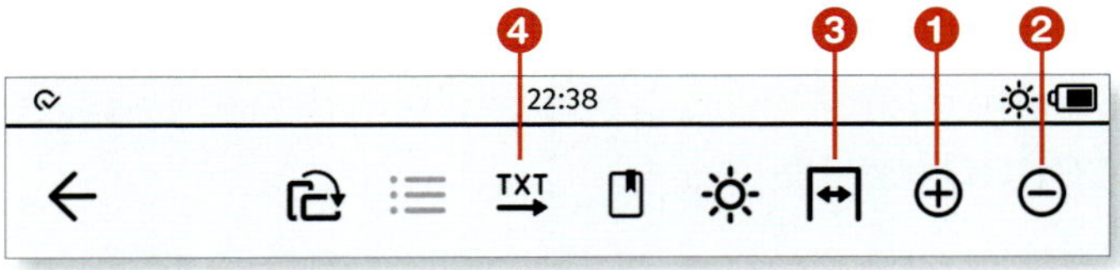

Beim Umblättern bleibt der Zoom-Faktor erhalten. Wenn Sie die Seite wieder auf die Bildschirmbreite des tolino angepasst haben möchten, tippen Sie auf das Symbol links vom Pluszeichen ❸.

Da die Darstellung von PDF-Dateien mitunter etwas schwerfällig und unkomfortabel ist, haben Sie auch eine andere Möglichkeit, die zumindest die Textdarstellung eines PDF-Dokuments etwas verbessert und Ihnen ein paar Anpassungsmöglichkeiten erlaubt. Wenn Sie ein PDF auf dem tolino geöffnet haben, können Sie dieses Dokument direkt als reinen Text anzeigen lassen. Der tolino wandelt das PDF-Dokument jedoch nicht in eine Textdatei um, sondern er extrahiert nur – sofern möglich – die Textbestandteile der PDF-Datei. Tippen Sie dazu in der Leseansicht mittig auf den Bildschirm, sodass Ihnen die Bedienelemente am oberen Bildschirmrand angezeigt werden. Tippen Sie auf die Schaltfläche TXT ❹, um ausschließlich den Text angezeigt zu bekommen. Je größer Ihr PDF-Dokument ist, desto länger dauert dieser Vorgang, haben Sie daher ein wenig Geduld.

Ob diese Darstellungsweise sinnvoll ist, hängt von dem Dokument ab, das Sie lesen möchten. Bei einem strukturierten Dokument mit vielen Überschriften, Aufzählungen und so weiter ist die Anzeige im TXT-Format nicht empfehlenswert, da all diese Formate verloren gehen. Auch bei kompliziert gesetzten Texten kann Ihr tolino mitunter die Reihenfolge des Textes nicht richtig erfassen, sodass Sprünge im Text entstehen oder Abschnitte in der Reihenfolge vertauscht werden. Handelt es sich jedoch um ein Dokument, das größtenteils aus Fließtext besteht, ist es als TXT-Dokument auch auf Ihrem tolino sehr schön lesbar. Vor allem können Sie aber, anders als bei der normalen Darstellung des PDF-Dokuments, die Schaltfläche **Textdarstellung** ❺ verwenden und in dem gleichnamigen Fenster die Schriftgröße, die Schriftart und die Textausrichtung ändern.

Probieren Sie es einfach einmal aus. Möchten Sie nach einer gewissen Zeit wieder zu der üblichen PDF-Darstellung zurückkehren, tippen Sie mittig auf den Bildschirm und danach bei den Bedienelementen am oberen Bildschirmrand auf die Schaltfläche **PDF** ❻, damit geht's wieder zurück zum PDF-Format.

Mein Fazit zum Lesen von PDF-Dateien auf Ihrem tolino lautet daher: Es ist möglich, und das ist für den Notfall praktisch, aber wirklich bequem ist es nicht. Nutzen Sie die Möglichkeit, wenn Sie keine andere Wahl haben oder Ihnen die Einschränkungen nichts ausmachen. Ansonsten greifen Sie zum Lesen dieser Dateien zu Ihrem Tablet oder Computer.

EPUB-Dateien mit Calibre erstellen

Wenn Sie bei Ihrem Dokument mit den Einschränkungen des PDF- und TXT-Formats nicht zufrieden sind, lohnt es sich vielleicht, ein klein wenig mehr Aufwand zu betreiben und die Dokumente auf Ihrem Computer in richtige EPUB-Dateien zu konvertieren. Diesen Vorgang stelle ich Ihnen in diesem Abschnitt ein wenig ausführlicher vor, da Sie dazu das Programm *Calibre* benötigen und ich Sie mit dem Programm vertraut machen werde.

Auf Windows-Computern können die bekannten Office-Programme leider keine Dokumente in das EPUB-Format exportieren. Sollten Sie einen

Mac-Computer haben und das Textverarbeitungsprogramm Pages verwenden, können Sie auch damit Dokumente als EPUB-Dokument exportieren. Mittlerweile hat sich aber gerade in der Windows-Welt für diesen Weg das Programm Calibre bewährt. Calibre ist eine Software zum Verwalten von E-Books, mit der Sie zusätzlich vielfältige Aufgaben rund ums E-Book erledigen können. Das Schönste an Calibre ist, dass es sich um Freeware (auf Deutsch: kostenlose Ware; Sie können das Programm kostenlos herunterladen und verwenden) handelt und sie richtig gut funktioniert.

Wenn Sie Ihre Dokumente in E-Books konvertieren wollen, müssen Sie also zunächst Calibre installieren. Die Software finden Sie an vielen Orten zum Download, wenn Ihre Englischkenntnisse jedoch ausreichend sind, empfehle ich Ihnen den Download über die Seite des Herstellers *www.calibre-ebook.com*, ansonsten können Sie das Programm aber auch über diese deutsche Seite laden: *www.heise.de/download/calibre.html*.

Auch Calibre ist keine »eierlegende Wollmilchsau«. Es gibt Ursprungsdateiformate, mit denen Calibre nach meiner Erfahrung hervorragend umgehen kann, z. B. Dateien in den Formaten HTML oder DOCX, während andere Formate weniger gut (ODT) oder gar nicht funktionieren (DOC). Wenn Sie ein Format haben, das Calibre nicht mag, hilft es mitunter, diese Datei im Ursprungsprogramm zunächst im HTML-Format zu speichern, das fast alle Office-Programme unterstützen. Mit Calibre können Sie dann aus dem HTML-Format eine EPUB-Datei erstellen.

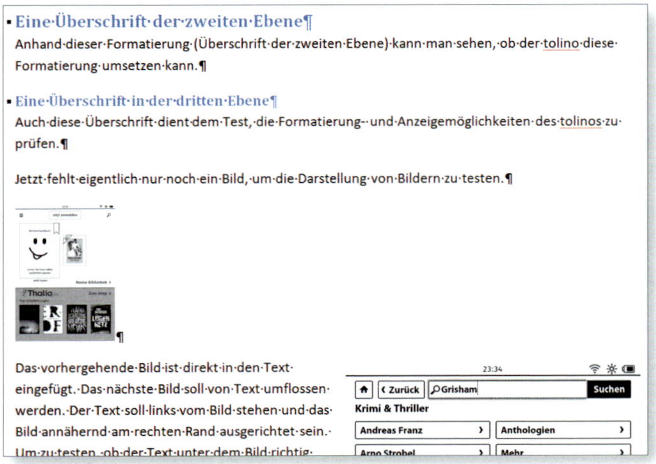
Eine·Überschrift·der·zweiten·Ebene¶
Anhand·dieser·Formatierung·(Überschrift·der·zweiten·Ebene)·kann·man·sehen,·ob·der·tolino·diese·Formatierung·umsetzen·kann.¶
Eine·Überschrift·in·der·dritten·Ebene¶
Auch·diese·Überschrift·dient·dem·Test,·die·Formatierung-·und·Anzeigemöglichkeiten·des·tolinos·zu·prüfen.¶
Jetzt·fehlt·eigentlich·nur·noch·ein·Bild,·um·die·Darstellung·von·Bildern·zu·testen.¶
Das·vorhergehende·Bild·ist·direkt·in·den·Text·eingefügt.·Das·nächste·Bild·soll·von·Text·umflossen·werden.·Der·Text·soll·links·vom·Bild·stehen·und·das·Bild·annähernd·am·rechten·Rand·ausgerichtet·sein.·Um·zu·testen,·ob·der·Text·unter·dem·Bild·richtig·

Das Original-dokument in Word

Im Folgenden stelle ich Ihnen beispielhaft die Umwandlung eines Word-Dokuments in eine EPUB-Datei vor. Sie werden sehen, mit dem Programm Calibre ist das sehr schnell und bequem erledigt.

1. Starten Sie nach dem Herunterladen und der Installation das Programm Calibre.

2. Klicken Sie an der Schaltfläche **Bücher hinzufügen** auf den Pfeil ❶, und wählen Sie im Menü den Befehl **Bücher aus einem einzelnen Verzeichnis hinzufügen** ❷.

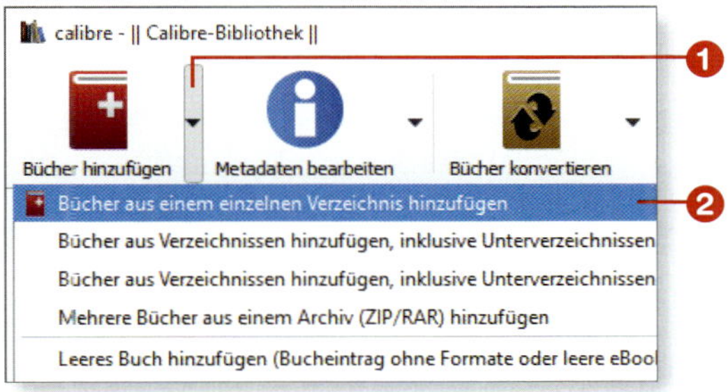

3. Wählen Sie im Dialogfenster **Bücher auswählen** die Word-Datei aus, die Sie konvertieren möchten. Klicken Sie anschließend auf die Schaltfläche **Öffnen** ❸.

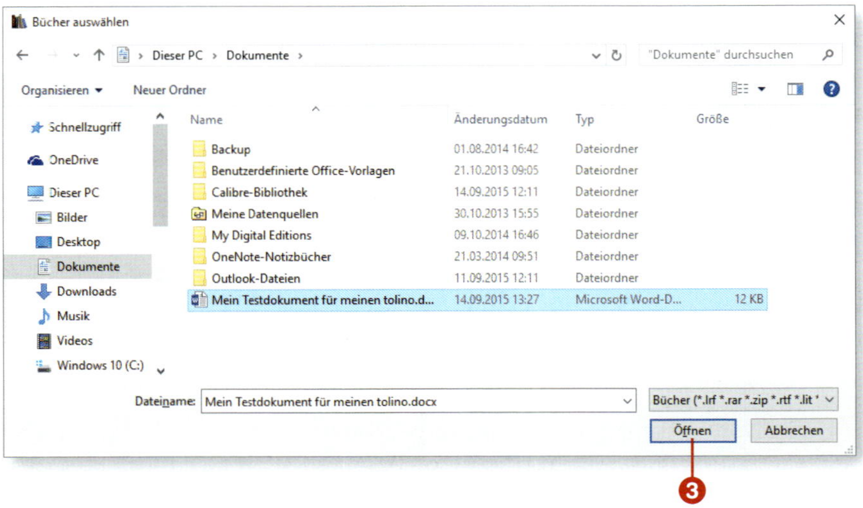

4. Da Calibre mit diesem Format umgehen kann, erhalten Sie keine Fehlermeldung, und der neue Titel wird Ihnen in der Titelliste ❶ angezeigt. Sie sehen, dass dieses Buch bisher im Format DOCX vorliegt ❷.

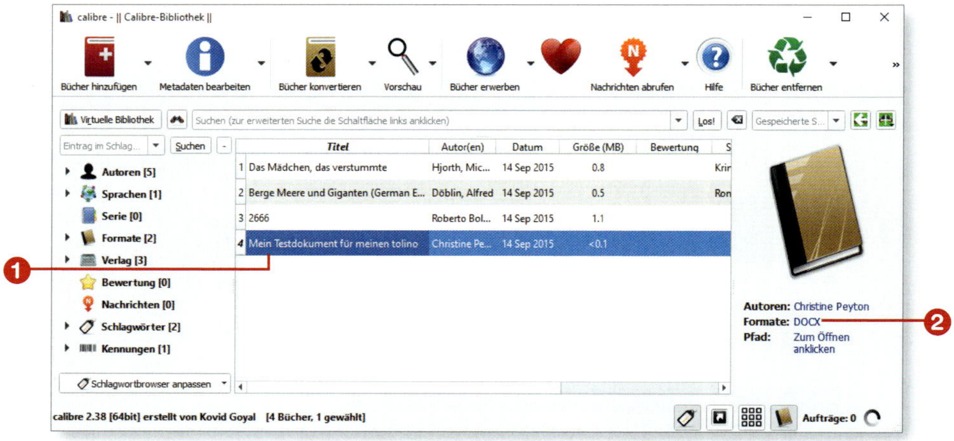

5. Markieren Sie die Datei in der Auflistung, indem Sie auf die Zeilennummer vor dem Buchtitel klicken.

6. Klicken Sie danach auf den Pfeil an der Schaltfläche **Bücher konvertieren** ❸, und wählen Sie im Menü der Schaltfläche den Befehl **Einzeln konvertieren** ❹.

7. Im Dialog für die Konvertierung können Sie noch jede Menge Einstellungen vornehmen. Bei meinen Versuchen reichten mir jedoch meistens die Standardeinstellungen. Wichtig ist, dass Sie auf die Einstellung

im Menü **Ausgabe-Format** ❺ achten. In diesem Feld sollte auf jeden Fall **EPUB** stehen, ändern Sie das Format gegebenenfalls mit einem Klick auf die Pfeilschaltfläche. Um die Konvertierung zu starten, klicken Sie auf die Schaltfläche **OK** ❻.

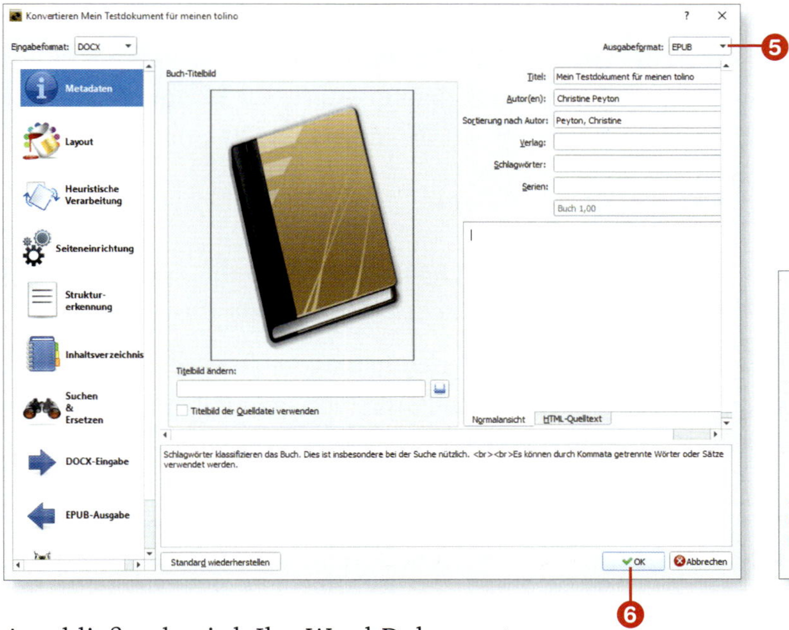

Anschließend wird Ihr Word-Dokument konvertiert. Den Fortschritt sehen Sie am unteren Fensterrand von Calibre. Nach Abschluss der Konvertierung ist Ihr Dokument in einem neuen Dateiformat – nämlich **EPUB** – verfügbar.

8. Um einen ersten Eindruck von Ihrem erstellten E-Book zu erhalten, können Sie es im eBook-Betrachter von Calibre öffnen. Klicken Sie dazu im Bereich **Formate** auf **EPUB** ❼. Der E-Book-Reader von Calibre öffnet sich in einem neuen Fenster. Begutachten Sie das umgewandelte Dokument, bevor Sie es auf den tolino übertragen.

9. Wenn Ihnen das Ergebnis gefällt, können Sie die EPUB-Datei auf Ihren tolino übertragen. Klicken Sie dazu in Calibre im Bereich **Pfad** auf den Link **Zum Öffnen klicken** (8 auf Seite 147).

10. Im folgenden Dialogfenster wird im Explorer der Ordner geöffnet, in dem Calibre alle Dateien, die zu diesem Buch gehören, speichert. Wählen Sie hier die Datei mit der Endung EPUB, und kopieren Sie diese Datei auf Ihren tolino in den Ordner *Books* (lesen Sie zum Kopieren gegebenenfalls den Abschnitt »PDFs, Word- und Textdokumente auf den tolino laden« ab Seite 137).

Ihr tolino wird diese Datei beim nächsten Öffnen der Bibliothek hinzufügen, und Sie können sich Ihr selbst erstelltes E-Book ansehen.

Sie sehen, dass die Überschriften richtig umgesetzt wurden. Da diese Überschriften mit den entsprechenden Formatvorlagen (Überschrift 1 etc.) formatiert waren, werden diese Überschriften auf Ihrem tolino auch erkannt und in das Inhaltsverzeichnis aufgenommen. Auch die Darstellung der eingefügten Grafiken funktionierte einwandfrei, und selbst einfache Tabellen und Aufzählungen wurden bei meinen Tests ohne Fehler in das EPUB-Format übertragen.

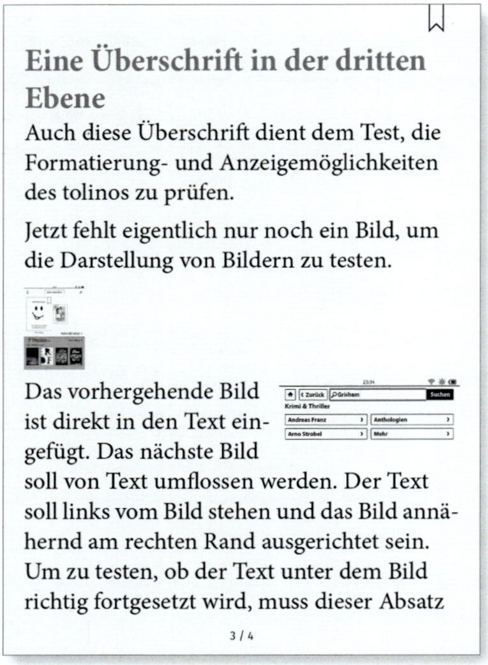

Wenn Sie noch mit einer älteren Word-Version oder einem anderen Textverarbeitungsprogramm arbeiten, das keine DOCX-Dokumente erstellen kann, können Sie Dateien im DOC-Format oder sonstige Dateiformate zunächst im HTML-Format speichern. Wählen Sie dazu z. B. im Word-Dialogfenster **Speichern unter** im Feld **Dateityp** ein HTML-Format aus. Nach meiner Erfahrung funktionieren die Formate **Webseite (*.htm,*.html)** gut und **Webseite, gefiltert (*.htm,*.html)** sogar noch besser. Bei beiden Typen legt Word eine HTML-Datei und einen Ordner gleichen Namens an. Trennen Sie diese beiden Elemente nicht, damit der Import bei Calibre und die anschließende Konvertierung funktionieren.

Auch einfache Excel-Dateien können Sie auf diesem Umweg über das HTML-Format und mit Calibre in EPUB-Dateien verwandeln.

ACHTUNG

Andere E-Book-Formate für den tolino umwandeln

Mit Calibre können Sie das Amazon-Format für E-Books konvertieren (MOBI), sofern es sich um ungeschützte, freie Bücher handelt. Bücher mit Kopierschutz (DRM) können nicht ohne Weiteres umgewandelt werden. Für Calibre gibt es zwar ein Plug-in, mit dem man den Kopierschutz entfernen kann, bedenken Sie jedoch bitte unbedingt, dass Sie sich mit dem Entfernen eines Kopierschutzes mindestens in eine rechtliche Grauzone bewegen.

Inhalte aus der tolino Cloud laden

Sie können Inhalte, die Sie in Ihrer tolino Cloud gespeichert haben, auf den tolino laden. Der Vorgang ist denkbar einfach. Die einzige Voraussetzung ist, dass der tolino mit dem Internet verbunden ist und Sie mit Ihrem tolino-Konto angemeldet sind.

1. Tippen Sie auf der Startseite auf die Schaltfläche **Menü** ≡.
2. Tippen Sie auf der Seite **Menü** auf den Eintrag **Meine Konten und tolino Cloud**.
3. Auf der gleichnamigen Seite tippen Sie auf den Eintrag **tolino Cloud** und gelangen so zum Up- und Download-Bereich Ihres tolino-Cloud-Zugangs.

4. Wählen Sie auf der nächsten Seite die Schaltfläche **Zum Download** ❶.

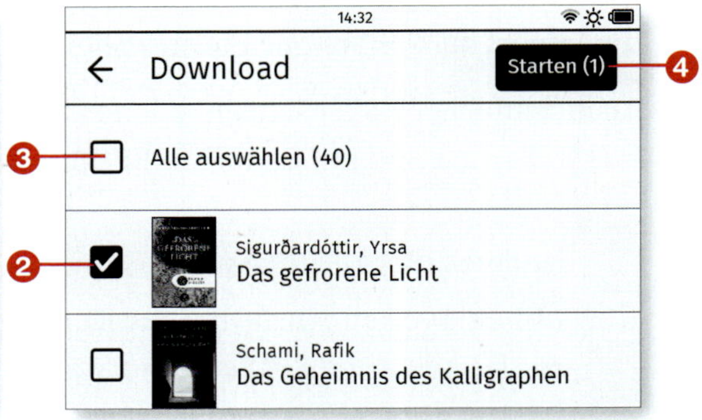

5. Auf der Seite **Download** sehen Sie nun alle Bücher und Dateien, die sich derzeit in der tolino Cloud befinden und nicht auf Ihrem E-Book-Reader. Tippen Sie nun auf die Titel ❷, die Sie herunterladen möchten. Möchten Sie alle in der Cloud gespeicherten Titel herunterladen, tippen Sie auf **Alle auswählen** ❸. Dann tippen Sie oben rechts auf die Schaltfläche **Starten** ❹.

   Das E-Book wird daraufhin aus der tolino Cloud geladen. In einem kleinen Fenster wird Ihnen der Fortschritt angezeigt.

Nach dem Herunterladen steht Ihnen der Titel wie gewohnt in Ihrer Bibliothek zur Verfügung, und Sie können gleich mit dem Lesen beginnen. Dieser Weg lohnt sich aber eigentlich nur, wenn Sie mehrere Dateien auf einmal herunterladen möchten. Die Titel und Dokumente, die aktuell in der tolino Cloud gespeichert sind, werden Ihnen ja ohnehin in Ihrer Bibliothek mit dem Wolkensymbol angezeigt. Sobald Sie einen dieser Titel antippen, wird er aus der tolino Cloud geladen und auf Ihrem Gerät gespeichert.

Inhalte vom tolino in die tolino Cloud übertragen

Vom tolino aus können Sie Ihre Titel und Dokumente, die Sie in Ihrer Bibliothek haben, in die tolino Cloud laden. Das ist beispielsweise aus Sicherheitsgründen sinnvoll. Schließlich kann Ihr tolino mal verloren gehen oder gestohlen werden, und es wäre doch traurig, wenn Sie dadurch auch alle Ihre Bücher verlieren würden. In der tolino Cloud sind Ihre Titel gesichert, und Sie können die Bibliothek eines neuen Geräts wieder problemlos bestücken (lesen Sie dazu den Abschnitt »Inhalte aus der tolino Cloud laden« ab Seite 149) oder erst mal damit vorliebnehmen, auf einem anderen Gerät, z. B. mit der Lese-App Ihres tolino-Buchhändlers auf einem Smartphone (lesen Sie dazu den Abschnitt »Die Lese-App auf Ihrem Smartphone oder Tablet nutzen« ab Seite 171), weiterzulesen.

1. Das Hochladen Ihrer E-Books in die tolino Cloud ist schnell geschehen. Tippen Sie zunächst auf der Startseite Ihres tolino auf die Schaltfläche **Menü** ≡.

2. Tippen Sie auf der Seite **Menü** auf den Eintrag **Meine Konten und tolino Cloud**, und entscheiden Sie sich auf der gleichnamigen Seite für den Eintrag **tolino Cloud**.
3. Tippen Sie auf der Seite **tolino Cloud** auf die Schaltfläche **Zum Upload** ❺.
4. Auf der Seite **Upload** tippen Sie auf den beziehungsweise die Titel oder auch andere Dokumente, die Sie in die tolino Cloud laden möchten. Wenn Sie alle Dateien auf einmal hochladen möchten, tippen Sie auf **Alle auswählen**. Tippen Sie anschließend oben rechts am Bildschirm auf **Starten**.

Daraufhin werden Ihre Dateien in die tolino Cloud hochgeladen. Beachten Sie, dass dieser Vorgang unter Umständen ein wenig länger dauern kann, je nachdem, wie viele Dateien Sie hochladen und wie groß diese sind.

Speicherplatz freigeben

Auch in der tolino-Welt schadet Ordnung nicht, und ein Frühjahrsputz schafft wieder Übersicht und Platz, falls Ihre Bibliothek vor Titeln überquillt und der freie Speicher zu Neige geht. Sie können Ihre Bücher aus der Bibliothek und auch Ihre Wörterbücher mit ein paar Handgriffen entfernen.

1. Tippen Sie auf der Startseite auf **Meine Bibliothek** und anschließend auf das Papierkorbsymbol ❶.

2. Setzen Sie vor den Titeln, die Sie endgültig löschen wollen, durch Antippen ein Häkchen ❷.

3. Tippen Sie dann auf die Schaltfläche **Löschen** ❸, um den Löschvorgang zu starten. Es erscheint der Dialog **Löschen**, den Sie je nach Wunsch bestätigen.

   Mit der Schaltfläche **Von diesem Gerät löschen** ❹ werden nur die lokalen Dateien von Ihrem tolino entfernt. Mit der Schaltfläche **Aus Cloud und von Geräten löschen** ❺ werden sowohl die lokalen Dateien als auch die Dateien in der Cloud und die Dateien auf allen Geräten, die Sie über die Cloud synchronisieren, gelöscht.

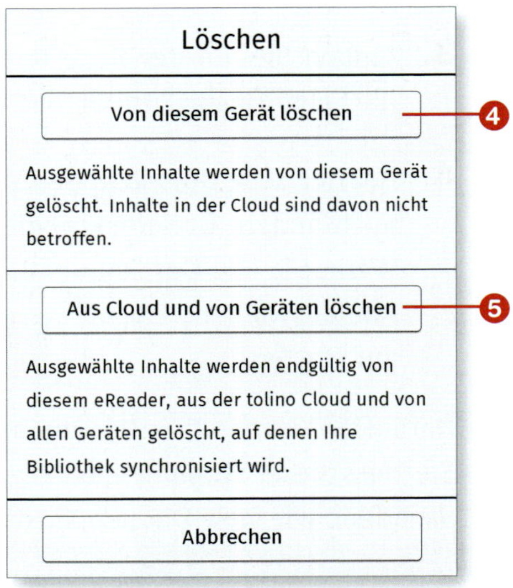

Um sich von überflüssigen Nachschlagewerken zu befreien, gehen Sie genauso vor. Tippen Sie auf **Menü** ≡ ▸ **Wörterbücher** und anschließend auf das Papierkorbsymbol. Auf der nun folgenden Seite **Wörterbücher löschen** wählen Sie die Wörterbücher durch Antippen aus, die Sie nicht mehr benötigen und von Ihrem tolino entfernen möchten.

Tippen Sie abschließend auf die Schaltfläche **Weiter** und bestätigen Sie den nachfolgenden Warnhinweis, indem Sie auf die Schaltfläche **Wörterbücher löschen** tippen. Kurz darauf sind diese Wörterbücher entfernt.

Neue Schriften installieren

Wenn Sie aus irgendeinem Grund unzufrieden mit den auf Ihrem tolino vorhandenen Schriftarten sind oder eine Lieblingsschriftart haben, auf die Sie beim Lesen Ihrer E-Books nicht verzichten möchten, können Sie Schriftarten ersetzen. Es lassen sich aber weder für den tolino shine 2 HD noch für den tolino vision 3 HD zusätzliche neue Schriftarten installieren. Sie müssen sich eines kleinen Tricks bedienen, da Ihr tolino immer diese vorinstallierten Schriftarten erwartet.

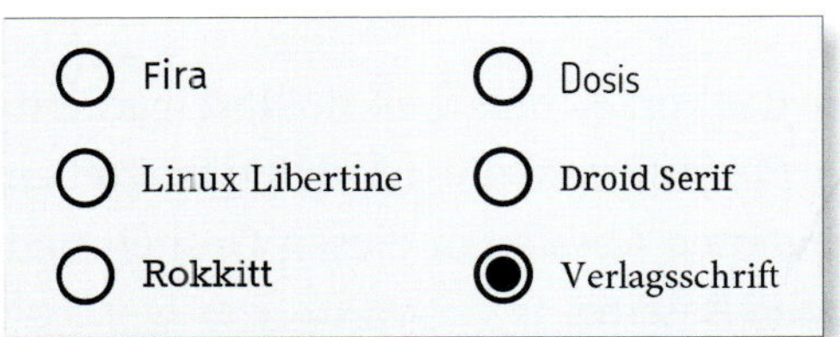

Die vorinstallierten Schriften auf Ihrem tolino

> **TIPP**
>
> **Umwandeln von Schriftdateien**
>
> Wenn Sie Ihre Traumschriftart nicht im richtigen Format (TTF oder OTF) finden, können Sie die Dateien einfach konvertieren. Auf der Webseite *www.fontconverter.org* ist dies eine Sache von wenigen Minuten.

Der Trick besteht darin, dass Sie es bei den vorhandenen Dateinamen belassen, aber die Dateien austauschen. So werden im Dialog **Textdarstellung** immer noch die alten Namen der Schriftarten angezeigt, aber zur Darstellung werden die Schriftarten verwendet, die Sie unter der gleichen Dateibezeichnung auf Ihren tolino kopiert haben. Klingt kompliziert? Keine Sorge, der Vorgang ist ganz einfach.

1. Schließen Sie zunächst Ihren tolino per USB-Kabel an Ihren Rechner an. Die verfügbaren Schriftarten liegen frei zugänglich im Verzeichnis *.tolino/fonts*. Die neuen Schriftarten müssen im gleichen Dateiformat (*.ttf* oder *.otf*) vorliegen.

2. Erstellen Sie eine Sicherungskopie des Ordners *fonts* auf Ihrem Computer, da Sie die Dateien in diesem Ordner im Verlauf des Vorgangs überschreiben werden. Vergessen Sie diesen Schritt nicht, er ist wichtig, da Sie ansonsten die Originalschriften später nicht wiederherstellen können.

3. Benennen Sie auf Ihrem Computer die Dateien der Schriften, die Sie hinzufügen möchten, genauso wie die Dateien der Schriftart, die Sie ersetzen möchten. Das heißt z. B.: Wenn Sie die Schriftart **Dosis** durch Ihre eigene ersetzen möchten, benennen Sie die Dateien *Dosis.ttf* und *DosisSerif.ttf*.

4. Wechseln Sie jetzt im Explorer in das Verzeichnis *fonts* auf Ihrem tolino. Hier liegen alle Dateien mit den Schriftarten, die der tolino darstellen kann. Kopieren Sie Ihre umbenannten Dateien in diesen Ordner, und überschreiben Sie die bestehenden Dateien.

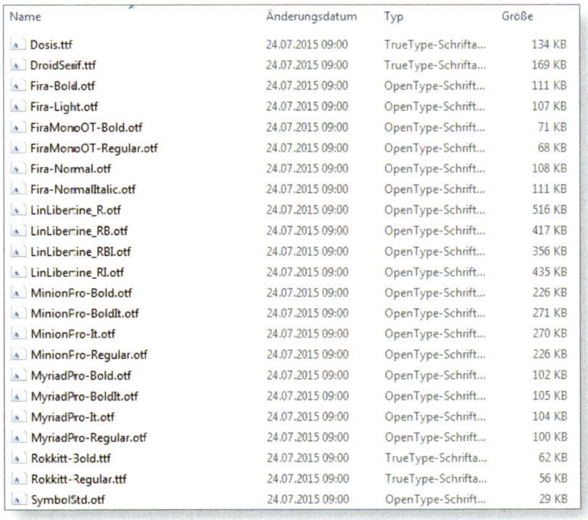

5. Jetzt müssen Sie die Dateien noch vor Überschreiben schützen, da Ihr tolino mitunter beim Neustart die Schriftartendateien ersetzt. Markieren Sie dazu die betreffenden Dateien, und klicken Sie sie mit der rechten Maustaste an.

6. Im Kontextmenü klicken Sie auf den Eintrag **Eigenschaften**. Aktivieren Sie im folgenden Dialogfenster mit einem Mausklick das Kästchen **Schreibgeschützt** ❶, und klicken Sie auf **OK**

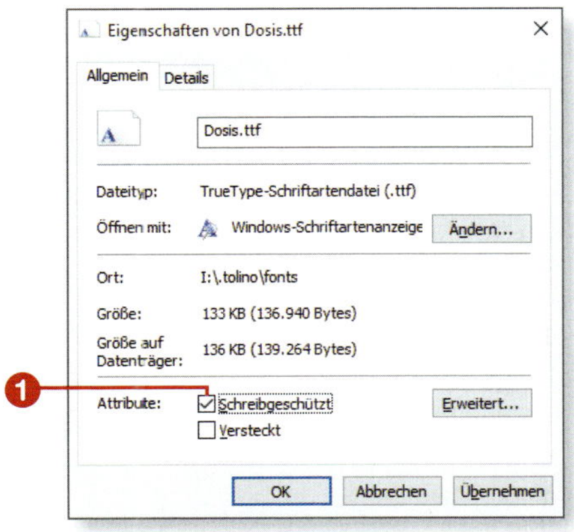

7. Wenn Sie nun in der Leseansicht über das Fenster **Textdarstellung** die geänderte Schrift aktivieren, wird Ihnen der Buchtext in der von Ihnen gewählten Schriftart dargestellt. In meinem Beispiel habe ich die

Schriftart Dosis ❶ durch die Schriftart Garamond ❷ ersetzt (Sie wählen sie aber weiterhin über **Dosis** ❸ im Fenster **Textdarstellung** an, da Sie die Schrift ja überschrieben haben), wie Sie in der folgenden Abbildung sehen können.

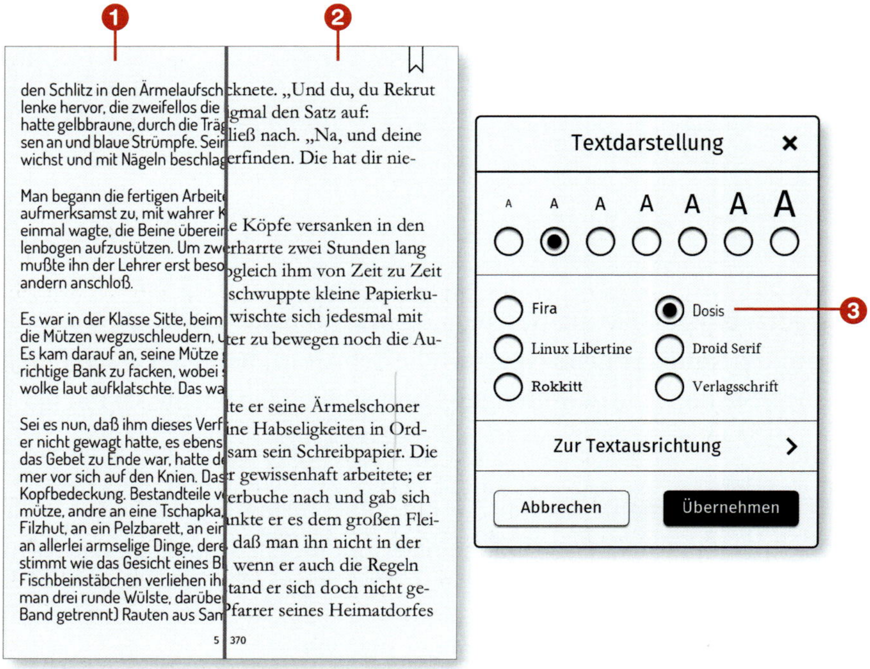

Mit diesem kleinen Trick können Sie also recht unkompliziert den tolino an Ihren persönlichen Geschmack anpassen.

TIPP

Sichern Sie auch Ihren angepassten Ordner »fonts«

Nachdem Sie Ihre Schriftarten auf dem tolino angepasst haben, empfiehlt es sich, auch den Ordner *fonts* mit den überschriebenen Dateien auf Ihrem Computer zu sichern. Es kann nämlich passieren, dass bei einem Softwareupdate der Ordner *fonts* überschrieben wird und somit Ihre erstellten Schriften nicht mehr verfügbar sind. Sollte das der Fall sein, können Sie einfach Ihre Sicherungskopie wieder auf den tolino überspielen, damit Sie Ihre Lieblingsschriften wieder an Bord haben.

Kapitel 7
Ihre E-Book-Sammlung verwalten

Wenn Sie eine echte Leseratte sind, werden Sie vermutlich innerhalb kürzester Zeit eine Menge Bücher in Ihrer Bibliothek gespeichert haben. Sie müssen also womöglich schon bald durch viele Seiten Ihrer Bibliothek blättern, wenn Sie ein bestimmtes Buch suchen, das Sie gerne weiterlesen möchten oder in dem Sie etwas nachschlagen wollen. Um Ihnen dabei das Leben zu erleichtern, werde ich Ihnen in diesem Kapitel die verschiedenen Möglichkeiten, die Ihnen der tolino zum Ordnen und Sortieren Ihrer Bücher bietet, vorstellen. So behalten Sie jederzeit den Überblick und wahren Ordnung in Ihrem digitalen Bücherregal.

Auch Ihre digitalen Bücher können Sie so übersichtlich ordnen wie gedruckte Bücher.

Mehr Übersicht durch verschiedene Ansichten

In Ihrer Bibliothek können sich Ihre Titel auf verschiedene Art anzeigen lassen – so, wie es Ihnen am besten gefällt oder Sie am ehesten den Überblick über Ihre Titel behalten. Möglicherweise reicht schon die Anpassung der Ansicht, damit Sie einen gesuchten Buchtitel schnell wiederfinden.

1. Tippen Sie auf der Startseite auf die Schaltfläche **Meine Bibliothek**.

2. Auf der Seite **Meine Bibliothek** stehen Ihnen in der oberen Menüleiste verschiedene Bedienelemente zur Verwaltung Ihrer Bibliothek zur Verfügung. Tippen Sie hier auf 👁 ❶, um die Darstellung Ihrer E-Books in der Bibliothek anzupassen.

3. Im folgenden Fenster stehen Ihnen nun zwei Einstellungsbereiche zur Verfügung: **Ansicht** ❷ und **Sortierung** ❸. Sie können also einerseits die Darstellung Ihrer Bibliothek, aber auch die Reihenfolge, in der Ihre Titel angezeigt werden, ändern. In der Standardeinstellung werden die Ansicht **Kachelansicht** und die Sortierung **Aktualität** verwendet. Das bedeutet, dass die Titel mit einem großen Titelbild und die Titel, die Sie zuletzt geladen oder gelesen haben, zuerst angezeigt werden.

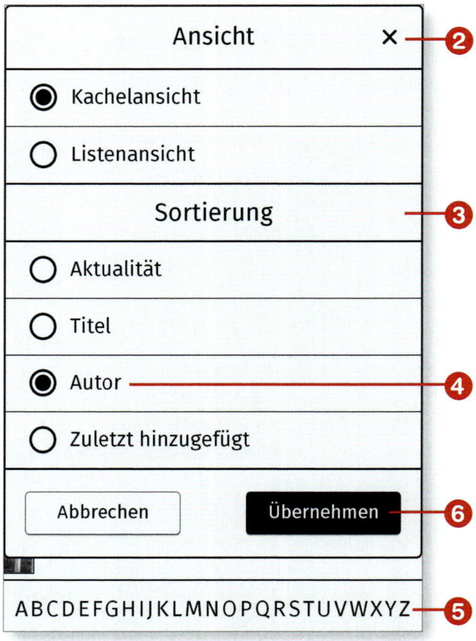

4. Tippen Sie beispielsweise auf die Sortierung **Autor** ❹, werden Ihre Bücher alphabetisch nach Autorennamen aufgelistet. Am unteren Bildschirmrand wird eine Alphabetleiste ❺ eingeblendet. Wenn Sie später nach dem Buch eines bestimmten Autors suchen, können Sie einfach auf den Anfangsbuchstaben des Nachnamens tippen, und Ihnen werden die entsprechenden Titel angezeigt.

5. Haben Sie die Sortierung geändert, bestätigen Sie die Einstellung, indem Sie auf die Schaltfläche **Übernehmen** ❻ tippen.

Mehr Übersichtlichkeit schafft – gerade bei vielen Titeln und einer Sortierung nach Autor – nicht nur eine andere Sortierung, sondern eine andere Darstellung der Bücher. Probieren Sie einmal aus, ob sie Ihnen besser gefällt.

1. Tippen Sie auf der Seite **Meine Bibliothek** auf 👁.

2. Tippen Sie hier auf die Option **Listenansicht**. Bestätigen Sie den Wechsel der Ansicht mit **Übernehmen**. Die Buchtitel werden nun untereinander als Liste aufgeführt. Die Titelbilder treten in dieser Bibliotheksansicht ein wenig in den Hintergrund, und die Seite wirkt aufgeräumter.

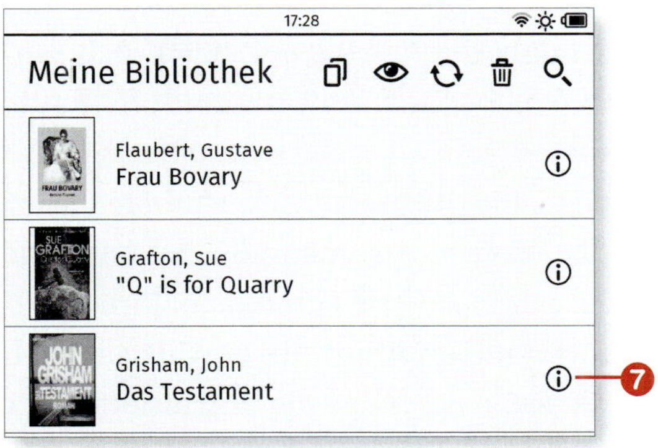

3. Ein Vorteil dieser Ansicht ist, dass Sie weitere Titelinformationen direkt aufrufen können. Für die Anzeige der Buchinformationen tippen Sie hinter dem entsprechenden Titel auf ⓘ ❼. In der Kachelansicht gelangen Sie zu den Informationen mit einem Long Press auf den Titel; in dem Menü, das dann erscheint, wählen Sie den Eintrag **Details**.

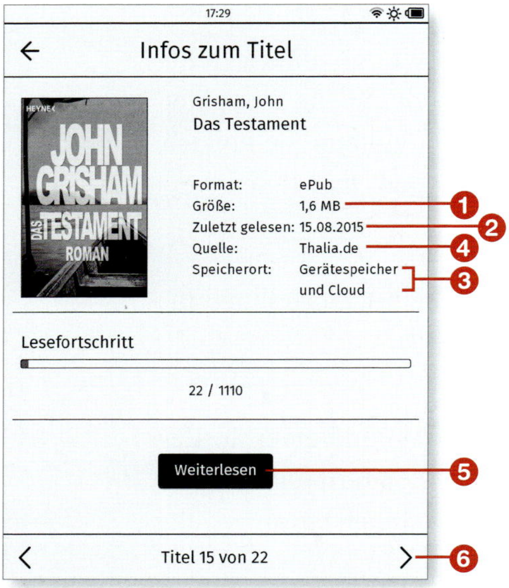

Auf der Seite **Infos zum Titel** können Sie beispielsweise sehen, wie groß das betreffende E-Book ist ❶, wann Sie es zuletzt gelesen haben ❷ und wo es aktuell gespeichert ist ❸. Weiterhin sehen Sie, wo Sie das Buch gekauft haben ❹. Wenn Sie auf die Schaltfläche **Weiterlesen** ❺ tippen, können Sie mit dem Lesen des Buches fortfahren. Mit den beiden Pfeilschaltflächen ❻ am unteren Bildschirmrand wechseln Sie zwischen den einzelnen Buchtiteln Ihrer Bibliothek.

Ich empfehle Ihnen, die verschiedenen Ansichtsoptionen Ihrer Bibliothek einfach einmal auszuprobieren. Verwenden Sie dann die Einstellung, die Ihnen am besten gefällt.

Eine Sammlung anlegen

Sammlungen auf Ihrem tolino können Sie sich als einzelne Regalfächer Ihres Buchregals vorstellen, in das Sie nur bestimmte Bücher stellen, z. B. ein Fach für all Ihre Krimis, ein Fach mit Sachbüchern und eines mit Reiseführern. Sie können aber auch eine Sammlung mit allen Büchern eines Autors anlegen. Sammlungen dienen also dazu, Ihre Bücher nach bestimmten Kriterien, die Sie festlegen, zu sortieren. Sie trennen bestimmte Bücher aufgrund der gewählten Kriterien voneinander oder legen sie zusammen. Ihre Bibliothek bleibt von angelegten Sammlungen unberührt, d. h., dort liegen nach wie vor alle Ihre Bücher, auch die, die Sie in Sammlungen organisiert haben.

1. Wechseln Sie zunächst von der Startseite in Ihre Bibliothek, indem Sie auf **Meine Bibliothek** tippen.

2. Tippen Sie in der Menüleiste Ihrer Bibliothek auf die Schaltfläche **Meine Sammlungen** ❼.

3. Auf der Seite **Meine Sammlungen** tippen Sie auf die Schaltfläche **Neue Sammlung erstellen** 8.

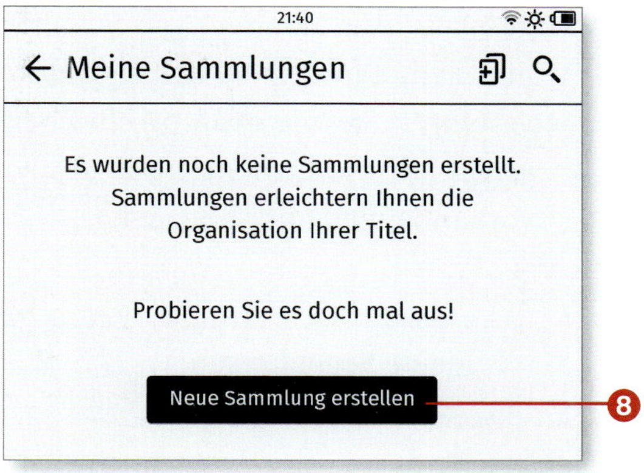

4. Auf der folgenden Seite tippen Sie zunächst in das Textfeld 9. Daraufhin wird die Bildschirmtastatur eingeblendet, und Sie können der Sammlung einen Namen geben. Tippen Sie auf **Übernehmen**, sobald Sie mit Ihrer Eingabe fertig sind.

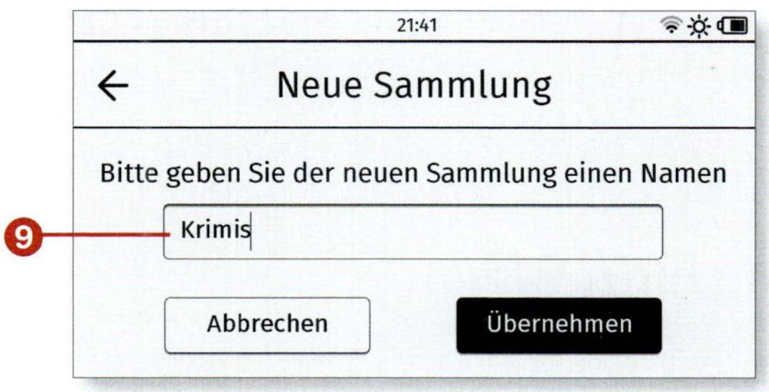

5. Als Nächstes tippen Sie auf der Seite **Titel hinzufügen** die Titel an, die der Sammlung zugeordnet werden sollen. Über die Pfeilschaltfläche am unteren Bildschirmrand können Sie die nächste Seite aufrufen, um weitere Titel auszuwählen.

6. Bestätigen Sie die Zuordnung der Titel zu der Sammlung, indem Sie auf **OK** ❶ oben rechts am Bildschirm tippen.

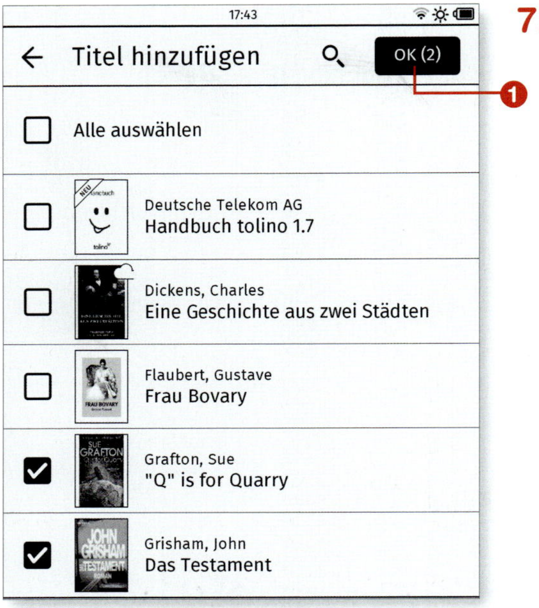

7. Auf diese Weise können Sie so viele Sammlungen anlegen, wie Sie möchten. Weitere Sammlungen legen Sie an, indem Sie auf der Seite **Meine Sammlungen** auf die **Sammlungen**-Schaltfläche mit dem Plussymbol ❷ tippen; dann verfahren Sie wie oben beschrieben. Sie sehen auf dieser Seite auch die bereits vorhandenen Sammlungen ❸.

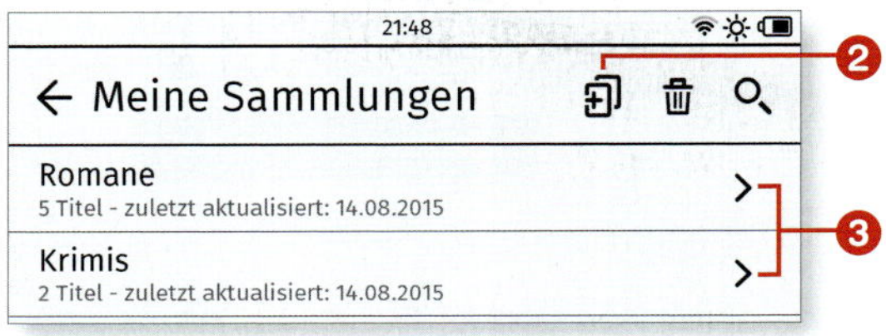

Möchten Sie sich nun eine Sammlung anschauen, tippen Sie auf der Seite **Meine Sammlungen** auf den Namen der Sammlung.

Daraufhin werden Ihnen nur die Bücher präsentiert, die Sie in dieser Sammlung gespeichert haben.

Bücher einer Sammlung hinzufügen

Es versteht sich von selbst, dass Sammlungen mit der Zeit wachsen. Nachdem Sie Ihr Buchregal einmal sortiert haben, stellen Sie ja auch den nächsten Krimi nicht in das Regalfach der Reiseführer. Auf dem tolino ist das natürlich nichts anderes: Haben Sie einen neuen Roman gekauft, können Sie ihn jederzeit einer bestehenden Sammlung hinzufügen.

1. Um einer Sammlung neue Bücher hinzuzufügen, öffnen Sie die gewünschte Sammlung auf der Seite **Meine Sammlungen** (**Meine Bibliothek ▸ Meine Sammlungen**).

2. Tippen Sie in Ihrer Sammlung oben in der Menüleiste auf das Bleistiftsymbol ❹.

3. Daraufhin wird ein Fenster mit verschiedenen Bearbeitungsoptionen eingeblendet, tippen Sie auf die Schaltfläche **Titel hinzufügen** ❺.

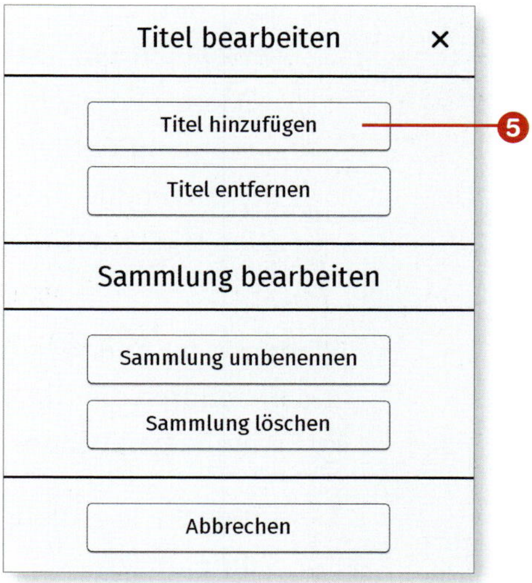

4. Daraufhin gelangen Sie auf die Seite **Titel hinzufügen** (siehe Abschnitt »Eine Sammlung anlegen« auf Seite 160) mit allen Titeln Ihrer Bibliothek. Tippen Sie auf den Titel, den Sie in die Sammlung aufnehmen möchten, und bestätigen Sie Ihre Wahl mit **OK**. Der gewählte Titel wird daraufhin in die bestehende Sammlung aufgenommen.

Wenn Sie möchten, können Sie einen Buchtitel auch in mehrere Sammlungen gleichzeitig sortieren: Haben Sie beispielsweise eine Sammlung mit allen Büchern Ihrer Lieblingsautorin, können Sie den neuesten Krimi von ihr auch noch Ihrer Krimi-Sammlung hinzufügen.

Bücher aus Sammlungen löschen

Genauso einfach, wie Sie einer Sammlung Titel hinzufügen können, lassen sich einzelne Titel auch wieder aus einer Sammlung entfernen.

1. Dazu öffnen Sie die entsprechende Sammlung und tippen auf das Bleistiftsymbol.

2. Im folgenden Fenster mit den verschiedenen Bearbeitungsoptionen tippen Sie auf die Schaltfläche **Titel entfernen**.

3. Sie erhalten dann den Hinweis, dass die Titel, die Sie aus einer Sammlung entfernen, nicht generell aus Ihrer Bibliothek gelöscht werden. Tippen Sie hier auf **OK**.

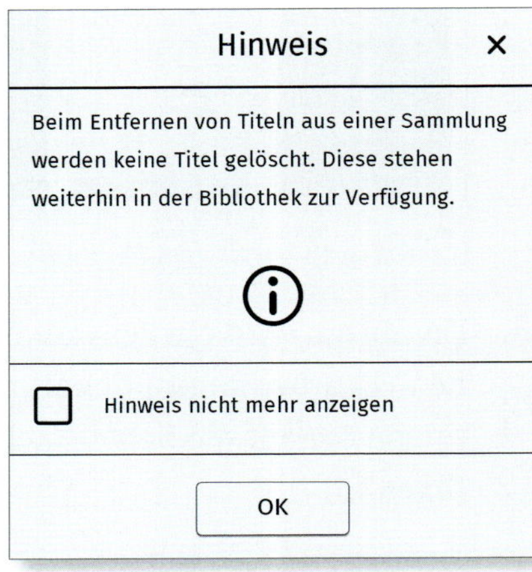

4. Auf der Seite **Titel entfernen** setzen Sie ein Häkchen vor die Bücher, die nicht mehr in der Sammlung enthalten sein sollen. Bestätigen Sie die Aktion mit der Schaltfläche **OK** oben rechts.

Wenn Sie im Eifer des Gefechts zu viele Sammlungen angelegt haben und Ihnen dadurch die Übersicht verloren geht, können Sie natürlich auch ganze Sammlungen wieder löschen.

1. Rufen Sie Ihre Bibliothek auf, und tippen Sie auf die Schaltfläche **Meine Sammlungen**.

2. Auf der Seite **Meine Sammlungen** tippen Sie auf .

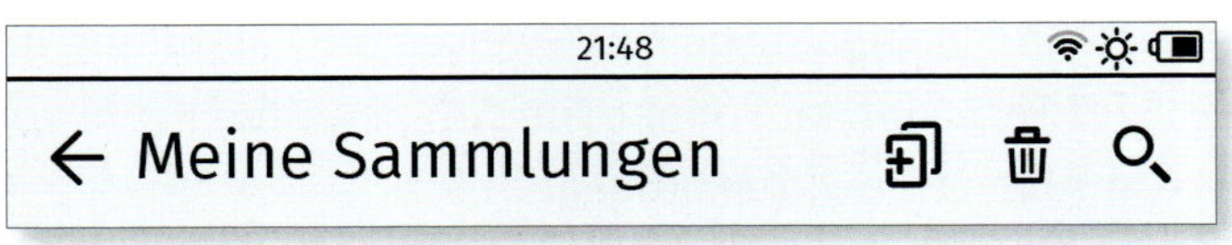

3. Sie erhalten den Hinweis, dass beim Löschen einer Sammlung keine Titel gelöscht werden. Bestätigen Sie den Hinweis mit **OK**.

4. Tippen Sie auf der Seite **Sammlungen löschen** die Sammlung an, die Sie entfernen möchten (Sie können auch mehrere anhaken), und tippen Sie dann auf die Schaltfläche **Weiter** ❶.

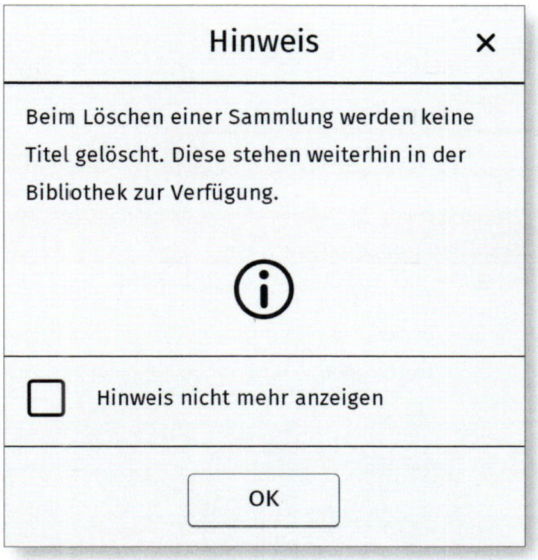

Das war's. Der tolino bestätigt kurz das Entfernen der Sammlung.

Inhalte in der tolino Cloud lesen und verwalten

In der Cloud liegen die Bücher, die Sie in Ihrem tolino-Shop erworben, sowie die Bücher und Dokumente, die Sie in die tolino Cloud hochgeladen haben. Die Inhalte Ihrer Cloud können Sie an Ihrem Computer auf der Internetseite Ihres tolino-Buchhändlers einsehen, und Sie gelangen von hier aus auch zum Reader, wo Sie Ihre Bücher direkt an Ihrem PC lesen können.

1. Öffnen Sie im Internetbrowser die Startseite Ihres tolino-Buchhändlers.

2. Klicken Sie auf **Mein [Buchhändlername]** beziehungsweise **Anmelden/ Mein Konto** (❶ auf Seite 166), um sich mit Ihrem Benutzernamen und Kennwort anzumelden.

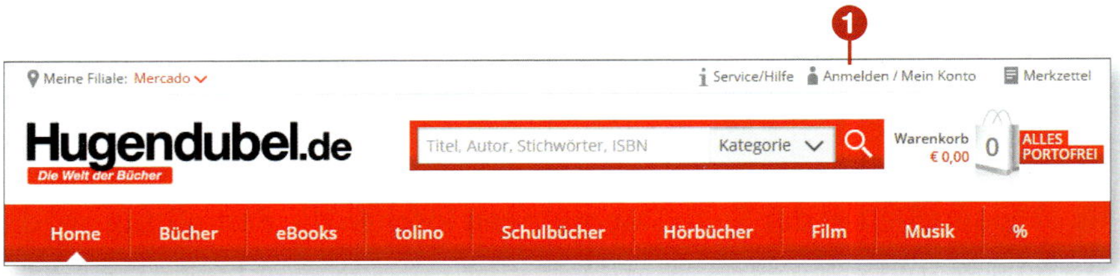

3. Über den Link **Meine eBooks** ❷ gehen Sie zunächst in Ihre Bibliothek bei dem betreffenden Buchhändler.

4. Von dort gelangen Sie dann in die Cloud. Klicken Sie in Ihrem Konto auf die Schaltfläche **Mein Webreader** ❸ (bei Thalia und bei Weltbild nennt sich die Schaltfläche **Zum Webreader**).

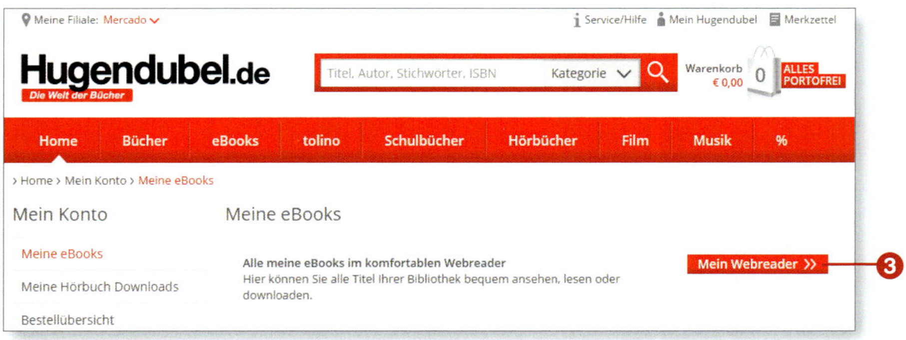

Daraufhin wird Ihnen Ihre Bibliothek in der tolino Cloud mit dem aktuellen Inhalt angezeigt. Sie sehen die Titelbilder Ihrer Bücher **4**, im unteren Bereich werden Titel eingeblendet, die der Shop empfiehlt. Über die Schaltfläche **Menü** ≡ **5** rufen Sie unter anderem die **Geräteverwaltung** auf. Rechts oben sehen Sie zwei Schaltflächen **6**: den Papierkorb 🗑 zum Löschen von Titeln und die Schaltfläche **Hochladen** ☁, über die Sie Titel in die tolino Cloud laden können.

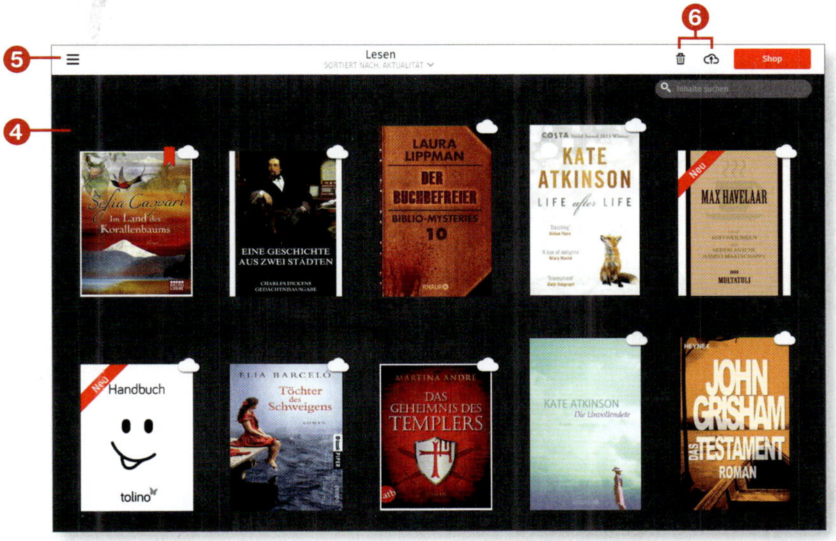

5. Zum Lesen klicken Sie den Titel einfach an. Anschließend erscheint ein Hinweis, dass der Titel geladen wird. Dann sehen Sie die erste beziehungsweise die zuletzt gelesene Seite des Buches. Prinzipiell ist die Bedienung des Readers an die des tolino angelehnt. Zur nächsten Seite gelangen Sie mit Druck auf die Taste → auf der Tastatur, mit dem Scrollrad Ihrer Maus oder einfach per Mausklick (bei einem Touch-Display natürlich auch über die Berührung des Bildschirms).

6. Klicken Sie ein Buchcover in Ihrer Bibliothek mit der rechten Maustaste an, wird der Bildschirm etwas

abgedunkelt, und es werden in einem Halbkreis einige Bearbeitungsschaltflächen für diesen Titel angezeigt. Klicken Sie auf ⓘ, um sich Detailinformationen wie etwa den Verlag anzeigen zu lassen. Über das Buchsymbol gelangen Sie zur Leseansicht. Mit einem Klick auf das Wolkensymbol laden Sie den Titel auf Ihren Rechner. Klicken Sie auf das Papierkorbsymbol, um den Titel aus der tolino Cloud zu löschen.

Klicken Sie auf das Bleistiftsymbol, können Sie die Detailinformationen des Buchtitels bearbeiten ❶ und z. B. ein neues Titelbild ❷ hochladen.

7. Wenn Sie mehrere Titel auf einmal löschen möchten, klicken Sie auf das Papierkorbsymbol oben rechts. Anschließend können Sie die zum Löschen vorgesehenen Titel einfach anklicken. Auf den ausgewählten Büchern erscheint jeweils ein Häkchen. Klicken Sie zu guter Letzt auf die Schaltfläche **Löschen** ❸.

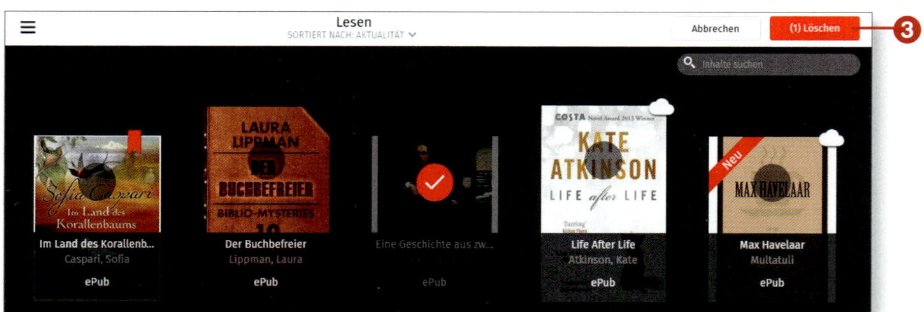

8. Bestätigen Sie im folgenden Hinweisdialog den Löschvorgang mit einem Klick auf die Schaltfläche **Löschen**.

9. Um dann wieder zurück in die Bibliotheksübersicht zu gelangen, klicken Sie im Bestätigungsdialog auf die Schaltfläche **OK**.

10. Wenn Sie auf die Schaltfläche **Hochladen** (6 auf Seite 167) klicken, wird das Dialogfenster **Datei hochladen** geöffnet. Wählen Sie die Datei auf Ihrem Computer aus, die Sie hochladen möchten. Sie muss natürlich in einem Format vorliegen, das der tolino anzeigen kann, also im EPUB-Format, im ACSM-Format oder im PDF-Format. Eine TXT-Datei könnten Sie übrigens auch in die Cloud laden.

    Nach einem kurzen Moment erscheint der neue Titel in der Cloud, geschmückt mit einem Lesezeichen als Zeichen dafür, dass dieser Titel der jüngste in der Cloud ist.

11. Wenn Sie in dem Halbkreis auf das Cloud-Symbol zum Herunterladen klicken, erhalten Sie zunächst einen kleinen Dialog mit Informationen zum ausgewählten Titel. Sofern es sich um ein geschütztes Buch handelt, müssen Sie nun auf die Schaltfläche **Downloadlink anfordern** klicken. Nach einem kurzen Moment ist der Link erstellt, und die Schaltfläche ist mit **Herunterladen** beschriftet. Bei nicht geschützten Titeln heißt die Schaltfläche gleich **Herunterladen**.

12. Anschließend erhalten Sie den Dialog zum Speichern der Datei. Wenn Sie den Dialog nicht erhalten, liegt das an der Einstellung Ihres Browsers, und die Datei wird direkt in Ihren Download-Ordner (in der Regel ist das *C:\Benutzer\[Benutzername]\Downloads*) abgelegt. Denken Sie daran, dass Sie bei ungeschützten Titeln direkt die EPUB-Datei erhalten

und bei geschützten Büchern nur die ACSM-Datei, mit der Ihr Reader erst die EPUB-Datei laden kann (siehe Abschnitt »DRM und Adobe-ID: Was ist das eigentlich«, Seite 96).

13. Ähnlich wie Sie die Darstellung der Bibliothek auf Ihrem tolino ändern können, können Sie auch die Sortierung und Darstellung in der Cloud anpassen. Klicken Sie dazu auf das Wort **Lesen** oben in der Mitte des Bildschirms. Wählen Sie dann die gewünschte Ansicht und Sortierung.

14. Möchten Sie die tolino Cloud wieder verlassen, klicken Sie auf die Schaltfläche **Menü** ❶ und wählen hier **Mein Konto**. Im nächsten Fenster klicken Sie auf **Abmelden**.

Wie Sie sehen, ist der Umgang mit der tolino Cloud recht einfach, und viele Symbole und Schaltflächen lassen sich intuitiv erfassen. Zur besseren Übersicht habe ich Ihnen in der folgenden Tabelle noch einmal die wichtigsten Schaltflächen, die Ihnen nach einem Rechtsklick auf einen Buchtitel in der Cloud angezeigt werden, und ihre Bedeutung zusammengefasst.

Über das Papierkorbsymbol löschen Sie einzelne Titel.	Mithilfe dieser Schaltfläche laden Sie den Titel auf Ihren Computer herunter.	Hiermit rufen Sie die Leseansicht Ihrer tolino Cloud auf.	Dies ruft einen Dialog mit Detailinformationen zum ausgewählten Buch auf.

Einige Symbole der tolino Cloud und Ihre Bedeutung

INFO

Geräteverwaltung

Über das DRM wird sichergestellt, dass nicht »Gott und die Welt« auf Ihre Bücher zugreifen kann. In der tolino-Welt bedeutet dies z. B., dass Sie sich mit Ihrem Benutzerkonto auf maximal fünf Geräten gleichzeitig anmelden und damit auf Ihre Bücher in der tolino Cloud zugreifen können. Diese Beschränkung erreicht man mitunter schneller, als man denkt, da jeder tolino, jedes Smartphone und jeder Reader im Webbrowser als ein Gerät gezählt werden. Daher ist es manchmal notwendig, alte Geräte zu entfernen. Dies erledigen Sie in der Geräteverwaltung, die Sie im Webreader über die Schaltfläche **Menü** erreichen. Entfernen Sie in der Auflistung einfach das entsprechende Gerät mit einem Klick auf **Abmelden**.

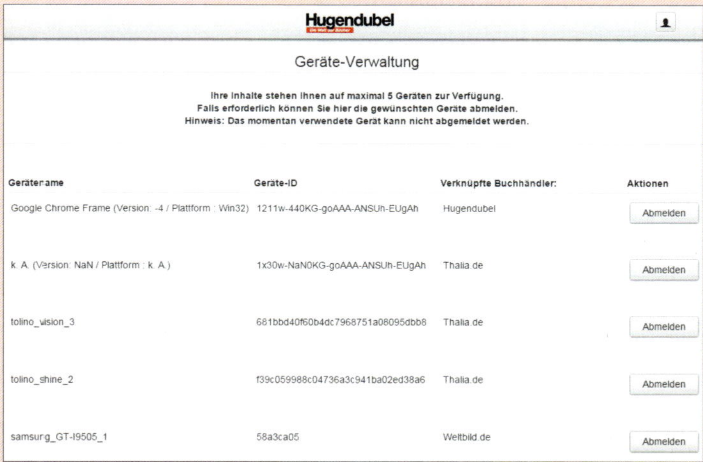

Die Lese-App auf Ihrem Smartphone oder Tablet nutzen

Sicherlich werden Sie Ihren tolino als Lesegerät nicht missen wollen, aber manchmal gibt es vielleicht Situationen, in denen Sie ihn nicht greifbar haben. Sofern Sie aber Besitzer eines Smartphones oder Tablets sind, können Sie trotzdem auf die Bücher Ihrer tolino-Bibliothek zugreifen. Möglich machen das die tolino Cloud und spezielle kostenlose Lese-Apps der tolino-Buchhändler. Diese stehen Ihnen sowohl für Ihr Android-Smartphone als auch für Ihr iPhone oder iPad zur Verfügung.

Als Erstes müssen Sie sich die Lese-App Ihres Buchhändlers auf Ihr Smartphone herunterladen und installieren. In diesem Buch stelle ich Ihnen in erster Linie den tolino vor, daher werde ich Ihnen die Verwendung der Lese-App nur in aller Kürze beschreiben, da dies ansonsten den Rahmen sprengen würde.

1. Rufen Sie den Google Play Store beziehungsweise auf Ihrem iPhone den App Store auf, und suchen Sie über das Suchfeld nach »tolino«. In der Regel werden Ihnen mit diesem Suchwort die Lese-Apps der teilnehmenden Buchhändler angezeigt, und Sie können die Ihres Buchhändlers auswählen. Wir nutzen als Beispiel die Lese-App »Thalia mit tolino«.

2. Tippen Sie im Store auf die gewünschte App, um die Detailansicht aufzurufen.

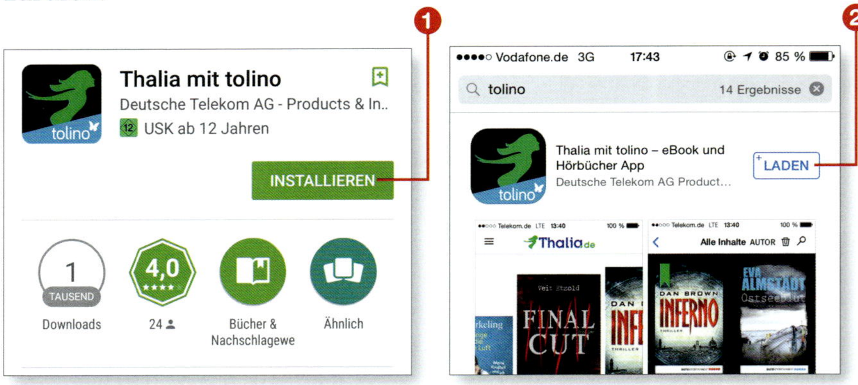

3. Tippen Sie nun auf die Schaltfläche **Installieren** ❶ beziehungsweise **Laden** ❷. Je nach Einstellung auf Ihrem Smartphone müssen Sie Ihr Kennwort für den Store eingeben, um das Herunterladen zu starten. Die Installation wird danach ausgeführt, es dauert nur einige Sekunden.

4. Kurz danach sehen Sie die Lese-App in der Sammlung Ihrer Apps. Tippen Sie das Symbol an, um die App zu öffnen.

5. Sie werden beim ersten Start der App aufgefordert, sich anzumelden. Passiert das nicht, rufen Sie über das Menü der App (beispielsweise über die Schaltfläche ≡) den Punkt **Mein Konto** auf. Benutzen Sie zum Anmelden Ihre Benutzerdaten, die Sie auch auf Ihrem tolino verwenden. Tippen Sie nach der Eingabe auf **Login**.

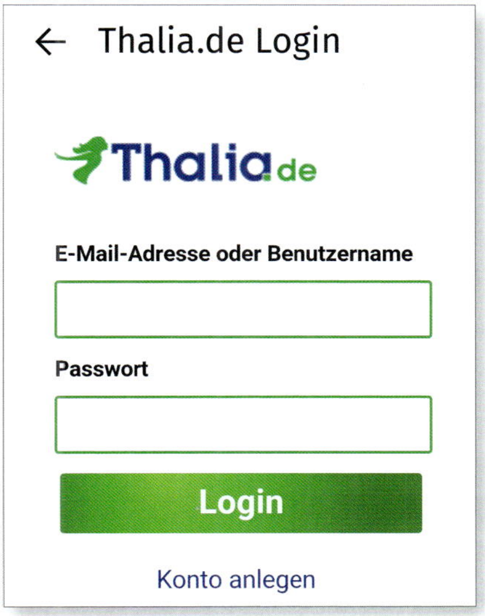

Daraufhin verbindet sich die App mit Ihrem Konto bei dem gewählten Buchhändler und lädt Ihre Bibliothek. Kurze Zeit später sehen Sie die Bücher, die Sie auf Ihrem tolino haben, auch in der Lese-App auf Ihrem Smartphone. Voraussetzung dafür ist allerdings, dass sie auch in der tolino Cloud gespeichert sind.

6. Wenn Sie einen Titel antippen, beginnt der Download, und in null Komma nichts wird das Buch geöffnet und die erste Seite angezeigt beziehungsweise die Seite, auf der Sie auf dem tolino zuletzt gelesen haben.

Auf diese Weise können Sie Ihre E-Books auch unterwegs auf dem Smartphone lesen, sollten Sie einmal Ihren tolino vergessen haben. Beachten Sie, dass Sie für das Herunterladen des E-Books eine Internetverbindung benötigen und Sie gegebenenfalls die Option **Mobile Daten** auf Ihrem Smartphone aktivieren müssen.

7. Wie auf Ihrem tolino tippen Sie zum Weiterblättern in der Lese-App irgendwo auf der rechten Seite auf den Bildschirm Ihres Smartphones. Im Übrigen ähnelt die gesamte Bedienung der Lese-App der des tolino.

8. Wenn Sie in die Mitte der Seite tippen, erscheinen am oberen und unteren Rand Bedienelemente, die annähernd dem Lesemenü des tolino entsprechen.

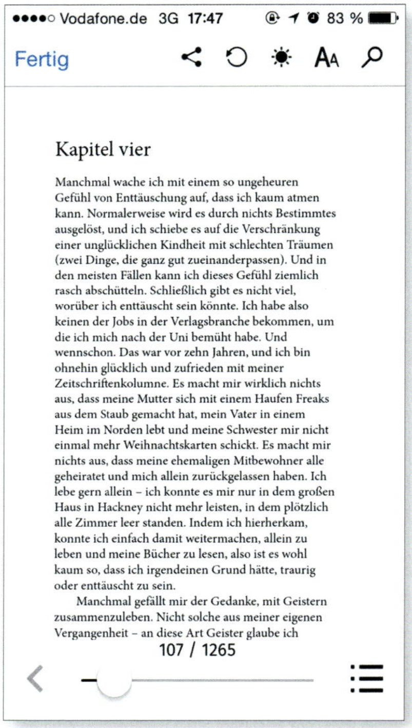

9. Um ein Lesezeichen in der Lese-App zu setzen, tippen Sie auf der entsprechenden Seite in die rechte obere Ecke.

Um das Buch in der App zu schließen, tippen Sie im Lesemenü auf den nach links zeigenden Pfeil. Sie gelangen dann wieder in Ihre Bibliothek. Um die Lese-App zu verlassen, nutzen Sie die üblichen Wege Ihres Smartphones, drücken Sie also z. B. die Zurück-Taste oder den Home-Button Ihres Smartphones.

Praktischerweise sendet auch die Lese-App auf Ihrem Smartphone die Lesefortschritte an die tolino Cloud. Wenn Sie also das nächste Mal Ihren tolino zur Hand nehmen und dieser mit einem WLAN verbunden ist, öffnet sich das Buch, das Sie in der Lese-App gelesen haben, an derselben Stelle.

E-Books auf dem tolino suchen

Wenn Ihre Bibliothek so ausufernd groß geworden ist, dass auch eine Einteilung in Sammlungen das Auffinden von Büchern nicht erleichtert, und Sie Ihren Lieblingstitel beim besten Willen nicht mehr finden können, dann hilft die Suche.

1. Wechseln Sie von der Startseite in Ihre Bibliothek, und tippen Sie dort in der Menüleiste oben rechts auf 🔍.

2. Daraufhin werden am oberen Bildschirmrand ein Suchfeld eingeblendet sowie die beiden Registerkarten **Meine Bibliothek** und **Shop**. Tippen Sie in das Suchfeld, und geben Sie mithilfe der Bildschirmtastatur den gewünschten Suchbegriff ein. Tippen Sie anschließend auf 🔍 rechts neben dem Suchfeld, um die Suche zu starten.

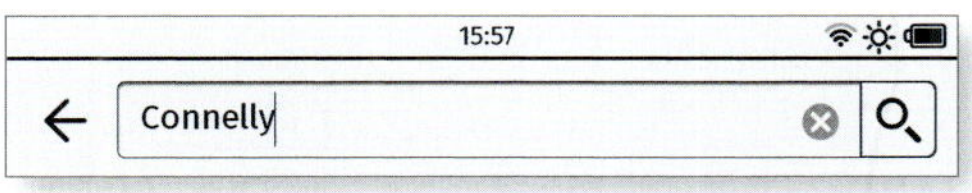

3. Nach kurzer Zeit wird Ihnen das Ergebnis präsentiert. Die Titel in Ihrer Bibliothek, die dem Suchbegriff entsprechen, werden auf der Registerkarte **Meine Bibliothek** angezeigt. Tippen Sie einfach auf einen Titel, um das Buch zu öffnen.

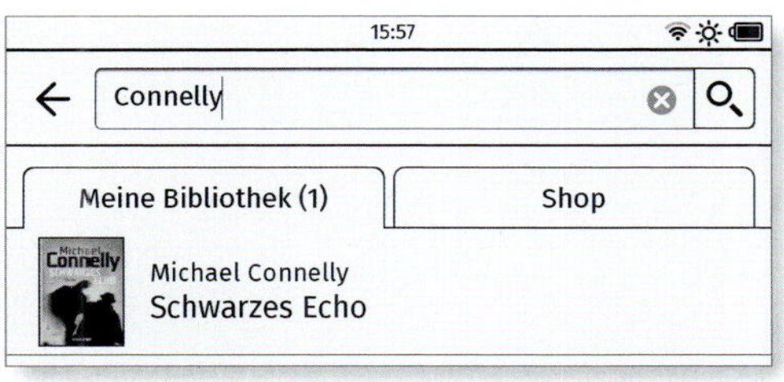

4. Auf der Registerkarte **Shop** finden Sie alle Titel, die Sie passend zum Suchbegriff noch erwerben können.

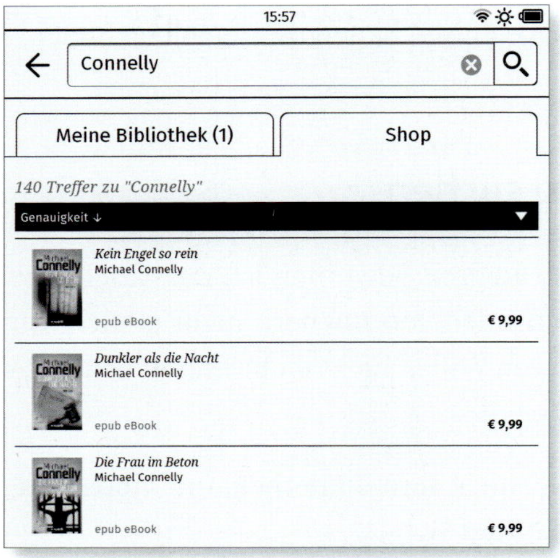

So können Sie also auch bequem in den Shop wechseln und neues Lesefutter von Ihrem Lieblingsautor finden. Beachten Sie dabei allerdings, dass Ihr tolino dazu eine Verbindung zum Internet benötigt.

Kapitel 8
Den tolino sichern und warten

Sie werden Ihren tolino mit Sicherheit viel unterwegs benutzen und vielleicht auch einmal »unbeaufsichtigt« herumliegen lassen. Daher empfehle ich Ihnen, Ihren tolino vor unbefugten Zugriffen mit einer Zahlensperre abzusichern. Sie sollten aber auch darauf achten, dass Sie Ihre Daten in regelmäßigen Abständen auf Ihrem Computer oder in der tolino Cloud sichern, sodass Sie bei Verlust oder Beschädigung Ihres tolino weiterhin darauf zugreifen können. In diesem Kapitel werde ich Ihnen im Detail erläutern, wie Sie dazu vorgehen müssen. Darüber hinaus erfahren Sie, wie Sie Ihren tolino aktualisieren und, wenn nötig, auf die Werkseinstellung zurücksetzen können.

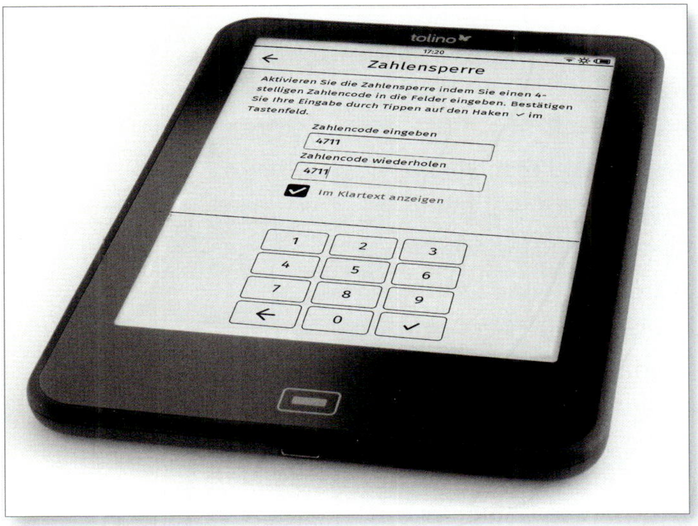

Dieser tolino vision 3 HD ist mit einer Zahlensperre geschützt.

So sichern Sie Ihren tolino

Der tolino macht es Ihnen relativ einfach, auf den Fall der Fälle vorbereitet zu sein. Sie können Bücher und Dateien, die Sie auf Ihrem tolino gespeichert haben, relativ einfach durch eine Kopie absichern. Prinzipiell gibt es für die Sicherungskopie Ihrer Bücher zwei Wege: Sie können diese in die tolino Cloud hochladen oder eine lokale Kopie auf Ihrem Computer erstellen. Wie Sie Ihre Bücher in die tolino Cloud laden – sofern sie nicht ohnehin durch den Kauf bei einem tolino-Partner dort gespeichert sind –, erfahren Sie im Abschnitt »Inhalte vom tolino in die tolino Cloud übertragen« ab Seite 151.

INFO

Datensicherung in der tolino Cloud

Die Datensicherung in der tolino Cloud ist eine feine Sache und vor allem sehr bequem, um zwischendurch Bücher oder Dokumente zu sichern. Diese Sicherungsart empfehle ich Ihnen, die lokale Sicherung sollten Sie nur als zusätzliche Aktion durchführen. Sie sollten bei der Sicherung in der Cloud allerdings bedenken, dass Sie eine Internetverbindung benötigen, um Ihre Daten zu sichern und um später wieder an Ihre gesicherten Daten zu kommen.

Um Ihre Bücher auf einem Computer zu sichern, müssen Sie Ihren tolino mit dem mitgelieferten USB-Kabel mit dem Computer verbinden. Diesmal geht es nicht darum, Daten vom Computer auf den tolino zu laden (wie im Abschnitt »PDFs, Word- und Textdokumente auf den tolino laden« ab Seite 137 beschrieben), sondern – andersherum – Daten vom tolino auf Ihren Computer zu kopieren.

1. Verbinden Sie Ihren tolino mithilfe des USB-Kabels mit Ihrem Computer.

2. Auf dem Bildschirm Ihres tolino sehen Sie nun den Hinweis, dass der tolino über USB mit Ihrem Computer verbunden ist (siehe Abbildung auf der vorangegangenen Seite).

   Unter Windows 8.1 und Windows 10 wird automatisch ein Explorer-Fenster mit dem Laufwerk *tolino* eingeblendet. In älteren Windows-Versionen sehen Sie nach dem Anschließen das Dialogfenster **Automatische Wiedergabe**, klicken Sie hier auf die Option **Ordner öffnen, um Dateien anzuzeigen**.

3. Wenn weder das eine noch das andere passiert, rufen Sie den Explorer selbst auf und öffnen per Mausklick das Laufwerk *tolino* ❶. Dann wird Ihnen im rechten Fenster des Explorers die Ordnerstruktur ❷ des tolino angezeigt.

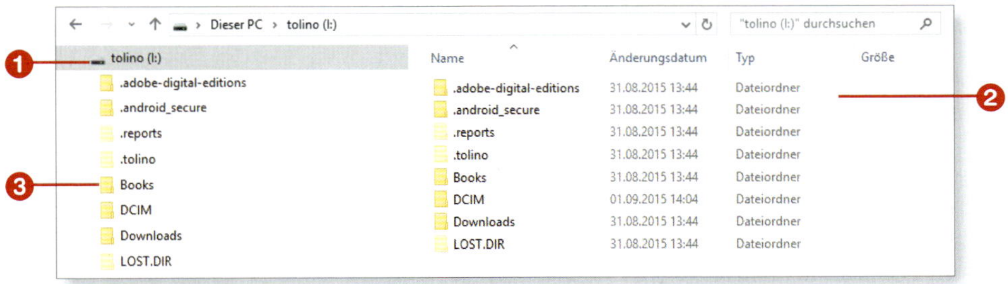

4. Die meisten Dateien zu Ihren Büchern auf dem tolino finden Sie im Ordner *Books* ❸. Klicken – je nach Einstellung und Windows-Version müssen Sie evtl. auch doppelt klicken – Sie auf den Ordnernamen, um diesen Ordner zu öffnen und den Inhalt im Explorer angezeigt zu bekommen.

   In der Abbildung sehen Sie, dass auf dem tolino sowohl Ordner, die wiederum E-Book-Dateien enthalten, als auch einzelne Buchdateien vorhanden sind.

5. Um auf Nummer sicher zu gehen und alles mitzunehmen, markieren Sie alle Dateien und Unterordner. Klicken Sie dazu auf der Register-

karte **Start** in der Gruppe **Auswählen** auf den Befehl **Alles auswählen** ❶ (Windows 8.1 und 10), in Windows 7 finden Sie den Befehl im Menü der Schaltfläche **Organisieren**.

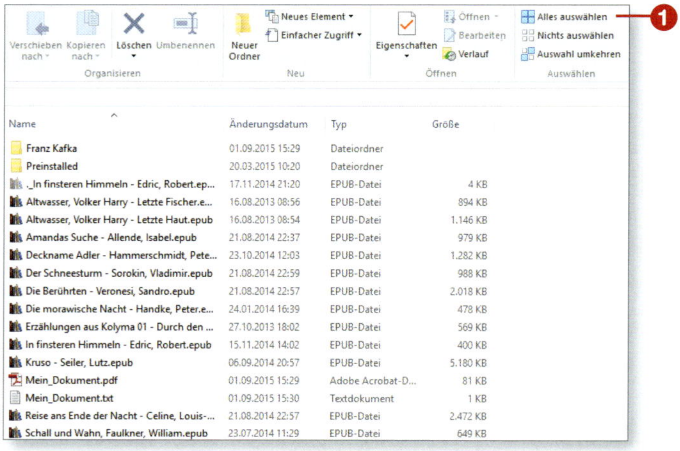

6. Jetzt sind alle Dateien und Ordner des Verzeichnisses *Books* markiert, klicken Sie im Menüband einfach auf die Schaltfläche **Kopieren** ❷.

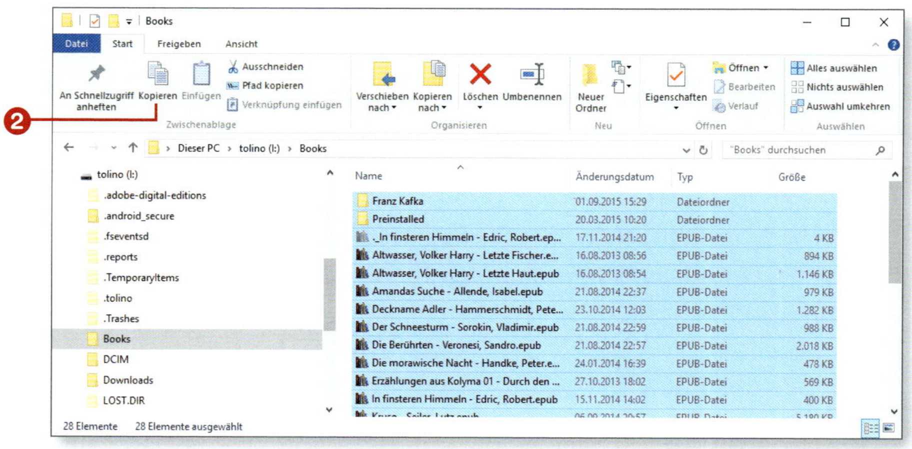

7. Öffnen Sie im Explorer den Ordner auf Ihrem Computer, in dem Sie die Dateien sichern möchten. Wenn Sie unsicher sind, wo Sie die Daten ablegen sollen, empfehle ich Ihnen den Windows-Ordner *Dokumente*.

Dort erstellen Sie mit Rechtsklick und Wahl von **Neu ▸ Ordner** ❸ einen Ordner und nennen ihn »tolino-Sicherung«. Klicken Sie in diesem Ordner auf den Befehl **Einfügen** ❹, um die Dateien in diesem Ordner abzulegen.

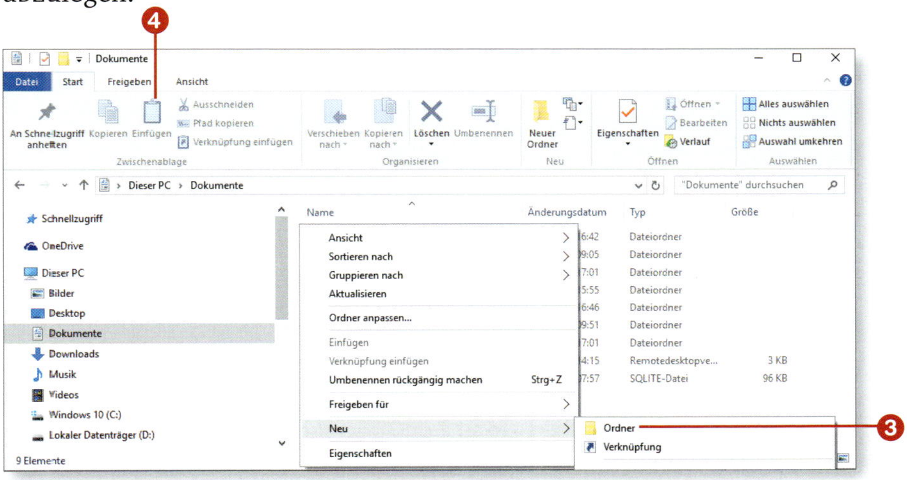

Möchten Sie ohnehin den gesamten Inhalt des Ordners *Books* speichern, können Sie auch nur diesen markieren und wie beschrieben auf Ihren Computer kopieren. Daraufhin werden auch alle enthaltenen Ordner und Dateien kopiert.

ACHTUNG

Einstellungen und Zugangsdaten eigens sichern

Es ist derzeit leider nicht möglich, vorgenommene Einstellungen und Zugangsdaten, wie z. B. eingerichtete Sammlungen oder WLAN-Passwörter, auf die Schnelle mithilfe einer Datensicherung zu speichern. Diese Einstellungen müssen Sie klassisch auf Papier notieren und gegebenenfalls neu einrichten und speichern.

Sie haben nun also den gesamten Inhalt des Ordners *Books* Ihres tolino gesichert. Leider können Sie damit aber noch nicht sicher sein, wirklich alle Bücher und Dokumente, die sich auf Ihrem tolino befinden, gesichert zu haben, da Buchdateien nicht nur im Verzeichnis *Books* gespeichert werden. Sie finden weitere wichtige Dateien in den Ordnern *.tolino\epub*, *.tolino\pdf*, *.tolino\txt*, *.tolino\extracts* sowie *.tolino\documents*. Auch diese Verzeichnisse sollten Sie bei einer Sicherungsaktion berücksichtigen. In der folgenden Tabelle sehen Sie, welche Dateien in welchen Verzeichnissen gespeichert werden.

Ordner	Inhalt
Books	In diesen Ordner sollten Sie Ihre E-Books legen, wenn Sie sie selbst von Ihrem Computer auf den tolino kopieren. Auch die vorinstallierten Bücher, die Sie von den tolino-Partnern geschenkt bekommen, werden in diesem Verzeichnis gespeichert.
.tolino\epub	Hier finden Sie die EPUB-Dateien, die Sie im tolino-Shop Ihres E-Book-Readers geladen oder im Internetshop eines tolino-Buchhändlers gekauft und über die tolino Cloud auf Ihren tolino geladen haben.
.tolino\pdf	In den Ordner *pdf* legt Ihr tolino PDF-Dateien, die Sie aus der tolino Cloud herunterladen.
.tolino\txt	In den Ordner *txt* legt Ihr tolino TXT-Dateien, die Sie aus der tolino Cloud herunterladen.
.tolino\documents	Hier liegen die Dateien der Bücher, die Sie in einem tolino-Partnershop gekauft haben.

Ordner des tolino mit Beschreibung des Inhalts

Bedenken Sie bei Ihrer Sicherungsaktion, dass Ihnen bei geschützten Büchern (DRM) ein einfaches Kopieren der Buchdateien wenig hilft, da Sie die Dateien nicht einfach wieder auf einen anderen tolino oder sonstige Lesegeräte kopieren und anschließend lesen können. Dieser Vorgang ist durch den Kopierschutz unterbunden. Bei Titeln, die Sie bei den tolino-Partnern gekauft haben, ist das allerdings kein Problem, da Sie sich auf die Funktion der Cloud verlassen können, sodass Sie eigentlich keine gesonderten Sicherungskopien erstellen müssen.

Freie Bücher (ohne DRM-Schutz) und sonstige Dateien, die Sie auf Ihrem tolino haben, z. B. selbst erstellte EPUB-Dateien (lesen Sie dazu den Abschnitt »EPUB-Dateien mit Calibre erstellen« ab Seite 143), sollten Sie aber wie oben beschrieben sichern.

Eine Zahlensperre einrichten

Auch Ihren tolino können Sie, ähnlich wie jeden guten Computer oder jedes Smartphone, vor missbräuchlicher Nutzung schützen. Richten Sie dazu einen Zahlencode ein, den Sie dann wie ein Passwort auf einem Computer nach dem Einschalten und Aufwachen des tolino eingeben müssen, um ihn benutzen zu können.

1. Tippen Sie auf der Startseite des tolino auf die Schaltfläche **Menü** ≡.
2. Wählen Sie auf der Seite **Menü** den Eintrag **Einstellungen**.

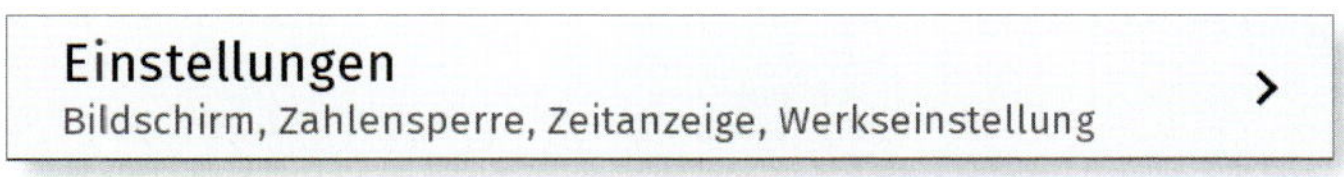

3. Auf der Seite **Einstellungen** wechseln Sie auf die zweite Seite, indem Sie auf den nach rechts weisenden Pfeil ❶ unten auf dem Bildschirm tippen.

4. Auf der zweiten Seite des Menüs **Einstellungen** sehen Sie den Bereich **Zahlensperre**. In diesem Bereich tippen Sie auf **Ein** ❷, um die Zahlensperre zu aktivieren.

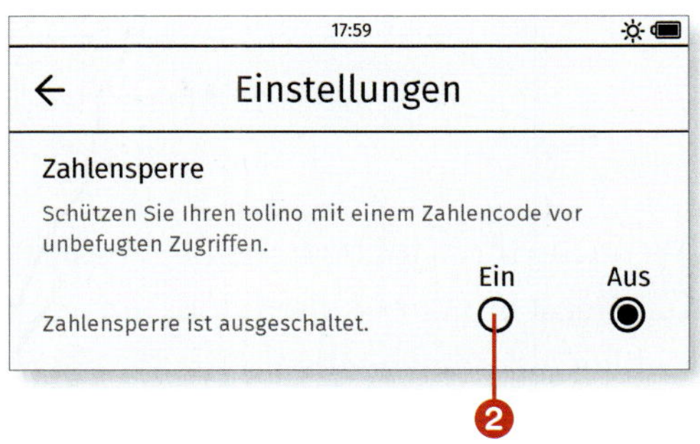

5. Auf der Seite **Zahlensperre** geben Sie einen vierstelligen Zahlencode ein, mit dem Sie Ihren tolino dann zukünftig durch fremde Zugriffe schützen. Verwenden Sie für die Eingabe die Zifferntastatur im unteren Bildschirmbereich. Tippen Sie nach der Eingabe in das zweite Feld ❶, und wiederholen Sie die vierstellige Ziffernfolge.

6. Bestätigen Sie Ihre Eingabe, indem Sie unten rechts im Ziffernblock auf das kleine Häkchen ❷ tippen.

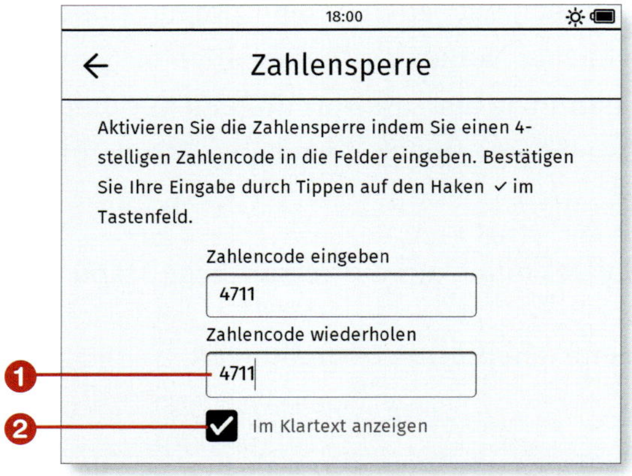

7. Ein kleines Infofenster informiert Sie darüber, dass der soeben eingegebene Zahlencode aktiviert ist.

   Den Erfolg Ihrer Aktion erkennen Sie auch daran, dass sich der Bereich **Zahlensperre** im Menü *Einstellungen* etwas geändert hat. Sie finden hier jetzt die Schaltfläche **Zahlencode ändern**.

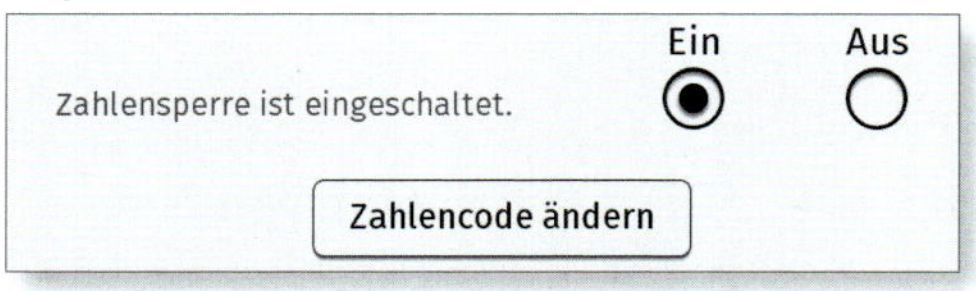

Wenn Sie Ihren tolino nun mit eingeschaltetem Zahlencode neu starten oder das Gerät aus dem Ruhemodus aufwecken, erscheint die Aufforderung, den Zahlencode einzugeben. Für die Eingabe wird eine Zifferntastatur eingeblendet. Die zuletzt eingegebene Ziffer wird zur Kontrolle kurzfristig angezeigt, bevor sie durch einen Punkt ersetzt wird. Tippen Sie zur Bestätigung Ihrer Codeeingabe auf das kleine Häkchen rechts unten im Ziffernblock.

ACHTUNG

Den Zahlencode vergessen?

Vergessen Sie diesen Zahlencode nicht, da Sie ansonsten Ihren tolino nicht mehr nutzen können und erst die Support-Hotline anrufen müssen, um den Zahlencode zurückzusetzen. Sollte das doch einmal nötig sein, benötigen Sie die Seriennummer Ihres tolino. Sie finden sie außen auf der Verpackung, in der Ihr Gerät geliefert wurde.

Die Zahlensperre ändern oder ausschalten

Ihren einmal festgelegten Zahlencode können Sie jederzeit ändern, Sie benötigen dazu lediglich den aktuellen Zahlencode.

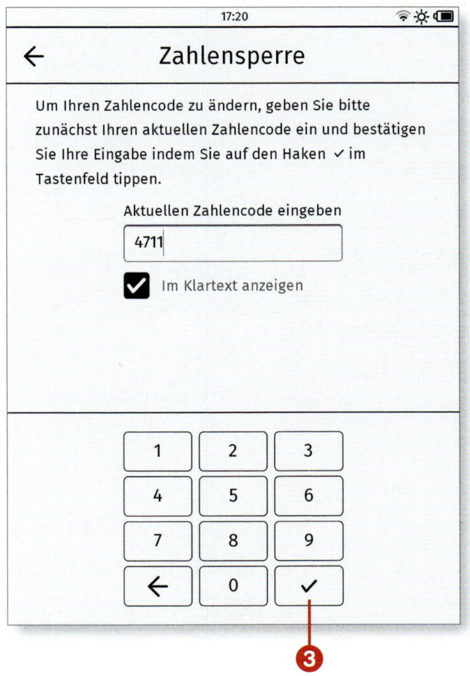

1. Tippen Sie auf der zweiten Seite des Menüs **Einstellungen** im Bereich **Zahlensperre** auf die Schaltfläche **Zahlencode ändern**.

2. Geben Sie zunächst den aktuell gültigen Zahlencode ein. Bestätigen Sie Ihre Eingabe, indem Sie auf das kleine Häkchen rechts unten im Ziffernblock **3** tippen.

3. Anschließend geben Sie genau wie bei der Eingabe des ursprünglichen Codes die neue Ziffernkombination zweimal ein. Denken Sie auch wieder daran, die Eingabe mit dem kleinen Häkchen zu bestätigen.

Kurzfristig wird jetzt ein Hinweis eingeblendet, der Sie über die erfolgreiche Änderung des Zahlencodes informiert.

Ganz ähnlich wie das Ändern der Zahlensperre funktioniert auch das Ausschalten der Zahlensperre. Begeben Sie sich zunächst wieder auf die zweite Seite des Menüs **Einstellungen** (**Menü ▸ Einstellungen**).

1. Tippen Sie im Bereich **Zahlensperre** auf **Aus**, um die Zahlensperre abzuschalten.

2. Geben Sie auf der folgenden Seite den aktuellen Zahlencode ein. Denken Sie daran, Ihre Eingabe über das kleine Häkchen im Ziffernblock zu bestätigen.

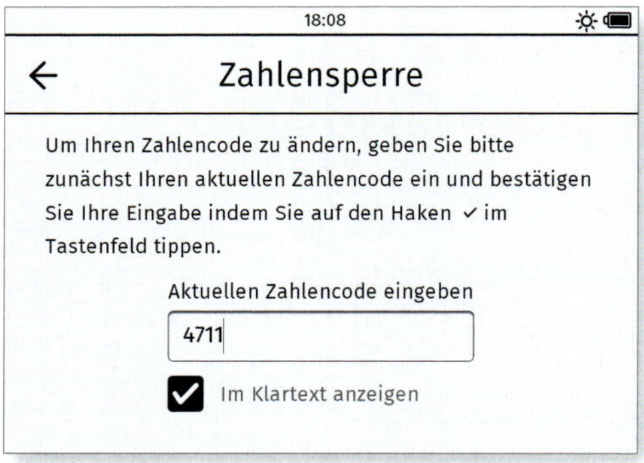

Die Zahlensperre wird daraufhin deaktiviert und der entsprechende Zahlencode gelöscht. Durch die Eingabe des Zahlencodes beim Deaktivieren der Zahlensperre wird gewährleistet, dass niemand, der in einem kurzen unbeaufsichtigten Moment Ihren tolino greift und in seiner Tasche verschwinden lässt, einfach den Zahlencode deaktivieren und Ihr Gerät zukünftig problemlos nutzen kann.

Wenn Sie Ihren Zahlencode vergessen haben, hilft Ihnen die Support-Hotline des tolino. Sie benötigen dazu allerdings die Seriennummer Ihres tolino. Diese Nummer finden Sie entweder auf der Verpackung oder, falls Sie diese schon entsorgt haben, über das Menü des tolino. Um die Seriennummer im tolino nachzuschlagen, rufen Sie das Menü auf. Auf der Seite **Menü** ≡ wählen Sie den Eintrag **Geräteinformationen**.

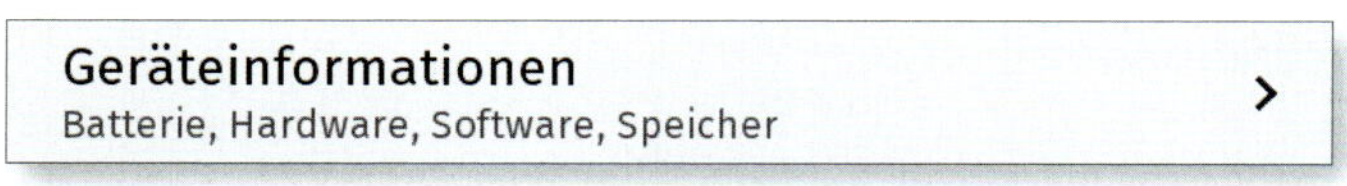

Auf der Seite **Geräteinformationen** wird Ihnen im Bereich **Hardware** gleich als Erstes die **Seriennummer** ❶ angezeigt.

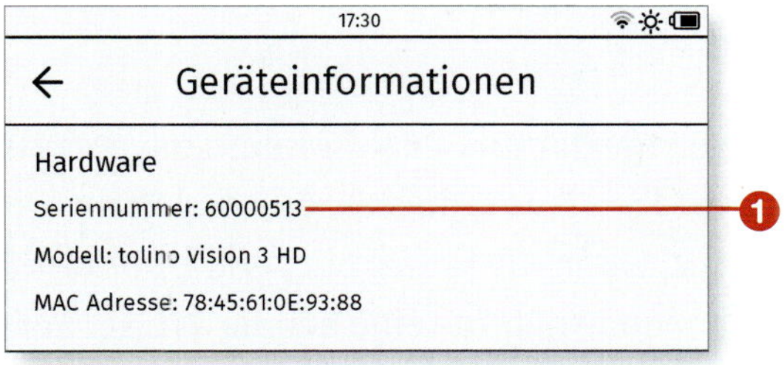

Ich rate Ihnen, dass Sie sich die Seriennummer irgendwo notieren und sie für den Fall der Fälle an einem sicheren Ort aufbewahren; der Eintrag auf Ihrem tolino hilft Ihnen in dieser Situation dann leider nicht mehr, da er ja gesperrt ist.

Den tolino aktualisieren

Im Kern ist auch Ihr tolino nur ein kleiner Computer, der darauf spezialisiert ist, Ihnen Ihren Lesestoff bereitzustellen. Als Computer besteht er also aus Hard- und Software. Und wie es mit Software nun einmal ist, muss oder kann sie von Zeit zu Zeit aktualisiert werden.

INFO

Software aktualisieren oder nicht

Wann und wie oft Software aktualisiert werden sollte, kann man pauschal nicht beantworten. Solange alle Funktionen Ihres tolino einwandfrei ihren Dienst verrichten, können Sie dem alten Leitspruch »Never change a running system« (auf Deutsch: Ändere kein funktionierendes System) folgen. Wenn Sie aber Sicherheitswarnungen auf Ihrem tolino erhalten oder eine der von Ihnen genutzten Funktionen nicht korrekt funktioniert oder mit einem Update neue vielversprechende Funktionen eingeführt werden, die Sie vielleicht ausprobieren möchten, empfehle ich Ihnen eine Aktualisierung der Software.

Da die Dateien, die für die Aktualisierung der Software notwendig sind, aus dem Internet bezogen werden, ist es notwendig, dass Ihr tolino via WLAN Internetzugang hat. Mit einem Internetzugang steht der Aktualisierung dann nichts mehr im Wege:

1. Ganz wichtig ist zunächst: Achten Sie darauf, dass Ihr tolino mit ausreichend Energie versorgt ist, bevor Sie eine Aktualisierung der Software durchführen. Am sichersten ist es, wenn Sie Ihren tolino via USB-Kabel am Stromnetz angeschlossen haben. Auch für eine stabile WLAN-Verbindung mit Internetzugang sollte gesorgt sein, damit der Installationsprozess nicht unerwartet abgebrochen wird, was unter Umständen zu erheblichen Problemen führen kann.

2. Tippen Sie auf der Startseite auf die Schaltfläche **Menü** ≡.

3. Auf der Seite **Menü** tippen Sie auf den Eintrag **Geräteinformationen**.

4. Auf der folgenden Seite **Geräteinformationen** sehen Sie etwa in der Mitte des Bildschirms im Bereich **Software** die installierte Version ❶. In der Abbildung ist es die Version 1.7.0.

5. Klicken Sie im Bereich **Software** auf die Schaltfläche **Nach neuer Version suchen** ❷.

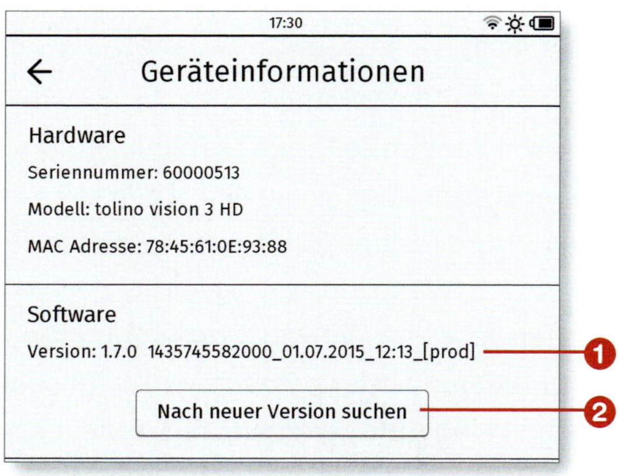

Die Prüfung auf Updates dauert einen kleinen Moment; anschließend wird Ihnen ein Dialogfenster angezeigt, das Ihnen das Ergebnis der

Prüfung mitteilt. Sofern keine neue Version – zu sehen in der Abbildung – vorhanden ist, tippen Sie auf die Schaltfläche **OK**.

6. Sofern eine neue Version der tolino-Software vorhanden ist, werden Ihnen auf einer Infoseite die Neuerungen des Updates kurz aufgelistet. Sie werden nochmals daran erinnert, dass Sie das Update nur durchführen sollten, wenn ausreichend Batteriekapazität vorhanden ist. Tippen Sie zur Installation auf die Schaltfläche **Jetzt aktualisieren** ❸. Möchten Sie das Update lieber zu einem späteren Zeitpunkt durchführen, tippen Sie auf die Schaltfläche **Später**.

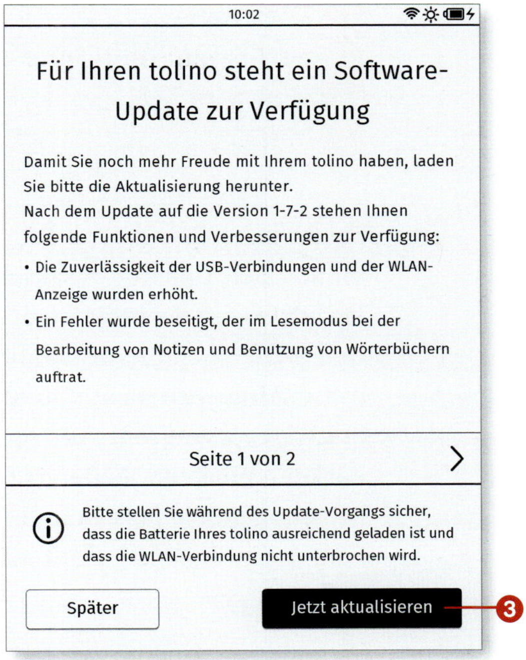

Die Dateien für das Update werden geladen. Ihnen wird der Fortschritt des Ladens und der Installation angezeigt, und Sie können die Gesamtgröße der bereits geladenen Dateien und die insgesamt zu ladenden Bytes erkennen.

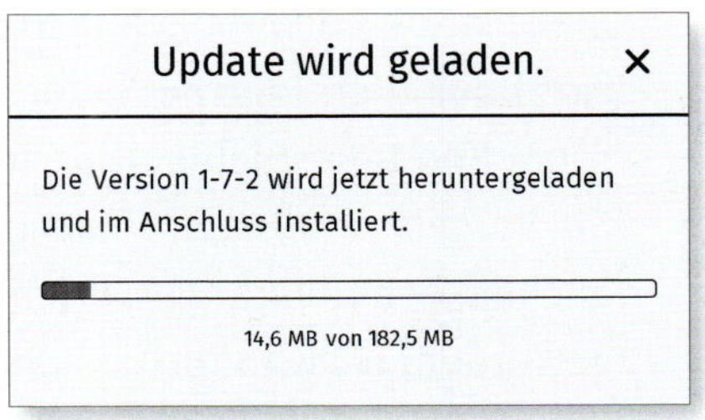

Nachdem die Dateien heruntergeladen sind, beginnt der Aktualisierungsprozess, wobei mitunter der Bildschirm aufblinkt; nach einer gewissen Zeit bekommen Sie einen Fortschrittsbalken angezeigt. Dieser Vorgang kann einige Minuten in Anspruch nehmen. Warten Sie, bis der Installationsprozess abgeschlossen ist. Nach erfolgreicher Installation startet Ihr tolino neu, und Sie sehen die gewohnte Startseite.

INFO

Keine Schaltfläche »Nach neuer Version suchen« vorhanden

Wenn Ihrem tolino bereits bekannt ist, dass eine neue Softwareversion vorhanden ist, lautet die Beschriftung auf der Schaltfläche zum Aktualisieren der Software nicht **Nach neuer Version suchen**, sondern **Neue Version [Versionsnummer] installieren**.

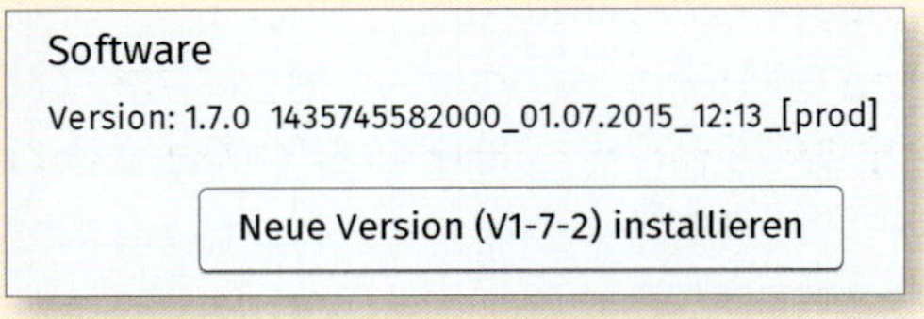

Leider haben Sie derzeit keine Möglichkeit, die automatische Suche Ihres tolino nach Updates auszuschalten. Sie erhalten bei jedem vorhandenen Update so lange entsprechende Hinweise, bis Sie dieses Update durchführen. Sie können die Installation zwar auf später vertagen, aber diese Hinweise lassen sich nicht unterdrücken, auch wenn Sie mit der vorhandenen Softwareversion sehr zufrieden sind und die neuere Version eigentlich ignorieren möchten. Andererseits haben die bisherigen Updates häufig dazu beigetragen, die Stabilität des tolino zu verbessern oder sie brachten neue Funktionen mit sich. Ganz so schlecht sind die Updates also meistens gar nicht.

Wenn Sie ein Update der tolino-Software zurücknehmen möchten, müssen Sie sich die entsprechende Softwaredatei (mit der gewünschten alten Version) aus dem Internet laden und diese Datei dann per USB-Kabel auf Ihren tolino überspielen. Bitte lesen Sie dazu die genauen Anweisungen, wie Sie vorgehen müssen. Die Quellen für die Dateien und Informationen sind auch im Internet rar gesät. Ich bin nur auf der offiziellen tolino-Seite fündig geworden: *www.tolino.de/updates*. Sie erhalten auf dieser Seite sowohl die Installationsdateien als auch eine knappe Anleitung, wie Sie genau vorgehen müssen. Sie sollten dies allerdings nur durchführen, wenn es unbedingt notwendig ist.

Den tolino auf die Werkseinstellung zurücksetzen

Nicht nur Buchautoren probieren viele verschiedene Einstellungen aus und müssen den tolino deshalb ab und an auf die Werkseinstellung zurücksetzen, sodass bestimmte Beschreibungen im Buch wieder stimmig werden. Auch für Sie kann das Zurücksetzen in den Auslieferungszustand manchmal sinnvoll sein, z. B. wenn irgendwelche Änderungen sich trotz vieler Versuche nicht mehr zurücknehmen lassen. Auch wenn Sie Ihren tolino eventuell verkaufen oder verschenken, ist es ratsam, ihn auf die Werkseinstellung zurückzusetzen.

ACHTUNG

Zurücksetzung auf Werkseinstellung

Wenn Sie Ihren tolino auf die Werkseinstellung zurücksetzen, verlieren Sie alle Bücher und andere Dateien, die Sie auf Ihrem tolino gespeichert haben; auch sonstige Einstellungen, die Sie vorgenommen haben, wie z. B. Zugangsdaten zu WLAN-Netzen oder Kontoinformationen für Shops, gehen verloren. Ihre Inhalte in der tolino Cloud werden dabei aber nicht angerührt.

1. Tippen Sie auf der Startseite links oben auf die Schaltfläche **Menü** ≡.

2. Tippen Sie auf der Seite **Menü** auf den Eintrag **Einstellungen**.

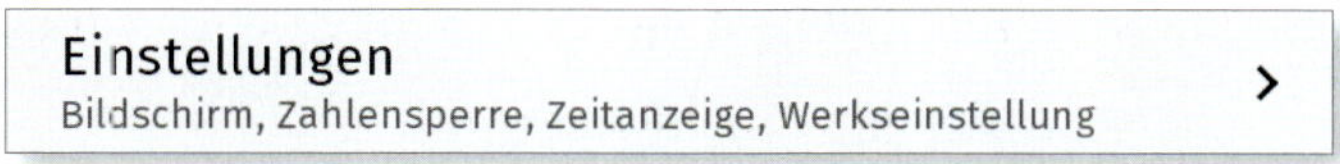

3. Wechseln Sie im Menü **Einstellungen** auf die dritte Seite, indem Sie im unteren Bereich des Bildschirms auf den nach rechts weisenden Pfeil tippen.

4. Tippen Sie im Bereich **Auf Werkseinstellung zurücksetzen** auf die Schaltfläche **Zurücksetzen**.

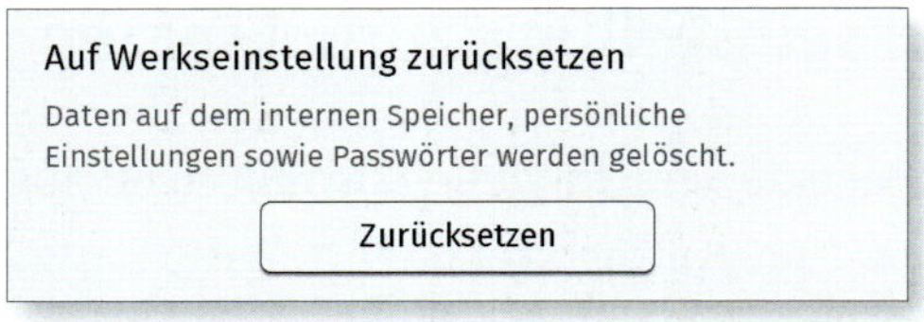

5. Im folgenden Dialogfenster werden Sie noch einmal gefragt, ob Sie Ihr Gerät zurücksetzen möchten und alle Daten von Ihrem tolino gelöscht werden sollen. Sind Sie sich sicher, tippen Sie auf die Schaltfläche **Zurücksetzen**.

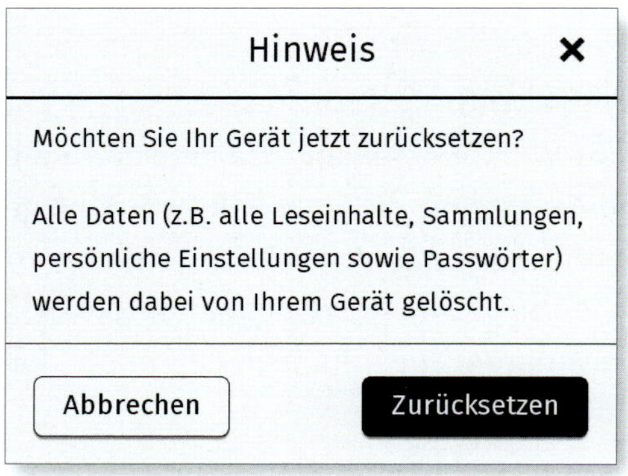

Ihr tolino wird jetzt heruntergefahren, was etwas Zeit in Anspruch nimmt. Anschließend erhalten Sie den Bildschirm, den Sie beim ersten Einschalten Ihres tolino gesehen haben, und Sie können frisch mit der Einrichtung starten oder den tolino ausschalten, falls Sie ihn verschenken oder verkaufen möchten.

Kapitel 9
Rat und Tat, wenn etwas nicht funktioniert

Im Großen und Ganzen ist Ihr tolino ein zuverlässiger Begleiter, der Ihnen kaum Probleme bereiten wird, aber wie bei jedem technischen Gerät kann es doch einmal vorkommen, dass etwas nicht mehr so funktioniert, wie es sollte. Für diese Situationen gebe ich Ihnen in diesem Kapitel einige Tipps und Ratschläge mit auf den Weg, sodass Sie schnell wieder in den Genuss Ihrer Bücher kommen werden.

An wen kann ich mich wenden, wenn der tolino nicht funktioniert?

Sollten Sie einmal mit Ihrem Latein am Ende sein und Probleme mit Ihrem tolino haben, können Sie sich jederzeit an den Buchhändler wenden, bei dem Sie Ihren tolino gekauft haben. Bei den Händlern gibt es in der Regel geschultes Personal, das Ihnen bei Ihren Fragen und Nöten zur Seite steht und versuchen wird, Ihnen zu helfen. Scheuen Sie diesen Schritt nicht. Ich habe hier gute, rasche und freundliche Unterstützung erfahren, und der persönliche Kontakt im Ladengeschäft war ausgesprochen hilfreich. Sollten Sie nicht genau wissen, wo sich das nächste Ladenlokal Ihres tolino-Buchhändlers befindet, können Sie die Adressen der Ladengeschäfte auf der Webseite des Buchhändlers nachschauen.

Außerdem können Sie die Hotline-Angebote beziehungsweise den Kundenservice der tolino-Shops in Anspruch nehmen. Auch die Hilfe per Telefon funktioniert nach meiner Erfahrung gut. Beispielsweise war in meinem Fall der Download-Zeitraum einer ACSM-Datei eines gekauften E-Books überschritten. Ich kontaktierte daraufhin die Hotline meines Buchhändlers, und mir wurde schnell und unbürokratisch ein neuer Download-Link zur Verfügung gestellt.

Neben diesen Möglichkeiten können Sie aber auch im Internet die Kundendienstseiten Ihres Buchhändlers beziehungsweise die Seite *www.tolino.de/de/service* in Ihrem Internetbrowser aufrufen. Hier finden Sie Antworten auf häufig gestellte Fragen zur Bedienung Ihres E-Book-Readers und zu auftretenden Problemen. Mit ein bisschen Glück finden Sie schon hier die benötigte Hilfe.

Sie haben Ihren Zahlencode vergessen?

Sollten Sie einmal den vierstelligen PIN-Code Ihrer Zahlensperre vergessen haben (lesen Sie dazu den Abschnitt »Eine Zahlensperre einrichten« ab Seite 183), kann Ihnen nur der tolino-Kundendienst weiterhelfen, um Ihren tolino wieder verwenden zu können. Sie benötigen dazu aber dringend die Seriennummer des tolino.

Diese Seriennummer finden Sie außen auf der Verpackung des Geräts sowie auf der Seite **Geräteinformationen** Ihres tolino. Sie sollten sich daher die Seriennummer auf dem Gerät aufrufen, auf einem Zettel notieren und an einem sicheren Ort aufbewahren, bevor das Kind in den Brunnen gefallen ist; wenn Sie den Zahlencode vergessen haben und der tolino gesperrt ist, können Sie das Menü ja nicht mehr aufrufen.

1. Um die Seriennummer auf Ihrem tolino aufzurufen, tippen Sie auf der Startseite auf die Schaltfläche **Menü** ≡.
2. Tippen Sie auf der gleichnamigen Seite auf den Eintrag **Geräteinformationen**.

Auf der Seite **Geräteinformationen** sehen Sie im Bereich **Hardware** die Seriennummer ❶, und Sie können sie sich notieren.

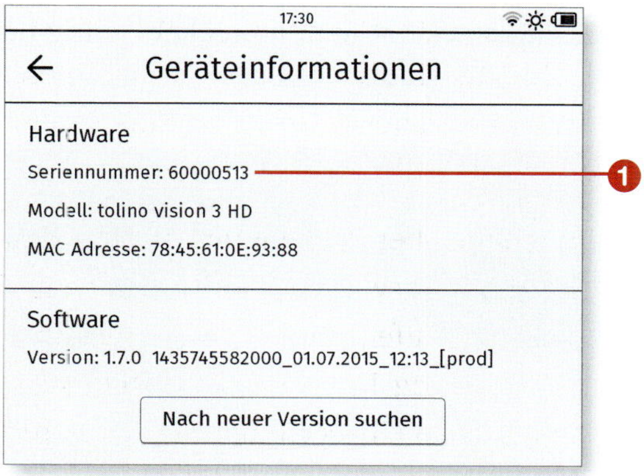

Mit dieser Information gewappnet, rufen Sie die Support-Hotline an, die Ihnen weiterhelfen wird, sodass Sie Ihren tolino wieder entsperren können.

Der tolino lässt sich nicht mehr aufladen

Mit dem Aufladen des tolino hatte ich grundsätzlich keine Probleme. Er hat sich mit allen ihm angebotenen Spannungsquellen (USB-Netzteil, USB-Buchse des PC, aktiver USB-Hub) zufriedengegeben.

Nur mit dem USB-Kabel eines Smartphones, das mit dem USB-Netzteil des Smartphones verbunden war und das ich zum Laden des tolino verwendete, gab es Probleme. Hier half nur das originale tolino-Kabel. Ich konnte nicht herausfinden, wem der »Schwarze Peter« gebührt und welches Gerät sich nicht an die Norm gehalten hat, der tolino oder das Smartphone, da mit Standard-USB-Kabeln beide Geräte geladen wurden.

Falls Sie beim Aufladen des tolino auf Probleme stoßen, empfehle ich Ihnen, die folgenden möglichen Fehlerquellen zu beachten:

1. Kontrollieren Sie die Steckverbindung des USB-Kabels. Insbesondere die kleinen USB-Stecker am tolino sind mitunter systembedingt etwas

kontaktscheu. Eigentlich lassen sich Mini-USB-Stecker nur auf eine bestimmte Art und Weise einstecken, aber mit ein bisschen Gewalt können die Stecker auch verkehrt in den Anschluss gepresst werden. Gehen Sie also mit Feingefühl vor, und stecken Sie den Stecker richtig herum ein.

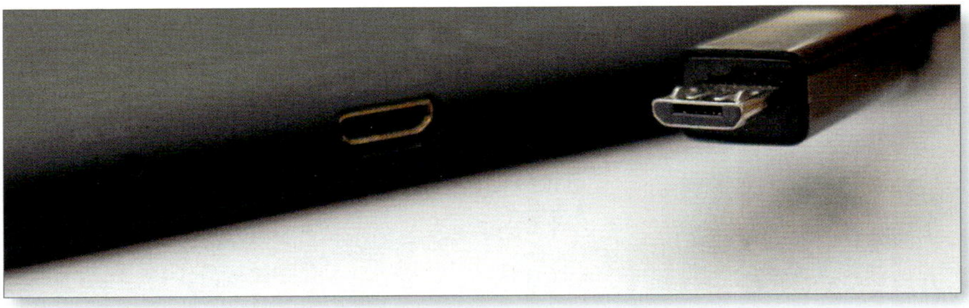

2. Überprüfen Sie, ob Ihr Computer, an dem Sie den tolino laden, in den Ruhemodus gewechselt ist, sodass der USB-Anschluss nicht mehr mit Spannung versorgt wird. Falls das der Fall ist, wecken Sie den Computer auf.

3. Tauschen Sie das USB-Kabel aus. Vielleicht ist das verwendete Kabel oder dessen Stecker schadhaft. Tauschen Sie das Kabel auf jeden Fall aus, sofern es sich nicht um das originale tolino-Kabel handelt oder Sie ein Kabel verwenden, das seine Funktionstüchtigkeit noch nicht unter Beweis gestellt hat.

4. Sollten Sie ein USB-Netzteil zum Laden des tolino verwenden, prüfen Sie, ob dieses in Ordnung ist. In ganz seltenen Fällen versagen die USB-Netzteile ihren Dienst und müssen entsorgt werden. Um diesen Fehler ausfindig zu machen, verwenden Sie ein anderes Netzteil, oder schließen Sie den tolino an den USB-Anschluss Ihres Computers an. Verwenden Sie das USB-Netzteil außerdem mit einem anderen Gerät, und prüfen Sie, ob es dort problemlos funktioniert.

5. Kontrollieren Sie nach jedem Schritt, ob der kleine Blitz an dem Symbol für den Akkuladestand in der Statuszeile erscheint.

Wenn das alles nicht funktioniert, dann hilft nur ein Anruf beim Kundendienst oder ein Besuch bei Ihrem tolino-Buchhändler.

TIPP

Der Akkuladeanzeige wird nicht angezeigt

Sofern Sie Ihren tolino mit dem Computer verbunden haben, geht Ihr tolino zunächst davon aus, dass Sie Daten via USB austauschen möchten; daher wird die Akkuladeanzeige nicht eingeblendet. Um den Datenübertragungsmodus zu beenden, »werfen« Sie den tolino am Computer aus. Das können Sie z. B. tun, indem Sie im Explorer mit der rechten Maustaste auf das Laufwerk *tolino* klicken und im Kontextmenü den Befehl **Auswerfen** anklicken. Der tolino bleibt dann weiterhin zum Laden mit dem Computer verbunden, Sie können ihn aber gleichzeitig zum Lesen benutzen. Oben rechts sehen Sie das Batteriesymbol mit dem Blitz, sodass Sie den Ladevorgang kontrollieren können.

Der tolino ist abgestürzt und lässt sich nicht mehr bedienen

Dass der tolino seinen Dienst komplett verweigert, kommt selten vor. Ich habe es nur ein einziges Mal erlebt: Der Bildschirm war eingefroren, und auch der Versuch, den tolino über die Einschalttaste neu zu starten, schlug fehl. Dies passierte, als ich den tolino über Nacht per USB-Kabel mit dem laufenden Computer verbunden hatte und der Computer in den Ruhemodus wechselte.

Für solche Totalabstürze gibt es den Reset-Knopf, mit dem Sie einen Neustart des E-Book-Readers erzwingen können. Um diese Taste drücken zu können, benötigen Sie einen dünnen, spitzen Gegenstand. Nehmen Sie beispielsweise eine Büroklammer, biegen Sie sie gerade, und drücken Sie damit fünf bis zehn Sekunden auf den Reset-Knopf. Sie finden den Reset-Knopf am tolino vision 3 HD ca. 1,5 cm rechts der USB-Buchse, am tolino shine 2 HD ca. 1,5 cm links der USB-Buchse.

*Der Reset-Knopf **1** befindet sich rechts (tolino vision 3 HD) beziehungsweise links (tolino shine 2 HD) der USB-Buchse*

Nachdem Sie den Reset-Knopf wieder losgelassen haben, wird Ihr tolino neu gestartet, und Sie gelangen zurück auf die Startseite. Sollte Ihr tolino trotz Druck auf den Reset-Knopf nicht neu starten, kann Ihnen nur noch der Kundendienst oder der tolino-Buchhändler vor Ort weiterhelfen.

Der tolino läuft plötzlich ganz langsam

Von Haus aus ist Ihr tolino kein Großrechner, der vor Rechenleistung nur so strotzt. Aber die Anzeige von E-Book-Dateien erledigt er normalerweise zügig und ohne Murren. Wenn Ihr tolino dennoch im Zeitlupentempo zu arbeiten scheint, liegt das meistens an einer sehr großen PDF-Datei, die Sie sich anzusehen versuchen. PDF-Dateien können aufgrund ihrer Struktur immens groß sein und Ihren tolino mächtig ins Schwitzen bringen. In diesem Fall hilft einfach nur etwas Geduld.

TIPP

Welches Dateiformat?

Wenn Sie die Wahl haben, eine Datei im PDF- oder EPUB-Format anzusehen, zu kaufen oder herunterzuladen, sollte Ihre Wahl immer auf das EPUB-Format fallen, da der tolino das EPUB-Format wesentlich besser anzeigen kann und außerdem der Speicher Ihres tolino weniger belastet wird. In Kapitel 6, »Eigene Inhalte auf den tolino laden«, ab Seite 137, können Sie nachlesen, wie Sie Dokumente ins EPUB-Format umwandeln.

Auch wenn Ihr tolino mehrere Aufgaben gleichzeitig erledigt, kommt er mitunter ins Stottern. Wenn Sie z. B. gerade die Schriftgröße eines umfangreichen Romans geändert haben und Ihr tolino gleichzeitig versucht, eine umfangreiche Bibliothek aus der Cloud zu synchronisieren, wird beides nicht zügig vonstattengehen. Ein solcher Engpass wird sich aber nach kurzer Zeit wieder aufgelöst haben, sobald eine Aufgabe abgeschlossen wurde.

Wenn Ihr tolino dauerhaft langsam ist – ein Zustand, den ich trotz vieler Testdateien und intensiver Nutzung nicht erzeugen konnte –, kann es helfen, den tolino aufzuräumen und Dateien oder Buchtitel, die Sie bereits gelesen haben, vom Gerät zu entfernen. Wechseln Sie dazu von der Startseite aus über **Meine Bibliothek** in die Bibliothek, und tippen Sie auf das Papierkorbsymbol ❷.

Anschließend können Sie einzelne Bücher durch Antippen auswählen und über die Schaltfläche **Löschen** entfernen.

Sollten alle diese Maßnahmen nicht geholfen haben, können Sie zu guter Letzt versuchen, das Gerät auf die Werkseinstellung zurückzusetzen.

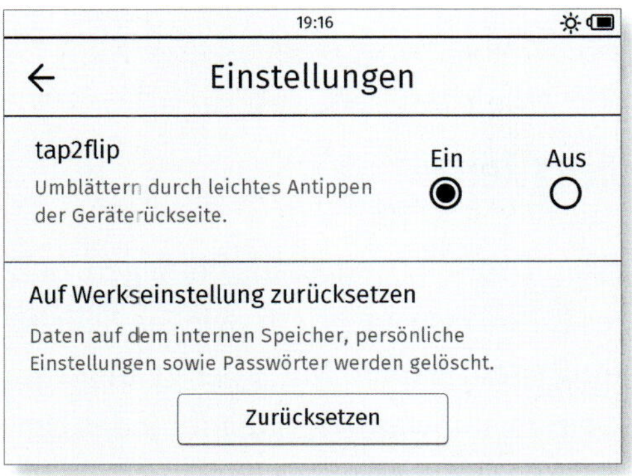

Dieses Zurücksetzen löscht zwar alle Bibliotheken, Buchtitel, Sammlungen und sonstige Einstellungen, die Sie anschließend manuell wiederherstellen müssen, aber wenn sonst nichts geholfen hat, könnte dieser Schritt die gewünschte Lösung herbeiführen. Lesen Sie dazu den Abschnitt »Den tolino auf die Werkseinstellung zurücksetzen« ab Seite 191.

Der Computer erkennt den tolino nicht

Der Anschluss Ihres tolino an den PC beziehungsweise Mac per USB-Kabel dürfte in den seltensten Fällen zu Problemen führen. Der Zugriff auf den internen Speicher des tolino vom Computer aus funktioniert in der Regel reibungslos. Sollten Sie dennoch bei der Verbindung des tolino mit Ihrem Computer auf Probleme stoßen, empfiehlt sich der Neustart beider Geräte (PC oder Mac sowie tolino). Setzen Sie also »alles auf Anfang«!

Wenn Sie auch dann noch Probleme haben, per USB-Verbindung auf den tolino zuzugreifen, liegt dies eventuell an anderen USB-Treibern, die noch auf Ihrem Computer installiert sind. Auf die Deinstallation bestimmter oder verwaister USB-Treiber kann ich im Rahmen dieses Buches leider nicht eingehen. Für den Fall der Fälle empfehle ich Ihnen eine Suche im Internet. Geben Sie beispielsweise folgenden Suchbegriff bei der Suchmaschine Ihrer Wahl ein: »[Betriebssystem] USB-Treiber per Hand löschen«. Ersetzen Sie bei der Suche »Betriebssystem« durch das Betriebssystem auf Ihrem Computer, also beispielsweise »Windows 7« oder »Windows 10«.

Seiten oder Texte fehlen plötzlich

Seitenzahlen in E-Books sind keine fixen Größen. Anders als beim gedruckten Buch ändert sich der Umfang eines E-Books je nachdem, wie Sie Schriftgröße, Zeilenabstände und Ränder eingestellt haben. Mit jeder geänderten Einstellung ergäbe sich eine andere Seitenzahl, wenn der Reader jedes Umblättern als neue Seite interpretieren würde. Aus diesem Grund werden die

Seitenzahlen bei E-Book-Readern nicht bei allen E-Books durch Umblättern gezählt. E-Book-Reader verwenden andere und teilweise je nach Gerät und Softwareversion unterschiedliche Verfahren, um die Seitenzahl zu ermitteln. Aus diesem Grund sollten Sie sich keine ernsthaften Gedanken darüber machen, dass die Seitenzahlen eines E-Books sich fast immer von der Seitenzahl eines gedruckten Buches unterscheiden. Nehmen Sie es einfach als gegeben hin.

Wichtiger ist, dass der gesamte Buchtext auf Ihrem Reader angezeigt wird. Bei älteren Readern gab es mitunter das Problem, dass bei großen Schriften beim Seitenwechsel einige Worte verschluckt wurden. Durch ein Software-Update ließ sich das Problem in der Regel beheben. Beim tolino trat dieses Phänomen meines Wissens nie auf. Sollte es wider Erwarten einmal passieren, dass Ihr tolino Seiten oder Textteile auslässt und nicht anzeigt, kann dies eigentlich nur zwei Ursachen haben:

1. Eine Softwareaktualisierung, die eigentlich Verbesserungen bringen soll, hat den Fehler in der Darstellung verursacht. Beschweren Sie sich in diesem Fall beim Kundendienst, und bitten Sie um ein neues Update. Bis dahin hilft eventuell eine Änderung der Textdarstellung, sodass der tolino die Seiten anders anzeigt.

2. Trotz sorgfältiger Prüfung der E-Book-Dateien durch die Verlage haben Sie eine fehlerhafte Datei erwischt, in der einfach Textsegmente fehlen. Dies sollte nicht vorkommen, kann aber – im unwahrscheinlichen Fall – sogar durch einfaches Kopieren der Datei und Umkippen eines Bits passieren. Wenden Sie sich in diesem Fall an den Shop, in dem Sie das E-Book gekauft haben, oder direkt an den Verlag, um eine neue Kopie zu erhalten.

Wenn Sie eine PDF-Datei auf Ihrem tolino lesen und über das Symbol **TXT** die Textdarstellung aufrufen, ist es nicht unüblich, dass Textpassagen im Vergleich zur PDF-Anzeige fehlen oder verrutschen. Lesen Sie dazu auch den Abschnitt »PDFs auf dem tolino lesen« ab Seite 141. Textbereiche, die im PDF als Grafik hinterlegt sind, kann Ihr tolino nicht als Text darstellen und lässt diese Bereiche in der Textdarstellung daher aus. Dies ist systembedingt, da der tolino keinen OCR-Scan der Grafiken durchführt, also nicht automatisch die Textelemente einer Grafik in reinen Text umwandelt. Selbst wenn er dies täte, würden Sie nur selten zufriedenstellende Ergebnisse erhalten. Die Textdarstellung von PDF-Dokumenten ist nur ein Hilfsmittel, um die Anzeige von Textpassagen in PDF-Dokumenten zu verbessern.

Um eine vollwertige Konvertierung von PDF-Dokumenten in EPUB-Dateien zu erhalten, ist eine manuelle Nachbearbeitung erforderlich.

ACHTUNG

Achtung: Touch-Display

Wenn Sie den Eindruck haben, dass in Ihrem Buch eine Seite fehlt oder der Text sprunghaft verläuft, ist nicht immer der tolino der Schuldige. Vertieft in Ihren Krimi, erschrickt Sie mitunter jedes Geräusch und lässt den Finger leicht auf dem Touch-Display zittern. Ihr tolino gehorcht brav und wechselt die Seite. Sie haben den Eindruck, dass der tolino ohne Grund gehüpft ist.

E-Books lassen sich nicht laden

Im Alltag werden Sie sicherlich am ehesten auf Probleme stoßen, wenn Sie versuchen, neu gekaufte Bücher auf Ihren tolino zu laden, da es hier die meisten Fallstricke gibt. Auch wenn die tolino-Partner ein relativ einfaches System anbieten, kann am Anfang einiges schiefgehen. Bevor Sie sich in die Tiefen der Fehlersuche begeben, überprüfen Sie zunächst, ob Ihr tolino korrekt mit dem Internet verbunden ist (lesen Sie dazu gegebenenfalls Kapitel 3, »Ins Internet mit dem tolino«, ab Seite 63). Ohne funktionierende Internetverbindung kann Ihr tolino einfach keine Bücher laden. Sofern die Internetverbindung vorhanden ist, empfehle ich Ihnen, die folgende Checkliste durchzugehen:

- Für den Fall, dass Sie das E-Book in einem tolino-Partnershop gekauft haben und es in der Cloud liegen sollte, prüfen Sie, ob die Anmeldung Ihres tolino korrekt ist (**Menü ≡ ▸ Meine Konten und tolino Cloud** – die aktuelle Anmeldung wird Ihnen im oberen Bereich dieser Seite angezeigt).

Sofern das E-Book nicht aus dem Partnershop stammt, bei dem Ihr tolino angemeldet ist, kontrollieren Sie, ob eine entsprechende **Bibliothek-Verknüpfung** für den Shop vorhanden ist (**Menü ≡ ▸ Meine Konten und tolino Cloud ▸ Bibliothek-Verknüpfung**). Führen Sie gegebenenfalls die entsprechende Anmeldung durch (lesen Sie dazu den Abschnitt »In anderen tolino-Shops kaufen« ab Seite 114).

- Sollte es sich um ein per Adobe-ID geschütztes E-Book handeln, überprüfen Sie zunächst, ob Sie Ihre Adobe-ID auf Ihrem tolino korrekt eingegeben haben (**Menü ≡ ▸ Meine Konten und tolino Cloud ▸ Adobe DRM**). Sollten Sie bislang noch keine Adobe-ID erstellt haben, führen Sie die Anmeldung bei Adobe durch (lesen Sie dazu den Abschnitt »Eine Adobe-ID anlegen« ab Seite 98).

  Beim Kauf einer E-Book-Datei, die per Adobe-ID geschützt ist, erhalten Sie zunächst eine Datei des Typs ACSM. Mithilfe dieser Datei und Ihrer Adobe-ID wird die eigentliche EPUB-Datei (also das eigentliche E-Book) heruntergeladen. In der ACSM-Datei ist ein Verfallsdatum hinterlegt. Wenn dieses Verfallsdatum überschritten ist, können Sie die ACSM-Datei durch das Herunterladen nicht mehr in eine EPUB-Datei »umwandeln«. Sie müssen sich bei dem Shop, in dem Sie das E-Book gekauft haben, eine neue gültige ACSM-Datei herunterladen. In einigen Shops ist hierzu ein Anruf bei der Hotline notwendig.

- Ist die E-Book-Datei ohne Kopierschutz, überprüfen Sie bitte, ob das E-Book wirklich in einem Format vorliegt, das Ihr tolino darstellen kann (EPUB, PDF). Sollte das nicht der Fall sein, sollten Sie das E-Book in einem anderen E-Book-Shop in den entsprechenden Formaten suchen, oder Sie müssen gegebenenfalls das E-Book mit einer entsprechenden Software, z. B. Calibre, konvertieren (lesen Sie dazu auch den Hinweiskasten »Andere E-Book-Formate für den tolino umwandeln« auf Seite 149).

Sollten Sie all diese Punkte beachtet haben, weiterhin aber Probleme haben, das E-Book zu öffnen, wenden Sie sich bitte an den Kundendienst des Shops, in dem Sie das Buch gekauft haben.

Wie stelle ich die Sprache um?

Sie können auf Ihrem tolino die für die Menüführung verwendete Sprache umstellen. Aktuell können Sie aus sieben Sprachen auswählen, zukünftig können aber mit Softwareaktualisierungen für Ihren tolino weitere Sprachen hinzukommen. Um die verwendete Sprache zu ändern, verfahren Sie wie folgt:

1. Tippen Sie auf der Startseite auf die Schaltfläche **Menü** ≡, um Einstellungen an Ihrem tolino vornehmen zu können.

2. Tippen Sie auf der Seite **Menü** auf den Eintrag **Sprache/Language**.

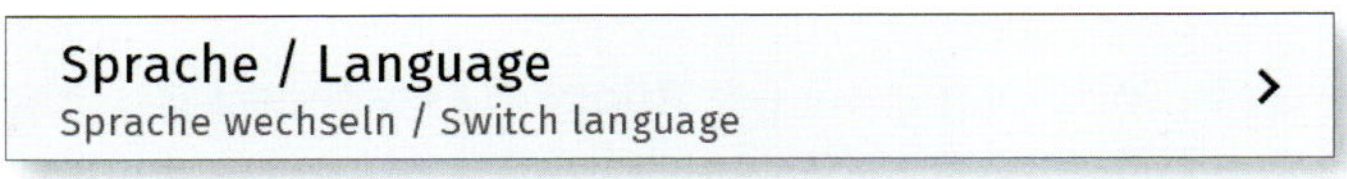

3. Wählen Sie auf der Seite **Sprache/Language** durch Antippen die gewünschte Sprache ❶ aus. Tippen Sie anschließend auf die Schaltfläche **Übernehmen** ❷.

Nach einem kurzen Moment wird die gesamte Menüführung des tolino in der Sprache angezeigt, die Sie soeben ausgewählt haben. Beachten Sie jedoch, dass sich durch die Sprachänderung auf Ihrem Gerät nicht die Sprache in den Partnershops ändert, diese werden Ihnen weiterhin auf Deutsch angezeigt.

Reste der vorhergehenden Seiten scheinen durch

Ihr tolino besitzt ein sogenanntes *E-Ink-Display* (auf Deutsch: Bildschirm mit elektronischer Tinte). Das Tolle an diesem Bildschirm ist, dass er nur Strom – abgesehen von der Beleuchtung – verbraucht, wenn sich der Seiteninhalt ändert, also eine Seite neu aufgebaut werden muss. Der Nachteil dieses Displaytyps ist, dass mitunter Reste der vorhergehenden Seiten durchscheinen können. Dies wird auch als *Ghosting* (auf Deutsch: Geisterbilder) bezeichnet. Dieses Durchscheinen wird verhindert, indem der Bildschirm einmal komplett gelöscht wird, was relativ viel Strom verbraucht und zu einem kurzen Flackern des Bildschirms führt. Aus diesem Grund wird der Bildschirmneuaufbau standardmäßig relativ selten durchgeführt: In der Werkseinstellung Ihres tolino erfolgt diese Auffrischung alle 60 Seiten, eine sinnvolle Einstellung, da beim neuen tolino das Phänomen Ghosting ohnehin kaum noch auftritt. Sollte Sie das Durchscheinen der Textelemente sehr stören, können Sie die Häufigkeit der Bildschirmauffrischung anpassen.

1. Tippen Sie auf der Startseite auf die Schaltfläche **Menü** ≡, und wählen Sie auf der Seite **Menü** die Option **Einstellungen**.

2. Auf der ersten Seite des Menüs **Einstellungen** tippen Sie im Bereich **Bildschirmauffrischung** auf den Auswahlpfeil ⌄ ❸, um ein neues Intervall einzurichten.

3. Im folgenden Dialogfenster **Häufigkeit** wählen Sie aus der Auswahlliste die gewünschte Wiederholfrequenz, indem Sie sie im Menü antippen.

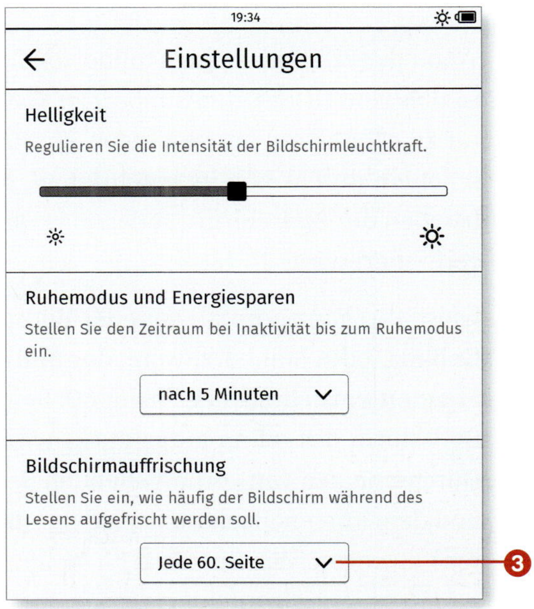

4. Tippen Sie auf die Schaltfläche **Übernehmen**, um die Einstellungsänderung zu speichern.

Bedenken Sie bei der Einstellung der Bildschirmauffrischung: Je häufiger Sie die Auffrischung veranlassen, desto schneller wird der Akku Ihres tolino neu aufgeladen werden müssen.

Wenn Sie häufig unterwegs sind, sollten Sie abwägen, ob Ihnen eine längere Akkulaufzeit wichtiger ist oder eine klare Textdarstellung ohne das Durchscheinen alter Textelemente.

Der Bildschirm flackert manchmal

Wenn der Bildschirm Ihres tolino von Zeit zu Zeit flackert oder aufleuchtet, ist dies kein Grund, den Support zu kontaktieren oder den tolino in Reparatur zu geben. Wie im vorherigen Absatz »Reste der vorhergehenden Seiten scheinen durch« bereits beschrieben, handelt es sich hierbei um das Auffrischen des Bildschirms, sodass das Durchscheinen vorhergehender Seiten verhindert wird.

Es ist also ganz normal, dass der Bildschirm Ihres tolino kurz aufleuchtet. Er blitzt jedes Mal kurz, wenn der Bildschirm aufgefrischt wird, also in der Standardeinstellung nach jeder 60. Seite. Sie können einstellen, wie oft der Bildschirm des tolino aufgefrischt wird. Dabei müssen Sie zwischen dem Durchscheinen von vorhergehenden Seiten (Bildschirm selten auffrischen) und dem kurzen Flackern bei jedem Auffrischen (Bildschirm oft aktualisieren) abwägen. Wie Sie diese Einstellung ändern, wurde im vorherigen Abschnitt beschrieben.

Der tolino zeigt die falsche Uhrzeit an

Wie jeder ausgewachsene Computer zeigt auch Ihr tolino die Uhrzeit an. In der Standardeinstellung verbindet sich das Gerät automatisch mit sogenannten Zeitservern im Internet (natürlich nur bei vorhandener Internetverbindung) und passt gegebenenfalls selbstständig – sofern auch die Zeitzone stimmt – seine interne Uhr an. Damit der tolino die richtige Uhrzeit anzeigt, muss also ab und an eine Internetverbindung vorliegen und die passende Zeitzone angegeben sein.

Wenn Sie wie mein alter Englischlehrer mit dem Spitznamen »always late Eckmann« mit Pünktlichkeit notorisch auf Kriegsfuß stehen, möchten Sie eventuell, dass die Uhr des tolino immer fünf Minuten vorgeht, um dem Zuspätkommen ein Schnippchen zu schlagen. Für diesen Fall können Sie die Uhr auch manuell einstellen, sodass keine Aktualisierung mit den Zeitservern im Internet stattfindet. Alle Einstellungen, die die Zeitanzeige betreffen, nehmen Sie auf der Seite **Einstellungen** im Bereich **Zeitanzeige** vor.

1. Tippen Sie auf der Startseite Ihres tolino auf die Schaltfläche **Menü** ≡, und wählen Sie auf der folgenden Seite den Eintrag **Einstellungen**.

2. Wechseln Sie mithilfe der Pfeilschaltfläche am unteren Bildschirmrand auf die zweite Seite des Menüs **Einstellungen**.

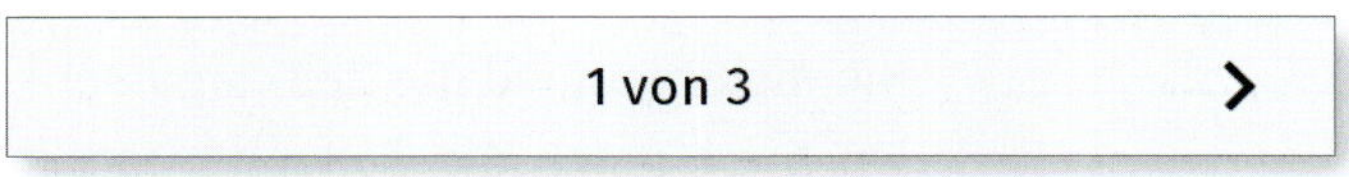

3. Im unteren Teil des Bildschirms sehen Sie nun den Bereich **Zeitanzeige**. Wenn Sie möchten, dass Ihr tolino sich um die richtige Uhrzeit kümmert, belassen Sie es bei der Option **Automatisch einstellen** ❶.

4. Um die Zeitzone zu kontrollieren oder zu ändern, tippen Sie auf die Schaltfläche **Zeitzone** ❷.

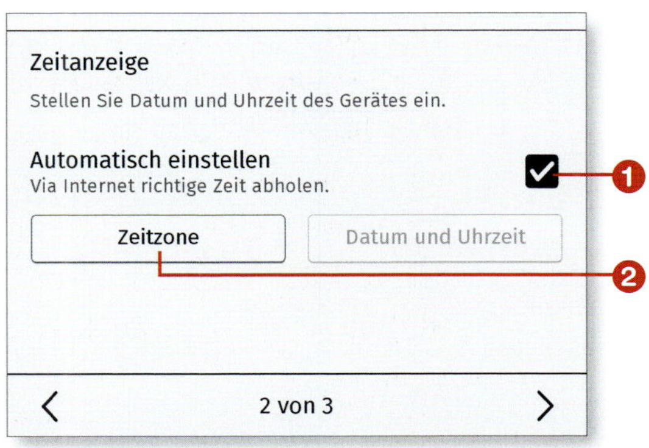

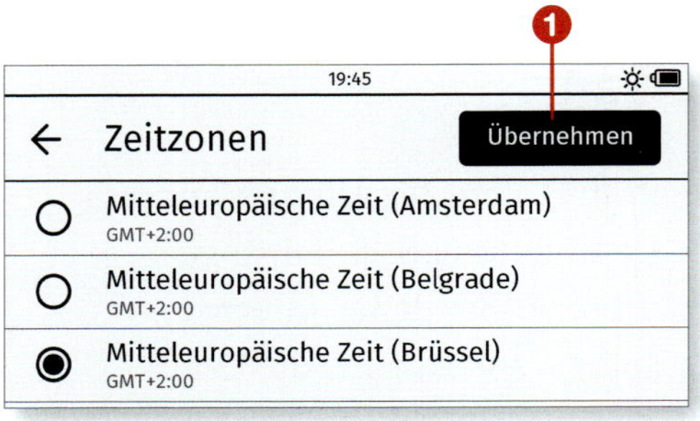

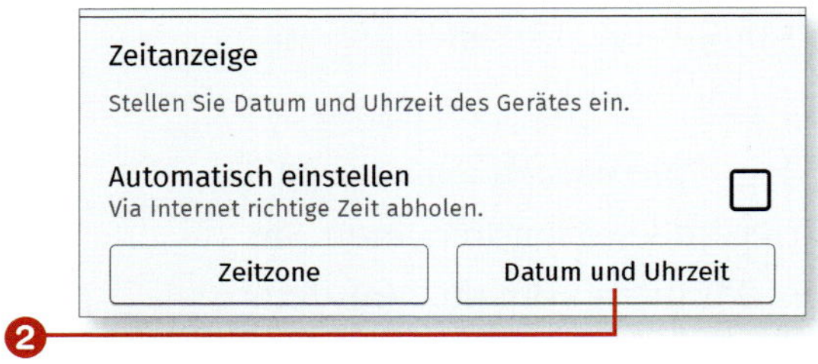

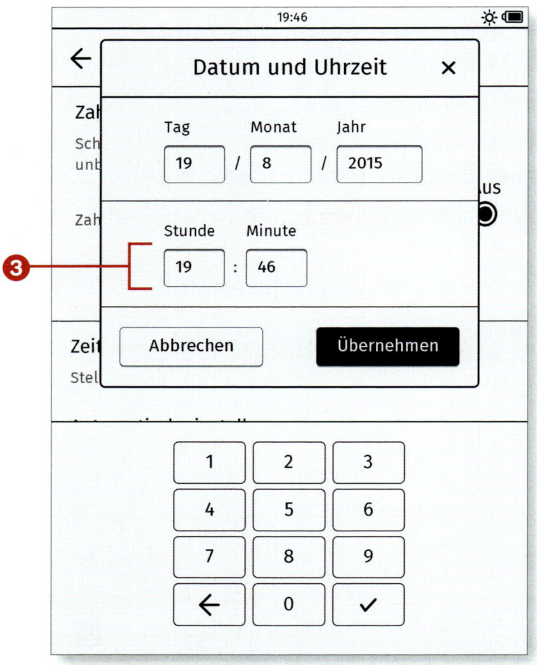

5. Wählen Sie auf der Seite **Zeitzonen** die gewünschte Zeitzone aus, und tippen Sie auf **Übernehmen** ❶, um die Änderung zu speichern.

6. Wenn Sie die Uhrzeit per Hand einstellen wollen, deaktivieren Sie die Option **Automatisch einstellen**. Tippen Sie dann auf die Schaltfläche **Datum und Uhrzeit** ❷, die daraufhin aktiviert wird.

7. Im folgenden Dialogfenster können Sie das Datum und die Uhrzeit manuell eingeben. Tippen Sie dazu in das betreffende Feld ❸; daraufhin wird die Bildschirmtastatur eingeblendet, sodass Sie Ihre Eingaben vornehmen können. Bestätigen Sie Ihre Eingabe mit der Schaltfläche **Übernehmen**.

Sollten Sie ins Ausland reisen und sich in einer anderen Zeitzone befinden, müssen Sie nicht manuell die Zeit anpassen. Stellen Sie einfach die Zeitzone um, sodass Ihnen wieder die aktuelle örtliche Uhrzeit angezeigt wird.

Was wollen Sie tun? – Alles auf einen Blick

Sie haben eine Frage zur Bedienung Ihres tolino oder wissen nicht mehr ganz genau, wie Sie etwas auf dem tolino tun können? In diesem Kapitel habe ich Ihnen noch einmal zu allen wichtigen Fragen rund um Ihren tolino die richtigen Stellen im Buch zusammengestellt. Schauen Sie hier nach und wechseln Sie direkt zur richtigen Seite im Buch.

Den tolino bedienen

Den tolino einrichten

Ins Internet mit dem tolino

E-Books kaufen

E-Books lesen

E-Books verwalten

Wenn etwas nicht funktioniert

Glossar

ACSM-Datei Eine ACSM-Datei enthält Informationen über ein kopiergeschütztes E-Book. Die Datei enthält also nicht das eigentliche Buch, sondern eine Sammlung von Daten, darunter Ihren persönlichen Schlüssel, der den legalen Kauf bestätigt, und den Ort im Internet, wo Sie das E-Book herunterladen können. ACSM-Dateien können Sie mit Adobe Digital Editions öffnen. Das Programm prüft, ob Sie das zugehörige E-Book auch besitzen dürfen, und lädt anschließend das eigentliche E-Book herunter.

Adobe-ID Mit einer persönlichen Adobe-ID weisen Sie nach, dass Sie mit einem eingeschränkten Nutzungsrecht dazu berechtigt sind, ein kopiergeschütztes E-Book herunterladen, öffnen und lesen zu dürfen. Die kostenlose Adobe-ID bekommen Sie auf einer Webseite von Adobe.

Backup Mithilfe eines Backups (auf Deutsch: Datensicherung) erstellen Sie eine Sicherheitskopie Ihrer Daten. Externe Festplatten eignen sich dabei hervorragend als Speicherort.

Bibliothek Alle Ihre E-Books und sonstigen Dokumente liegen in der Bibliothek. Sie öffnen die Bibliothek von der Startseite aus. Für die Bibliothek gibt es die Kachelansicht und die Listenansicht.

Bibliothek-Verknüpfung Mit einer Bibliothek-Verknüpfung können Sie Ihr Konto bei Ihrem tolino-Shop mit anderen Buchhändler-Shops der tolino-Gemeinschaft verknüpfen, sodass Sie auch dort online einkaufen können. Die Bücher landen wie bei Ihrem »Heimat-Shop« in der tolino Cloud. Sie brauchen für jeden weiteren Shop jeweils ein Konto bei dem entsprechenden Buchhändler.

Bildschirmauffrischung In den Einstellungen Ihres tolino können Sie den Wert für die Bildschirmauffrischung auswählen. Er legt fest, nach wie vielen Seiten ein kompletter Seitenneuaufbau stattfindet. Je häufiger der Seitenaufbau stattfindet, desto weniger schimmert beim Umblättern die vorherige Seite durch – man nennt dieses Phänomen *Ghosting* –, desto höher wird jedoch der Akkuverbrauch.

Bildschirmtastatur Sie ist eine virtuelle Tastatur, die am Bildschirm erscheint, sobald Sie Text eingeben möchten oder müssen. Die Anordnung der Tasten auf der Bildschirmtastatur entspricht in etwa der einer normalen Tastatur, für eine Reihe von Zeichen/Sonderzeichen müssen Sie in eine andere Ansicht wechseln.

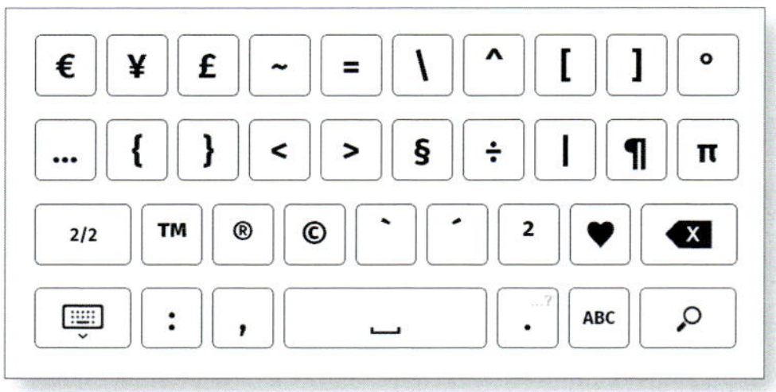

Calibre Calibre ist eine freie Software zur Verarbeitung und Verwaltung von E-Book-Daten. Mit ihr lassen sich E-Books auch in andere Formate konvertieren.

Cloud Als Cloud bezeichnet man einen Speicherort, den Sie über das Internet erreichen und auf dem Sie Daten speichern können. Wenn Sie Ihren tolino anmelden, haben Sie beispielsweise Zugriff auf die tolino Cloud und können Ihre E-Books dort speichern.

Dateiformat Daten werden für Programme auf unterschiedliche Weise gelesen und »verstanden«. Das Dateiformat dient dabei als Mittel zur Zuordnung.

Dekomprimierung Bei der Dekomprimierung werden Dateien, die komprimiert wurden, um sie kleiner zu machen, wieder »entpackt«, also auf ihre ursprüngliche Größe gebracht, damit sie verwendet werden können.

Download Bei einem Download laden Sie Dateien, die im Internet liegen, auf Ihren tolino, Ihren Computer oder ein anderes Speichermedium herunter.

DRM Abkürzung für *Digital Rights Management*, auf Deutsch: digitale Rechteverwaltung. Mit dem DRM-System wird technisch die Verbreitung digitaler Medien kontrolliert und sichergestellt, dass – im Fall von E-Books – nur berechtigte Nutzer E-Books, die mit diesem Schutz ausgestattet sind, öffnen und lesen dürfen. DRM gilt auch für Bild-, Ton- oder Videoaufnahmen, deren Schutz der Verwertungsrechte historisch zur Entwicklung des DRM-Systems führte. Heutzutage wird DRM aber hauptsächlich für E-Books eingesetzt.

DSL-Router Ein Router ist ein Netzwerkgerät, das Datenpakete weiterleitet. Ein DSL-Router stellt die Einwahl in das Internet für angeschlossene Geräte bereit. Haben Sie Ihren tolino per WLAN an Ihren DSL-Router angeschlossen, können Sie mit dem E-Book-Reader auf das Internet zugreifen.

E-Book Der Begriff E-Book (eigentlich electronic book; auf Deutsch: elektronisches Buch) bezeichnet digitale Bücher, die Sie auf einem E-Book-Reader, einem Computer, Smartphone oder Tablet lesen können. Gängige Dateiformate für E-Books sind beispielsweise EPUB, PDF und MOBI.

E-Book-Reader Ein E-Book-Reader ist ein mobiles Gerät zum Lesen von E-Books. In den meisten Fällen wird ein E-Ink-Bildschirm verwendet, der Eigenschaften von Papier nachahmt. Aber auch Smartphones, Tablets und Computer können als E-Book-Reader verwendet werden.

E-Ink Als E-Ink bezeichnet man die spezielle Bildschirmtechnik des tolino (und anderer E-Book-Reader), bei der auf elektronische Weise das Aussehen von Tinte auf Papier nachgeahmt wird. Der große Vorteil dieser Displaytechnik ist, dass man Inhalte auch bei direktem Sonneneinfall ohne Reflexionen lesen kann. Ein Plus ist auch der geringe Stromverbrauch.

EPUB-Format EPUB ist das gängigste E-Book-Format und wird von vielen E-Book-Readern unterstützt. Es handelt sich dabei um einen offenen Standard, der in der neuesten Version auch viele unterschiedliche Textformatierungen und Multimediaanreicherungen wie etwa Bilder oder Videos darstellen kann. Auf EPUB basierende E-Books erlauben eine dynamische Anpassung des Textes an die jeweilige Bildschirmgröße des Readers. Optional können DRM-Mechanismen integriert werden.

Explorer Der Explorer ist ein Programm zur Verwaltung von Dateien des Betriebssystems Windows. Sie können mithilfe des Explorers auf die Daten Ihres über USB angeschlossenen tolino zugreifen.

Ghosting Als Ghosting bezeichnet man das Zurückbleiben oder Durchschimmern von Textteilen der vorangegangenen Seiten auf der aktuellen Seite bei E-Book-Readern mit E-Ink-Display.

Home-Button Mit der Home-Taste 1 an Ihrem tolino-Reader gelangen Sie immer zurück zur Startseite, egal wo Sie sich gerade befinden. Tippen oder drücken Sie sie dazu einfach an.

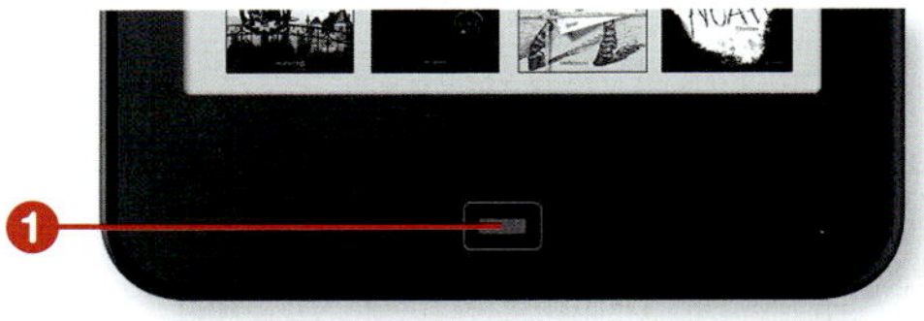

Internetbrowser (auch Webbrowser genannt) Ein Internetbrowser ist eine Software, die Inhalte des World Wide Web (auf Deutsch: weltweites Netz) anzeigen kann. Bekannte Browser sind z. B. Mozilla Firefox, Microsoft Edge und Chrome. Auf dem tolino haben Sie einen eigenen Webbrowser. Sie rufen ihn über das Menü auf.

Kontextmenü Ein Menü, das nach einem Rechtsklick auf ein Element geöffnet wird und Befehle anzeigt, die im Zusammenhang mit dem gewählten Element stehen. Sie öffnen an Ihrem Computer im Explorer das Kontextmenü des tolino, um diesen »auszuwerfen« (sicher von Ihrem Computer zu trennen).

Kopierschutz Als Kopierschutz bezeichnet man Maßnahmen, um die unkontrollierte Vervielfältigung von eigentlich geschützten Daten zu verhindern. Eingesetzt werden Verfahren digitaler Rechteverwaltung (englisch: *Digital Rights Management* oder kurz *DRM*). Anbieter digitaler Medien verwenden diese Form des Kopierschutzes zur Kontrolle der Nutzungsrechte.

Lese-App Die Lese-App ist ein Programm, das Sie auf Ihrem Smartphone oder Tablet installieren können, um auch von diesen Geräten auf Ihre E-Books in der tolino Cloud zugreifen zu können.

Lesemenü Im Lesemenü des tolino finden Sie in der Leseansicht, also in einem geöffneten Buch, einige Symbole zum Umgang mit dem Text. Mit diesen Symbolen rufen Sie das Inhaltsverzeichnis und das Notizverzeichnis auf, öffnen das Dialogfenster zur Textdarstellung und bestimmen die Helligkeit. Tippen Sie mittig auf eine Buchseite, um das Menü aufzurufen.

Lesezeichen Lesezeichen setzen Sie, indem Sie das Lesezeichensymbol, das Sie rechts oben auf jeder Seite eines Buches sehen, markieren. Diese Lesezeichen werden im Notizverzeichnis abgelegt. Wenn Sie den Eintrag für das Lesezeichen dort antippen, springen Sie von dort aus direkt zur Seite mit dem Lesezeichen.

MOBI-Format Dies ist das Format für E-Books von Amazon, zu öffnen und zu lesen auf den Readern der Kindle-Serie. Sie können auf Ihrem tolino Bücher im MOBI-Format nicht ohne Weiteres öffnen.

Notiz Sie können zu Textstellen Notizen eingeben. Diese werden im Notizverzeichnis abgelegt.

Notizverzeichnis Im Notizverzeichnis werden Textmarkierungen, Lesezeichen und Notizen gesammelt. Sie rufen das Notizverzeichnis über das entsprechende Symbol im Lesemenü auf.

Onleihe Über die Onleihe können Sie E-Books ausleihen. Es gibt dafür auch einige Internetportale, bei denen Sie sich gegen eine monatliche Gebühr anmelden können. Diese Dienste lassen sich in der Regel aber nur auf dem Smartphone, Tablet oder Computer nutzen. Günstiger ist es, bei einer normalen Stadt- oder Kreisbücherei, von denen immer mehr diesen Dienst anbieten, ein E-Book auszuleihen. Ausgeliehene E-Books sind mit Kopierschutz und einem Datumsstempel versehen. Sie müssen über eine Adobe-ID Ihr Nutzungsrecht ausweisen und einen Mitgliedsausweis bei der gewünschten Bibliothek haben.

PDF Das PDF-Format wurde von Adobe eingeführt und hat sich als Standard zum Austausch von Dateien im Internet entwickelt, da die benötigte Software zum Betrachten, der Adobe Reader, für fast alle Computer-Betriebssysteme verfügbar und außerdem kostenlos ist. Der Vorteil des PDF-Formats ist die gleichbleibende Formatierung der Dokumente unabhängig vom Gerät, auf dem Sie die Datei betrachten. Nachteile sind die relativ großen Dateien und die schlechte Skalierbarkeit bei unterschiedlichen Bildschirmgrößen und Auflösungen.

Reset-Knopf Mit Druck auf den Reset-Knopf starten Sie den tolino neu. Sie setzen ihn nicht auf die Werkseinstellung zurück. Ein Reset führen Sie beispielsweise aus, wenn der tolino abgestürzt ist, also nicht mehr reagiert. Die Buchse mit der Taste finden Sie beim tolino am unteren Geräterand. Ich empfehle Ihnen, die Taste mit einer Büroklammer zu drücken.

Ruhemodus Nach einer bestimmten Zeit der Untätigkeit legt sich Ihr tolino automatisch schlafen. In der Standardeinstellung begibt er sich nach 5 Minuten in den Ruhemodus, aber Sie können den Zeitraum auch manuell hochsetzen.

Sammlung Sie können unterschiedliche Buchsammlungen einrichten und die passenden Bücher dort hineinlegen, z. B. eine Sammlung für Liebesromane und eine Sammlung für Sachbücher.

Schriftgröße Für E-Books, die im EPUB-Format vorliegen, können Sie unterschiedliche Schriftgrößen einstellen. Die Optionen finden Sie im Dialog **Textdarstellung**, den Sie über das Lesemenü aufrufen.

tap2flip tap2flip (eigentlich *tap to flip*; auf Deutsch: tippen, um zu blättern) nennt sich die Technik zum Umblättern der E-Book-Seiten beim tolino vision 3 HD. Sie tippen dazu auf den oberen Bereich der Gehäuserückseite.

Textausrichtung Für E-Books, die im EPUB-Format vorliegen, können Sie unterschiedliche Textausrichtungen einstellen: linksbündig, zentriert, Blocksatz. Die Optionen finden Sie im Dialog **Textdarstellung**, den Sie über das Lesemenü aufrufen.

tolino Cloud Die tolino Cloud ist ein virtueller Speicherplatz im Internet, der von der tolino-Allianz angeboten wird. E-Books, die Sie in Ihrem tolino-Shop kaufen, landen automatisch in der tolino Cloud und werden mit Ihrem E-Book-Reader synchronisiert. Sie können die Cloud aber auch dazu nutzen, andere E-Books oder Dokumente hochzuladen und dort zu speichern.

tolino-Konto Mit einem tolino-Konto melden Sie sich mit Ihrem Gerät bei einem der tolino-Buchhändler an. Damit können Sie direkt auf dem tolino in Ihrem Shop einkaufen und haben Zugriff auf die tolino Cloud.

tolino-Shop Dies sind die Shops, die zu dem tolino-Verbund gehören. Einer der Shops, in der Regel der, in dem Sie den tolino gekauft haben, ist auf Ihrem tolino bereits eingerichtet.

Touch-Display Ein Touch-Display oder Touchscreen ist ein berührungsempfindlicher Bildschirm. Diese Art Bildschirm können Sie in der Regel mit Ihrem Finger oder einem Eingabestift bedienen. Ihr tolino verfügt über diese Bildschirmtechnik, sodass Sie ihn fast ausschließlich mit Ihren Fingern bedienen.

Update Für Betriebssysteme stehen in der Regel in gewissen Abständen sogenannte Updates zur Verfügung. Dies sind Aktualisierungen, die Verbesserungen oder erweiterte Funktionen enthalten. Normalerweise kann man der Installation der Aktualisierungen zustimmen oder die Installation ablehnen, aber Ihr tolino ist hartnäckig. Er wird Sie immer wieder auf der Startseite an vorhandene Updates erinnern, bis Sie das Update durchführen.

Upload Mit einem Upload laden Sie Dateien, die bei Ihnen auf dem Reader oder auf dem Computer liegen oder auf einem Speichermedium gespeichert sind, auf einen normalerweise im Internet liegenden Speicherort. Bei Ihrem tolino handelt es sich um die tolino Cloud.

USB-Hub Ein USB-Hub ist ein Gerät, an das Sie mehrere USB-Geräte anschließen können und das dazu nur einen USB-Steckplatz an Ihrem Computer benötigt (stellen Sie es sich ein wenig wie eine Mehrfachsteckdose vor). Es wird zwischen passiven und aktiven Hubs unterschieden. Aktive Hubs benötigen eine eigene Stromversorgung.

USB-Kabel Dies ist ein normiertes Kabel für das Übertragungsprotokoll USB (*Universal Serial Bus*) zum Verbinden von Geräten an einen Computer. Die Stecker können Sie immer nur auf eine bestimmte Weise einstecken.

Webbrowser Siehe Internetbrowser.

Werkseinstellung Mit der Option **Werkseinstellung** wird der tolino in den Auslieferungszustand zurückgesetzt. Alle Bücher, Einstellungen, Sammlungen etc. gehen dabei verloren. Durchgeführte Softwareaktualisierungen bleiben jedoch erhalten.

WLAN WLAN ist die Abkürzung für *Wireless Local Area Network* (auf Deutsch: drahtloses lokales Netzwerk). Es ist der Oberbegriff für alle auf dem Markt befindlichen drahtlosen lokalen Datennetze. Per WLAN verbinden Sie Ihren tolino beispielsweise zu Hause mit Ihrem DSL-Router und können so mit ihm auf das Internet zugreifen.

WLAN-Signal Je nach Entfernung zum Access-Point (Zugangspunkt zum WLAN, im Normalfall Ihr DSL- oder WLAN-Router) und den örtlichen Gegebenheiten –

Möbel, Wände und Türen auf der Strecke zum Access-Point, die die Funkwellen behindern – schwankt die WLAN-Signalstärke, die meistens über das Funksignal-Symbol angezeigt wird. Im Normalfall gilt: Je stärker das Signal, desto besser die Verbindung. Aber Störsender wie etwa andere WLAN-Router, die auf angrenzenden Kanälen/Frequenzen senden, und Handys können auch bei starkem Signal zu Verbindungsproblemen führen. Der weit verbreitete Glaube, je mehr Balken das Verbindungssymbol anzeigt, desto schneller ist die Internetverbindung, ist nur bedingt richtig, da die Signalstärke nichts über die Qualität der Internetverbindung aussagt, sondern nur über die Verbindung zum WLAN-Router.

Wörterbuch Der tolino bietet einige Wörterbücher an, mit denen Sie Begriffe nachschlagen können. Diese Wörterbücher stehen für verschiedene Sprachen zur Verfügung, aber Sie müssen sie zunächst herunterladen. Es gibt auch Wörterbücher zum Übersetzen, aktuell für die Sprachen Englisch, Französisch, Italienisch, Niederländisch und Spanisch.

Zahlensperre Die Zahlensperre dient dazu, den tolino vor der Nutzung durch Dritte zu schützen. Sie legen einen Zahlencode fest, der jedes Mal eingegeben werden muss, wenn Sie Ihren tolino einschalten oder aufwecken.

Stichwortverzeichnis